Das
Siglo de Oro

Spanische Literatur, Gesellschaft und Kultur
des 16. und 17. Jahrhunderts

Ingrid Simson

W0041562

Ernst Klett Verlag
Stuttgart · Düsseldorf · Leipzig

Die Deutsche Bibliothek – CIP-Titelaufnahme

Ein Titeldatensatz für diese Publikation ist bei
der Deutschen Bibliothek erhältlich.

1. Auflage A 1 5 4 3 2 1 I 2005 2004 2003 2002 2001

© Ernst Klett Verlag GmbH, Stuttgart 2001. Alle Rechte vorbehalten.
Internetadresse I http://www.klett-verlag.de
Bildnachweis I Retrato de Miguel de Cervantes, © Real Academia Española,
   Madrid. Wir danken Herrn Domingo Ynduráin, Secretario de la Real Academia
   Española, für die freundliche Unterstützung.

Redaktion I Dr. Susanne Schauf
Umschlaggestaltung und Layout I Christine Schneyer
Satz I Hahn Medien GmbH, Kornwestheim
Druck I Gutmann + Co., Talheim. Printed in Germany.
ISBN 3-12-939623-3

Inhalt

3

Vorwort

„El tiempo agranda el ámbito de los versos..."
JORGE LUIS BORGES, La busca de Averroes

Das vorliegende Buch bietet eine Einführung und zugleich einen Überblick über die spanische Literatur und Kultur des *Siglo de Oro*. Diese Blütezeit des 16. und 17. Jahrhunderts umfasst das gesamte kulturelle Spektrum und präsentiert dem heutigen Rezipienten eine Vielzahl von spannenden Aspekten. Bei der Literatur überrascht die Fülle an damals verfassten Versen, Dramen, Romanen und Epen in einer Epoche, die den Beruf des unabhängigen Autors nicht kennt und deren Autoren oft genug in Armut lebten. Und trotzdem ist das Schreiben von Versen eine Beschäftigung, der viele – auch nicht berufsmäßig – nachgingen, wurde nahezu jeden Nachmittag eine neue *comedia* in den Theatern gezeigt, schrieben einfache Soldaten lange Epen und kluge Berichte.

So finden sich hier die bekannten Autoren und Werke der Epoche, von denen einige inzwischen zur klassischen Weltliteratur gezählt werden (allen voran Cervantes, aber auch Lope de Vega, Calderón, Fernando de Rojas' *Celestina* u.a.). Gleichzeitig führt das Buch eine Reihe von weniger bekannten Autoren an, deren Liste sich – stünde mehr Raum zur Verfügung – beliebig lange fortsetzen ließe. Ein besonderes Anliegen war mir die Präsentation der epischen Texte, die zumeist nicht zum Kanon der spanischen Literaturgeschichten gehören. Auch wenn die spanischen Epen der Epoche nicht den Bekanntheitsgrad ihrer italienischen Vorbilder erlangten, so handelte es sich hierbei doch um das angesehenste Genre der Zeit, das beim Publikum außerordentlich beliebt war. Wichtig erschien mir ebenso die Aufnahme nichtfiktionaler Prosatexte.

Von historischer Seite wird der Terminus des „Goldenen Zeitalters" nicht ohne Bedenken benutzt, kennzeichnen die Epoche in Spanien doch nicht nur grenzenlose Macht und kulturelle Höhepunkte, sondern gerade auch die dunklen Seiten der Geschichte. Die genaue Betrachtung offenbart hier Widersprüche und Ambivalenzen, die sicher einen Teil der Faszination dieser beiden Jahrhunderte spanischer Kultur ausmachen. So arbeiteten Inquisition und Zensur gründlich und kontrollierten alle Druckerzeugnisse. Und dennoch, trotz vehementer Kritik an Adel und Klerus konnte der *Lazarillo* erscheinen, wurden gesellschaftskritische Texte von Cervantes zu Bestsellern. Die katholische Kirche war allgegenwärtig und duldete kein Abweichen. Gleichzeitig wurden Mystiker heilig gesprochen, deren erotische Liebesdichtung an Gott auch die modernen Leser noch begeistert. Calderón, katholischer Priester und Angestellter des Hofes, verfasst Texte, deren Mehrdeutigkeit die Kritik bis heute beschäftigt. Und Lope de Vega, offensichtlich um schnellen Erfolg und gute Unterhaltung bemüht, gelingen zeitlose Gedichte von tiefer Schönheit.

Es gibt noch viel zu entdecken in Literatur und Kultur dieser faszinierenden Epoche, die sich dem modernen Leser in vielen Facetten zu erschließen vermag. Die gesellschaftlichen und historischen Grundpfeiler des *Siglo de Oro* konnten hier im zweiten Kapitel nur umrissen werden. Ziel dieses Buches ist, das Interesse zu wecken für die vielseitigen Formen der Literatur dieser Zeit, ebenso wie für die zahlreichen spannenden Aspekte des täglichen Lebens.

Verschiedene Freundinnen und Freunde, Kolleginnen und Kollegen haben zum Gelingen dieses Buches beigetragen. Ihnen allen sei an dieser Stelle gedankt. Mein besonderer Dank gilt Prof. Dr. Dietrich Briesemeister und Prof. Dr. Sebastian Neumeister für vielfache Anregungen und bibliographische Hinweise. Schließlich möchte ich Theodoros und Iason für ihre Unterstützung und große Geduld danken.

Ingrid Simson
im September 2001

KAPITEL *Siglo de Oro* – Inhalte und Abgrenzung

1 *Siglo de Oro*: Bestimmung einer Epoche

Siglo de Oro, Goldenes Zeitalter, heißt die klassische Epoche der spanischen Kultur, die das 16. und 17. Jh. umfasst. Diese Blütezeit Spaniens kennzeichnet ein außergewöhnliches und umfangreiches kulturelles Schaffen auf den Gebieten der verschiedenen Künste. Allen voran die Literatur, aber auch die Malerei und die Architektur brachten eine Vielzahl neuer Formen und Ausdrucksweisen in erstaunlicher Qualität hervor. So gehören heute die Werke von CERVANTES, VELÁZQUEZ und der Escorial zu den unumstrittenen Höhepunkten des Kulturerbes Europas. Gleichzeitig erlebte Spanien in dieser Epoche die größte territoriale Ausdehnung seines Machtgebiets und behauptete innerhalb Europas eine Vorrangstellung.

Der Begriff des *Siglo de Oro*, der sich in Spanien im 18. Jh. zur Bezeichnung des literarischen Schaffens der vorangegangenen zwei Jahrhunderte etablierte – weshalb bisweilen auch von den *siglos de oro* gesprochen wird – rekurriert auf die Vorstellung eines Goldenen Zeitalters in der griechischen Antike, utopische Idee einer idealisierten Vergangenheit, die sich bis auf HESIODS *Theogonia* zurückverfolgen lässt. Erst gegen Ende des 18. Jhs. wurde der Begriff um eine politisch-kulturelle Dimension erweitert.

Siglo de Oro ist ein in Spanien häufig benutzter, in der Fachliteratur jedoch erstaunlicherweise wenig reflektierter Epochenbegriff. So wird er gerade von spanischen Historikern weitgehend vermieden: schließt doch das 17. Jh. Machtverlust und Niedergang des spanischen Imperiums ein.

Begriff

Wenig einheitlich ist die zeitliche Eingrenzung des *Siglo de Oro*. Während für manchen Historiker, wie z. B. Bartolomé Bennassar, die politische Epoche mit der Thronbesteigung KARLS V. beginnt, bestimmen andere einen späteren oder früheren Zeitpunkt. Neuerdings lässt man das *Siglo de Oro* bereits früher beginnen. Als entscheidendes Jahr gilt nunmehr 1492. Damals schlossen die Katholischen Könige ISABELLA VON KASTILIEN und FERDINAND VON ARAGÓN mit der Eroberung Granadas die *Reconquista* (Rückeroberung) ab. Sie hatten 1469 mit ihrer Eheschließung und der daraus resultierenden Vereinigung der Königreiche Kastilien und Aragón die Grundlagen für das spätere Weltreich Spanien geschaffen. Kurz nach Abschluss der *Reconquista* wurde ein Dekret erlassen, das für die nicht zum christlichen Glauben konvertierten Juden

Zeitliche Eingrenzung

die Ausreise aus Spanien verfügte. 1492 betrat zudem CHRISTOPH COLUMBUS erstmalig amerikanischen Boden – der Beginn der spanischen Eroberungen in Übersee. Und ANTONIO DE NEBRIJA verfasste die erste spanische Grammatik, ein Beweis der großen Bedeutung, die dem Kastilischen zu der Zeit bereits zukam. Auch wenn das 17. Jh. geprägt war von Krisen und Zeichen des Machtverlusts, ist es doch sinnvoll, die Epoche mit 1700 enden zu lassen, dem Todesjahr KARLS II., des letzten Habsburgerkönigs auf spanischem Thron.

Die Eingrenzung der literarischen Epoche des *Siglo de Oro* erscheint weniger problematisch. Hier gilt einheitlich als erstes Werk FERNANDO DE ROJAS' Lesedrama *La Celestina* aus dem Jahr 1499, ein Werk, das vom ausgehenden Mittelalter in die Moderne ragt. Als Endpunkt der literarischen Blütezeit wird das Todesjahr PEDRO CALDERÓN DE LA BARCAS 1681 betrachtet.

| Literatur | Bennassar (1982); Defourneaux (1964); Le Flem (1982); Rozas (1984). |

2 Die Vorgeschichte

1 Mittelalter

| Zusammenleben dreier Kulturen | Das spanische Mittelalter kennzeichnet ein weitgehend friedliches Zusammenleben dreier Kulturen: Christen, Mauren und Juden. Obwohl ab dem 11. Jh. die Christen die Rückeroberung der Iberischen Halbinsel und damit die Wiederherstellung des Westgotenreichs *(Reconquista)* betrieben, ein Unterfangen, das ihnen Zusammenhalt und Identität verlieh, war das Zusammenleben der drei Kulturen von großer Toleranz geprägt. |

| Kulturelle Symbiose | Kulturelle Interaktion war ein charakteristischer Zug dieser Epoche in Spanien. Über die arabische Literatur erhielten Christen Zugang zu vergessenen antiken Autoren. Verantwortlich hierfür war eine rege Übersetzertätigkeit, an der maßgeblich Juden beteiligt waren. In der sogenannten Übersetzerschule von Toledo wurden philosophische und naturwissenschaftliche Werke ins Lateinische, später auch ins Kastilische übersetzt. Es entstanden sprachliche Mischformen, von denen die *Jarchas* zeugen, Schlussstrophen arabischer oder hebräischer Gedichte, im Spanisch der mozarabischen Bevölkerung verfasst. |

| Sprache und Kultur | Die Kultur des Mittelalters war vorwiegend mündlich geprägt. Obwohl Latein zunächst dominierte, außerdem sowohl dem Galicischen wie auch dem Katalanischen große Bedeutung zukam, setzte sich zunehmend das Kastilische als Kultursprache durch. |

Kulturelle Zentren waren neben dem Hof und den neu gegründeten Universitäten Klöster und Kirche. Umherziehende Spielleute, *juglares*, trugen Lieder und Gedichte vor und vermittelten so Geschichten fiktionalen und historischen Inhalts. Einige davon wurden später schriftlich fixiert, wovon uns heute jedoch nur ein verschwindend geringer Anteil erhalten ist. Hierzu gehört als bedeutendste Dichtung des spanischen Mittelalters das Heldenepos um die Abenteuer des *Cid*, eine Erzählung auf historischer Basis.

Die kastilische Literatur des Mittelalters unterlag französischen und mittellateinischen, vor allem jedoch arabischen und jüdischen Einflüssen. Hier bilden zunächst die naturwissenschaftlichen, juristischen und historiographischen Schriften, die ALFONS DER WEISE (1221–1284) selbst verfasst bzw. initiiert hat, einen Höhepunkt. In der Folgezeit stand die Literatur zunehmend im Dienst eines christlich geprägten Diskurses zur Unterstützung der *Reconquista*. So z. B. im *mester de clerecía* des 13. Jhs., einer lehrreichen Dichtung gebildeter Autoren, oder dann im folgenden Jh. im *Conde Lucanor* JUAN MANUELS, einem Bekenntnis zum Christentum voll moralischer Handlungsvorschriften. Diese religiöse Festlegung stellt ein weiteres bedeutendes Werk des damaligen literarischen Schaffens in Frage, das *Libro de buen amor* des ARCIPRESTE DE HITA, das vor allem arabischen und hebräischen, aber auch lateinischen Vorbildern folgt.

Während sich ab der Mitte des 13. Jhs. eine Unterhaltungsprosa herausbildete, zu der vor allem Ritterromane zu zählen sind, ist man lange Zeit davon ausgegangen, dass während des Mittelalters kein nennenswertes Theater bestand. Aufgrund von Hinweisen zeitgenössischer Quellen erscheint es jedoch inzwischen erwiesen, dass sowohl an den Höfen wie auch im religiösen Bereich eine rudimentäre Theaterpraxis vorhanden war. Gedichtsammlungen des 15. und 16. Jhs. zeugen von einer regen lyrischen Tätigkeit des höfischen Ambiente, außerdem von der mündlich überlieferten Volkskultur der Romanzen.

Literatur

2 Das 15. Jahrhundert

Das 15. Jh. ist gekennzeichnet vom Bemühen der christlichen Herrschaftselite Spaniens um eine religiöse und politische Einheit des Landes. Jüdische und arabische Einflussbereiche wurden zurückgedrängt, die Konversion zum Christentum gefördert oder erpresst. Wie bisher standen politisch schwache Vertreter des Königtums einem starken Adel gegenüber. Dies änderte sich erst mit den KATHOLISCHEN KÖNIGEN, laut Hans Ulrich Gumbrecht den ersten modernen Herrschern Europas. Die Macht von FERDINAND

Christliche Dominanz

und Isabella gründete auf dem katholischen Glauben und der Ideologie der *limpieza de sangre* (Blutsreinheit), deren Kontrolle der 1478 etablierten Inquisition oblag. Damit wurden nicht nur die späteren Vertreibungen von Juden (1492) und Mauren (1609) vorbereitet, dies führte vor allem zu einer relevanten Zweiteilung der spanischen Gesellschaft in Alt- und Neuchristen.

Literarische Prozesse

Durch die Einführung des Buchdrucks änderte sich das kulturelle Leben allmählich. Zwar war weiterhin ein hoher Prozentsatz der spanischen Bevölkerung des Lesens unkundig, und das gemeinschaftliche Vorlesen war nach wie vor üblich. Allerdings hatten die Möglichkeiten der größeren Verbreitung von Literatur und der individuellen Lektüre doch Auswirkungen auf den Rezeptionsprozess, was wiederum Einfluss auf die Produktionsweise von Literatur nehmen sollte.

Das 15. Jh. verfügte über eine reiche literarische Produktion, vor allem auf dem Gebiet der Lyrik. Neben der höfischen und volkstümlichen Dichtung entstand eine anspruchsvolle Lyrik zu philosophischen und religiösen Themen, von Dichtern wie Juan de Mena oder dem Marqués de Santillana. Hier gewann zunehmend die italienische Literatur an Einfluss. Während Ritter- und Liebesromane bereits unter der lesenden Bevölkerung zirkulierten, bestand noch keine kommerzielle Theaterpraxis.

Literatur

Ackerlind (1989); Bernecker/Pietschmann (1993); Blecua (1975); Boase (1978); Castro (1954); Deyermond (1987); Gumbrecht (1985); López-Estrada (1971); Menéndez Pidal (1957); Solá-Solé (1983).

3 Renaissance und Barock

Problematik der Epochenbestimmung

Historische und kulturelle Veränderungsprozesse sind langwierig und erfolgen zumeist allmählich. Erst nachträglich können diese Prozesse erkannt und benannt werden. Kategorisierungen sind immer konstruiert und vermögen oft das Geschehen nur unzureichend zu erfassen. Die für die europäische Kultur übliche Epocheneinteilung und -bestimmung orientiert sich vornehmlich an den kulturellen Prozessen Frankreichs, Englands und Deutschlands, eventuell noch Italiens. Andere Länder, darunter auch Spanien, werden an diesen konstruierten Kategorisierungen gemessen und entsprechend bewertet. Dies gilt auch für die Epochen von Renaissance und Barock. So war Spanien z. B. von der Forschung lange Zeit eine eigene Renaissance abgesprochen worden. Erst in jüngster Zeit ist man darum bemüht, die jeweiligen epochenspezifischen Besonderheiten der jeweiligen Länder verstärkt zu beachten und als eigenständig zu akzeptieren.

1 Renaissance

Es ist mit Sicherheit sinnvoll, wie Peter Burke von mehreren Renaissancen zu sprechen. Trotz der Verschiedenheiten der einzelnen Länder lassen sich doch einige gemeinsame Züge erkennen. Ausgehend vom Italien des 13. Jhs. fanden in Europa vielfache Grenzüberschreitungen statt. Die starren Denk- und Handlungsschemata des Mittelalters wurden aufgebrochen. Zunehmend trat der Mensch als Individuum in den Vordergrund der Betrachtung. Seine Wahrnehmungen und Erfahrungshorizonte veränderten sich, er wurde somit zur „Instanz der Sinngebung" (Gumbrecht). Diese Entwicklung ging einher mit ökonomischen Bedürfnissen, einem verstärkten Handel und dem Aufkommen des Bürgertums. „Nutzen und Neugier" (S. Neumeister) gelten als zwei wesentliche charakteristische Züge der Renaissance. Im religiösen Bereich kam es in weiten Teilen Europas zu Reformwünschen, die teilweise verwirklicht werden konnten. Gleichzeitig war die Renaissance die Epoche der großen Staatsutopien.

Grundlagen der Epoche

Ein wesentlicher Zug der Renaissance war das humanistische Ideal der Wiederbelebung der Antike. Klassische lateinische, später auch griechische Texte wurden wieder entdeckt, neu gelesen und übersetzt. Antike Texte, die bereits im Mittelalter bekannt waren, wurden neu gedeutet. Vor allem auf den Gebieten der Sprache und der Literatur, aber auch in der Architektur und der Malerei wurden klassische Formen und Vorbilder neu entdeckt. Dabei war die Imitation der klassischen Formen oberstes Gebot. Weitere Anliegen des Humanismus waren Bildung und Erziehung.

Humanismus

Entgegen früherer Annahmen zeigen neuere Forschungen, dass Spanien bereits früh über Kontakte zu Neapel mit dem humanistischen Denken in Berührung kam. An den neu gegründeten Universitäten fand eine Auseinandersetzung mit der Antike statt. Im 16. Jh. wurde der Kontakt mit Italien noch enger, außerdem bestanden eigenständige humanistische Kreise in Spanien. Von großem Einfluss waren die Schriften des niederländischen Humanisten ERASMUS VON ROTTERDAM (1466–1536), die zu einer geistigen und religiösen Umorientierung in Spanien führten.

Renaissance in Spanien

Die spanische Renaissance weist einige Besonderheiten auf, die sie von der Epoche in Italien, aber auch in anderen Ländern unterscheiden. So fand in Spanien kein radikaler Bruch mit dem Mittelalter statt, das sich zudem in seiner kulturellen Zusammensetzung von den mittelalterlichen Epochen der anderen Länder unterscheidet. Dennoch verschloss sich die spanische Kultur nicht vor dem Neuen, wie lange Zeit vermutet wurde, sondern etablierte

Besonderheiten der spanischen Renaissance

in verschiedenen Bereichen neue Gestaltungsprinzipien, auch wenn Strukturen und Traditionen des Mittelalters beibehalten wurden. Dies zeigt sich z. B. in der Literatur, wo traditionelle Formen den volkstümlichen Genres vorbehalten sind, während Neuerungen eher in gehobenen Hofkreisen gefragt waren.

Trotz humanistisch interessierter Kreise und des großen Einflusses von ERASMUS auf das religiöse Leben war die Auseinandersetzung mit der Antike in Spanien nicht zentral. Herausragend in der Epoche ist ein gegenwartsbezogener Nutzen der Politik, eine „Zweckrationalität des politischen Handelns" (Gumbrecht). Das zielgerichtete Vorgehen der KATHOLISCHEN KÖNIGE ermöglichte die enormen gesellschaftlichen und kulturellen Umbrüche der Epoche in Spanien.

2 Barock

Grundlagen der Epoche

Die auf die Renaissance folgende Epoche wird allgemein als Rückschritt betrachtet, als Rückwendung zu früheren Positionen. Der intellektuelle Horizont verschließt sich erneut gegenüber neuen Ideen und Einflüssen. Das Individuum verliert an Bedeutung und tritt zurück in ein wohl geordnetes Weltsystem, in dem sich Gott unangetastet in übergeordneter Position befindet. Es ist die Zeit der Gegenreformation, der konservativen religiösen Bewegung, und des absoluten Herrschers, der die staatliche Kontrolle verstärkt. Das optimistische, überschwängliche Lebensgefühl der Renaissance weicht einem Pessimismus, für den das Wissen um die Vergänglichkeit des Lebens zentral ist.

In der Barockzeit wurden die während der Renaissance erbrachten Neuerungen in den verschiedenen Bereichen in der Regel nicht verworfen, sondern vereinnahmt, wie z. B. antike Stoffe und Formen. Wichtig für die Barockepoche ist die kulturelle Anbindung an den Hof, die zur Etablierung spezieller Genres führte. So entstand z. B. an den meisten europäischen Höfen eine repräsentative Festkultur. Innerhalb der Dichtung nahm die Panegyrik einen bedeutenden Platz ein.

Die Barockliteratur wandte sich in erster Linie an ein elitäres Publikum. Die Sprache der Literatur ist dabei bewusst hermetisch, geheimnisvoll kompliziert gehalten. Als rhetorische Figuren dominieren Metapher und Allegorie. Der in extremem Maße ästhetisierten Dichtung sind die Widersprüche des barocken Lebensgefühls inhärent: zwischen Sinnenfreude und pessimistischer Weltangst, zwischen Realität und Traum.

Spanien

Bereits in der zweiten Hälfte des 16. Jhs., mit Beginn der Regentschaft PHILIPPS II., etablierte sich in Spanien eine enorme staatliche Kontrolle, die weite Teile des öffentlichen, aber auch des privaten Lebens berührte. Inquisition und Zensurbehörden kontrollierten nicht nur das religiöse und politische Verhalten der Bevölkerung, sondern auch Autoren und ihre Schriften. Spanien, das selbst keine Reformbewegung hervorbrachte, wurde zu einem radikalen Verfechter der Gegenreformation. Die Religion dominierte den Alltag. Zunehmend schloss sich Spanien vom restlichen Europa ab. Kulturelle Kontakte zu anderen Ländern wurden weitgehend unterbunden. Gleichzeitig war die Epoche geprägt von Staatskrisen und dem allmählichen ökonomischen und politischen Niedergang des Weltreichs Spanien.

Kulturell ist die Barockzeit für Spanien von großer Bedeutung. Bis heute wird darüber spekuliert, ob es Spanien trotz oder aufgrund des politischen Machtverlusts und Niedergangs gelang, eine kulturelle Blütezeit zu etablieren. Die Kultur des ausgehenden 16. und des 17. Jhs. war zunehmend höfisch geprägt. So wurden die öffentlichen städtischen Theateraufführungen, die dem gesamten Volk zugänglich waren, allmählich von Palastvorstellungen verdrängt. Verstärkt fanden religiöse Themen und Fragestellungen Eingang in die Literatur, auch in Werke profaner Art. *Culteranismo* und *conceptismo* sind die sprachlichen Konzepte von Lyrik und Prosa, die eine hochrhetorisierte Verklausulierung des literarischen Schaffens vorschreiben, das nur noch von einer elitären Minderheit verstanden wurde. Doch handelte es sich bei den komplizierten Wortspielen nicht nur um äußeren Dekor. Vielmehr liegt der spanischen Barockliteratur eine äußerst komplexe und in weiten Teilen philosophische Thematik zugrunde, die sich erstaunlich realistisch den existentiellen Fragen des Lebens stellt. *Desengaño*, Vergänglichkeit und Nichtigkeit des menschlichen Daseins sind nur einige der grundlegenden Fragen. Die Gesamtthematik der spanischen Barockliteratur ist äußerst kontrovers angelegt und weit davon entfernt, als konformistisch gelten zu können.

Kultur

Blumenberg (1988); Buck (1972, 1980); Burke (1998); Hatzfeld (1964); Kreuzer (1995); Küpper (1990); Küpper/Wolfzettel (2000); Maravall (1975, 1984); Neumeister (1984); Steadman (1990); Ynduráin (1994).

Literatur

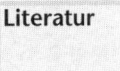

◼4 Periodisierung der Literatur des *Siglo de Oro*

Die Mehrzahl der Studien über die Epoche des *Siglo de Oro* vermeidet eine Periodisierung. Die Einteilung in Renaissance und Barock ist nicht unproblematisch, da eine genaue Betrachtung der reichhaltigen Literatur der Epoche zeigt, dass die Praxis oft den schematischen Merkmalkatalogen nicht entspricht. Die spani-

sche Barockliteratur ist äußerst komplex, und es finden sich in der zweiten Hälfte des 16. Jhs. oder auch noch später durchaus Werke, die Renaissancecharakter besitzen bzw. sich kaum einordnen lassen. Diese Art der Periodisierung ist eher als grobe Orientierung denn als allgemeingültiges Zuordnungsschema zu verstehen.

16. und 17. Jahrhundert

Historisch-politisch wird das *Siglo de Oro* oft in die beiden Jahrhunderte unterteilt: eine erste Epoche unter der Regentschaft von KARL V. und PHILIPP II., in der das Weltreich seine größte Machtausdehnung erfährt, und eine zweite des allmählichen Niedergangs. Allerdings ist die Zäsur in der Mitte des 16. Jhs., als sich staatliche Kontrolle, verstärkte religiöse Tätigkeit und die Abschottung vom restlichen Europa massiv bemerkbar machten, gravierender als beim Regierungswechsel von PHILIPP II. zu seinem Sohn. Und bereits während der Regierungszeit PHILIPPS II. bahnte sich der Machtverlust des spanischen Imperiums im darauffolgenden Jh. an.

Manierismus

Eine weitere Möglichkeit der Periodisierung sieht eine zusätzliche Epoche zwischen Renaissance und Barock vor, den Manierismus. Die Bestimmung des Manierismus als Epoche der spanischen Literatur (ca. 1570–1610) wird jedoch kontrovers diskutiert und ist eher diffus als plausibel. Unklar ist bereits, ob Manierismus tatsächlich als Zwischenepoche zu betrachten ist oder doch nur als besondere Form des Barock. Die Unergiebigkeit der Diskussionen zeigt besonders deutlich, wie sich die spanischen Meisterwerke des *Siglo de Oro* den gängigen Schemata mit ihren Festlegungen entziehen.

Einteilung nach Genres

In den folgenden Ausführungen wird auf eine weitergehende Periodisierung der Epoche des *Siglo de Oro* verzichtet. Die Einteilung nach Genres, wie sie von den meisten modernen Literaturgeschichten vorgenommen wird, erwies sich als sinnvoll. Innerhalb der Kapitel zu den wichtigsten Gattungen der spanischen Literatur des *Siglo de Oro* wird weitgehend chronologisch vorgegangen.

Literatur

Gumbrecht (1990); Hatzfeld (1964); Küpper (1990); Pedraza Jiménez/Rodríguez Cáceres (1981ff.); Neuschäfer (1997); Strosetzki (1991a).

KAPITEL 2 Geschichte, Gesellschaft und Kultur

1 Politik und Hofleben

1 Die Herrscher und ihre Politik

Mit der Vereinigung der beiden Königreiche Kastilien und Aragón und der dadurch ermöglichten Eroberung Granadas gelang es den Katholischen Königen, ISABELLA VON KASTILIEN (1451–1504) und FERDINAND VON ARAGÓN (1452–1516), die uneingeschränkte Staatssouveränität über die Iberische Halbinsel (mit Ausnahme Portugals) zu erlangen. Trotz teilweise noch erhaltener mittelalterlicher Strukturen, wie z. B. im institutionellen Bereich, zeigte die Herrschaft der KATHOLISCHEN KÖNIGE erste Züge des modernen absolutistischen Staates. Zum Erhalt der Einheit und zur Stabilisierung ihrer Herrschaft diente den Regenten die christliche Religion. Als ideologisches Herrschaftsinstrument führte der christliche Glaube zur Ausgrenzung der Andersgläubigen und über das erweiterte Konzept der *limpieza de sangre* zu einer Zweiteilung der spanischen Gesellschaft. Gleichzeitig wurden in Spanien bereits zu einem sehr frühen Zeitpunkt die christlichen Institutionen reformiert, was eine spätere Reformbewegung, wie sie andere europäische Länder spaltete, für Spanien überflüssig machte. Während der Regierungszeit der KATHOLISCHEN KÖNIGE erfolgten die ersten Eroberungen in Amerika im karibischen Raum.

KARL V. (1500–1558), der 1519 von seinem Großvater das spanische Reich übernahm (das er als KARL I. regierte) und gleichzeitig zum Kaiser des Deutschen Reichs gewählt wurde, war aufgrund der Eroberungen weitläufiger Gebiete Amerikas während seiner Regierungszeit Herrscher über ein weit gespanntes Imperium. Der Kaiser reiste viel und hielt sich die meiste Zeit außerhalb Spaniens auf. Seine Regierungszeit kennzeichnet eine Reihe schwerer innen- und außenpolitischer Probleme: 1520 der Aufstand der *Comuneros* – Antonio Maravall zufolge die erste Revolution Europas – sowie fortwährende Auseinandersetzungen mit Frankreich und den Osmanen. Von zentraler Bedeutung war für KARL V. die religiöse Frage. Selbst von den Ideen ERASMUS' beeinflusst, glaubte der Kaiser an die Universalkirche und setzte alle Bemühungen in die Aussöhnung mit den Vertretern des Reformationsgedankens. Als diese nach dem Augsburger Religionsfrieden, der die lutherischen Christen mit den katholischen weitgehend gleichstellte, als gescheitert galten, dankte KARL V. 1556 ab und zog sich in das spanische Kloster Yuste zurück.

KATHO-
LISCHE
KÖNIGE

KARL V.

PHILIPP II.

Einen anderen Politikstil verfolgte KARLS Sohn PHILIPP II. (1527–1598), als er das spanische Imperium mit Teilen Italiens, den Niederlanden und weiten überseeischen Besitzungen übernahm. Der König, der allgemein als arbeitsam und klug galt, etablierte ein aufwändiges bürokratisches System, an dessen Spitze er sein weitläufiges Reich verwaltete. Er war ein dogmatischer Verfechter des katholischen Glaubens. Während sein Imperium aufgrund militärischer Erfolge und der Annexion Portugals innerhalb Europas zur dominanten Nation wurde, verstärkte der Monarch im Innern die staatliche Kontrolle. Andersgläubige und Andersdenkende wurden von der Inquisition verfolgt. Die Zensurmaßnahmen wurden verschärft. Zunehmend schottete sich Spanien vom restlichen Europa ab. Der Konflikt mit den Aufständischen in den Niederlanden, mit England und Frankreich führte zu einer gesamteuropäischen antispanischen Propaganda, der *leyenda negra*, die zum Teil in PHILIPPS Person begründet war. Stoff lieferten einige mit dem spanischen König verbundene Skandale, wie z. B. der ungeklärte gewaltsame Tod seines Sohnes DON CARLOS. PHILIPP II. war ein Förderer der Künste. Der Bau des Escorial, eines symbolträchtigen Palastes mit Kloster und Kirche, geht auf seine Anweisungen zurück.

PHILIPP III.

Mit der Thronbesteigung PHILIPPS III. (1578–1621) sollte sich in Spanien eine neue Form der Regierung etablieren. Ebenso wie später sein Sohn PHILIPP IV. war PHILIPP III. wenig an den Regierungsgeschäften interessiert und überließ diese seinem Premierminister, dem Günstling *(privado)* HERZOG VON LERMA, der später von seinem Sohn HERZOG VON UCEDA abgelöst wurde. Außenpolitisch war Spanien in verschiedene Kämpfe um den Erhalt seiner hegemonialen Position in Europa verstrickt. Im Innern des Landes begann ein unaufhaltsamer wirtschaftlicher und sozialer Niedergang, für den die Verschwendungssucht der Krone und die Korruption adliger Kreise mit verantwortlich zeichneten. Nicht berührt von den wirtschaftlichen Schwierigkeiten schien das blühende Hofleben.

PHILIPP IV.

Als PHILIPP IV. (1605–1665) 1621 die Macht übernahm, begann die 22jährige Regierungszeit seines Günstlings, des GRAF-HERZOGS VON OLIVARES. Dieser setzte zunächst auf eine militärische Offensivpolitik, die die Vormachtstellung Spaniens innerhalb Europas noch einmal bestätigen sollte. Innenpolitisch war OLIVARES um eine Konsolidierung der desolaten Wirtschaft bemüht und verordnete dem Land eine drastische Sparpolitik. Gleichzeitig baute er, um das Ausland ebenso wie die eigene Bevölkerung von der fortwährenden Macht und Größe Spaniens zu überzeugen, PHILIPP IV. mit einem beispiellosen Apparat zum absoluten Herrscher auf. Die Person des Königs sollte die Einheit des heterogenen Weltreichs garantieren. Den repräsentativen Rahmen lieferte ein überschwängliches Hofleben mit einer pompösen Festkultur. Jegliche Art von Kunst wurde im großen Stil gefördert. Symbol der königlichen Repräsentation wurde der Palast des Buen Retiro, eine aufwändige Anlage mit einem Hoftheater außerhalb Madrids, die heute nicht mehr erhalten ist. Der Höhepunkt der prunkvollen Inneneinrichtung war eine große erlesene Kunstsammlung.

Doch konnten weder Prunk noch OLIVARES' Politik den Niedergang Spaniens aufhalten. Das Land verlor Portugal und Teile seiner außerspanischen Besitzungen. Der Pyrenäenfrieden beendete schließlich 1659 endgültig die spanische Vorherrschaft in Europa. Innere Aufstände führten zur Entlassung von OLIVARES, als dessen Nachfolger LUIS DE HARO bestimmt wurde.

KARL II.

Auch KARL II. (1661–1700), der letzte Habsburger auf einem spanischen Thron, ließ das räumlich reduzierte und inzwischen machtpolitisch weitgehend unbedeutende spanische Reich von Günstlingen regieren. Um seine Person ranken sich seit jeher Gerüchte von vielerlei Krankheiten und geistiger Verwirrung. Inzwischen wird zumindest die Wirtschaftspolitik seiner Premierminister positiver gesehen, da sie Spanien ein verstärktes Maß an Stabilität einbrachte, wenngleich vorwiegend ausländische Kräfte den Handel kontrollierten. Die letzten Lebensjahre des Königs standen bereits im Zeichen des nach seinem Tod ausbrechenden Erbfolgekriegs um den spanischen Thron.

Literatur

Bennassar/Vincent (1999); Bernecker/Pietschmann (1993); Brown/Elliott (1980); Elliott (1963); Heine (1984); Kamen (1983); Le Flem (1982); Lynch (1994a,b); Pérez (1996).

2 Hofleben

Madrid

Während unter den KATHOLISCHEN KÖNIGEN und KARL V. der Hof in verschiedenen Städten residierte (Valladolid, Segovia, Toledo), bestimmte PHILIPP II. 1561 Madrid zum ständigen Sitz des Hofes und der Regierung. Die bis dahin weitgehend unbedeutende Stadt verdankte ihren Aufstieg dieser Entscheidung. *Sólo Madrid es Corte* – dieser Ausspruch, Titel einer populären Lobeshymne auf die Stadt, verweist auf die enge Verbindung zwischen Hof und Madrid, das seit dieser Zeit Spaniens Hauptstadt ist.

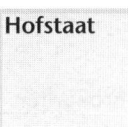

Hofstaat

Der Hofstaat entstammte dem Hochadel. Der Wunsch jedes Angehörigen der Aristokratie war, am Hof aufgenommen zu werden. Oft wurde dieser Wunsch durch kostbare Geschenke an das Königspaar und eine aufwändige Lebensführung erfüllt. Eine wichtige Figur an den Höfen war der Hofnarr. Oft missgebildet und von kleinem Wuchs, waren die Possenreißer hochgeschätzt und genossen bisweilen bei König oder Königin eine Vertrauensposition. Sie hatten die Freiheit, Dinge zu sagen, die anderen am Hof versagt waren, und äußerten daher mitunter deutliche Kritik oder die nicht immer konforme Meinung des Volkes.

Hofzeremoniell

Der spanische Hof verfolgte eine besonders strenge Etikette, in erster Linie, um die Person des Königs angemessen zu präsentieren. Das Hofzeremoniell basierte auf der Hofkultur der burgundischen Herzöge des 15. Jhs. und war von KARL V. in einer verschärften Variante am spanischen Hof eingeführt worden. Jegliche Handlung der Könige und des Hofstaats unterlag strengen protokollarischen Regeln. Teile der Etikette sollten später über spanische Infantinnen an deutsche und französische Höfe gelangen. Bei einigen Gelegenheiten war es jedoch möglich, das strenge Hofzeremoniell zu lockern. Hierzu gehörten die *galanteos en palacio*, bestimmte Anlässe, bei denen Adlige um die Hofdamen werben konnten.

Festkultur

Im 17. Jh. entwickelte sich am spanischen Hof eine exzessive Festkultur. Zu jedem Anlass wurden Festlichkeiten mit Prozessionen, Theateraufführungen, Stierkämpfen, Turnieren und Feuerwerken ausgerichtet. Trotz zunehmender wirtschaftlicher Schwierigkeiten verstärkten sich Pomp und Prunk der Veranstaltungen. Sie hatten das Ziel, dem Ausland, aber auch der eigenen Bevölkerung zu beweisen, dass Spanien an Macht und Großartigkeit – die es längst nicht mehr besaß – nichts verloren hatte.

Literatur

Bennassar (1982); Bennassar/Vincent (1999); Brown/Elliott (1980); Defourneaux (1964); Elias (1983); Fernández Álvarez (1989); Maravall (1979).

3 Adel und Ehre

Position des Adels

Waren die KATHOLISCHEN KÖNIGE und auch KARL V. noch bemüht, den Einfluss des Hochadels zu verringern, änderte sich diese Situation bereits unter PHILIPP II. Dieser besetzte zunehmend politische Ämter mit Angehörigen der hohen Aristokratie. Unter seiner Herrschaft nahm die Zahl der *letrados* zu, Absolventen eines Hochschulstudiums, die Verwaltungspositionen und andere politische Posten bezogen. Ein großer Teil der *letrados* gehörte dem hohen und mittleren Adel an. Während der Regierungszeit von PHILIPP III., PHILIPP IV. und KARL II. hatten schließlich die adligen Günstlinge die eigentliche Macht in Spanien.

Ehrbegriff

Der spanische Ehrbegriff ist auf die Zeit des Mittelalters zurückzuführen, als er dazu diente, die ritterlichen Tugenden zu bewerten. Im Spanien des *Siglo de Oro* war der Ehrbegriff von besonderer

gesellschaftlicher Bedeutung, wobei zwei Auffassungen von Ehre nebeneinander bestanden. Zum einen bezeichnete Ehre *(honra)* den persönlichen Wert eines Mannes, seine Tugenden und Qualitäten. Zum anderen war Ehre ein gesellschaftlich bestimmter Wert, der den Ruf *(fama)* einer Person beurteilte. Dafür war nicht der Mann selbst, sondern die öffentliche Meinung verantwortlich. Und es konnte bereits der Verdacht einer anrüchigen Handlung genügen, um einen Menschen seiner Ehre zu berauben. Hier blieb als Rache oft nur der Tod des Schuldigen. Frauen und Nichtadlige waren von der Konzeption des Ehrbegriffs ausgeschlossen, obwohl Frauen durch unehrenhaftes Verhalten dazu beitragen konnten, dass ihr Ehemann seine *fama* verlor.

Die Thematik der Ehre war vor allem für das Theater des *Siglo de Oro* von großer Bedeutung. Im 17. Jh. dann verkam der Ehrbegriff immer mehr zu einer bloßen Formel und war allenfalls noch als *fama* von Belang.

Nur Angehörigen des hohen, mittleren oder niederen Adels wurde Ehre zuerkannt. Sie waren darüber hinaus von Steuern befreit, mussten bei Verschuldung nicht ins Gefängnis und bei einer Verurteilung zum Tode nicht an den Galgen. Für Adlige war es verpönt, ein Handwerk auszuüben oder Handel zu treiben. Eine Ausnahme war die Bestellung des Bodens, so dass zahlreiche Angehörige des niederen Adels, soweit sie ein Stück Land besaßen, als Bauern tätig waren.

Privilegien des Adels

Viele Angehörige des niederen Adels besaßen jedoch keine Ländereien und lebten, da ihre Position ihnen körperliche Arbeit oder Handel verbot, oft in sehr großer Armut. Bisweilen gelang es ihnen, in die Dienste eines wohlhabenden Adligen zu treten. Die Figur des verarmten, aber stolzen Adligen ist in der Literatur der Zeit sehr beliebt.

Niederer Adel

Nahezu alle Vertreter des ohnehin sehr kleinen Bürgertums strebten nach dem Adel *(hidalguía)*. Reiche Handwerker oder Händler kauften sich Adelsbriefe, die die Krone vergab, um ihre leeren Staatskassen aufzufüllen. Damit waren sie in den Adelsstand aufgenommen und genossen dessen Privilegien. Sie hörten auf, ihr Handwerk auszuüben, Handel zu treiben oder zu investieren. Insgesamt war in der damaligen spanischen Gesellschaft Arbeit verpönt, und einfache Handwerker und Arbeiter imitierten den adligen Lebensstil durch eigenen Müßiggang.

Adelssucht

Der Nachweis der *limpieza de sangre*, d. h. dass keiner der Vorfahren Jude oder Maure war, wurde zu einer eigenen Art von adliger Auszeichnung. Hier war das einfache Volk im Vorteil: Über dessen Herkunft bestanden keine Aufzeichnungen, weswegen z. B. alle Bauern als Altchristen galten. Der Adel hatte es schwerer, die ent-

Limpieza de sangre

sprechenden Nachweise zu erbringen, denn in zahlreichen Familien des Hochadels fanden sich konvertierte Juden.

Literatur Bennassar (1982); Bennassar/Vincent (1999); Defourneaux (1964); Elias (1983); Heine (1984); Kamen (1983); Maravall (1979).

2 Das religiöse Leben

1 Der katholische Glaube in Spanien

Bedeutung Der katholische Glaube ist im Spanien des *Siglo de Oro* von zentraler Bedeutung und berührt sämtliche Bereiche, der hohen Politik ebenso wie des Alltagslebens. Den KATHOLISCHEN KÖNIGEN diente er als ideologisches Herrschaftsinstrument zum Erlangen und zum Erhalt von Einheit und Macht. Während Ende des 15. und zu Beginn des 16. Jhs. innerkatholische Reformen die spanischen Kirchen und Klöster beschäftigten, wurde Spanien schon bald, noch bevor sich eine Institutionalisierung der protestantischen Reformation im übrigen Europa abzeichnete, zum radikalen Verfechter der katholischen Gegenreformation.

Katholische Reformbewegungen Zum Ausgang des Mittelalters befand sich die Kirchenkultur in einer schweren Krise. Vor allem dem niederen Klerus wurde mangelnde moralische Integrität vorgeworfen, gleichzeitig dem gesamten geistlichen Stand eine unzureichende theologische Ausbildung. Hohe Würdenträger ließen sich oft aus machtpolitischen Gründen in ihre Ämter wählen und führten zumeist ein eher weltliches Leben. Die Bevölkerung begegnete der Kirche und Geistlichkeit zunehmend mit Misstrauen. Diese Situation sollte am Ende des 15. Jhs. zu Reformen innerhalb der Orden führen, allen voran Franziskaner und Dominikaner. Die KATHOLISCHEN KÖNIGE unterstützten diese Reformen, die vor allem auf eine strenge Kontrolle der religiösen Gebote und eine bessere Ausbildung des Klerus abzielten, ermöglichten sie ihnen doch, ihre Position gegenüber dem Adel und dem Papst deutlich zu stärken.

Gegenreformation Die katholische Reformbewegung vertrat als kirchliche Erneuerungsbewegung vordergründig konservative Positionen und richtete sich gegen weiter gehende reformatorische Gedanken, die den Katholizismus oder die katholische Kirche hätten in Frage stellen können. Dadurch wurde sie zu einem wichtigen Faktor der Gegenreformation. Solange KARL V. selbst an Kirchenreformen unter Bewahrung der Einheit des Christentums glaubte, genossen vor allem humanistische Kreise seinen Schutz. Als jedoch der Kaiser zunehmend erkannte, dass eine Spaltung der Christenheit drohte, begann er, gedrängt von kirchlichen Beratern, gegen jene Kreise vorzugehen, die sich nicht eindeutig zum katholischen Dogma bekannten. Betroffen waren davon u. a. humanistisch orientierte Zirkel, wie sie sich in Teilen des gebildeten Klerus und am Hof selbst fanden.

Die Situation verschärfte sich während des Konzils von Trient (1545–1563) und mit Beginn der Regierungszeit PHILIPPS II. Nach der Institutionalisierung der protestantischen Reformbewegung, die das Tridentinische Konzil nicht mehr in Frage zu stellen vermochte, verstärkte die spanische Kirche mit Hilfe der Inquisition die Kontrolle der Gläubigen und den Kampf gegen Andersgläubige. Innerhalb Spaniens nahm zu dieser Zeit die Macht der Kirche merklich zu.

Religiöse Utopien

Auf millenaristischen, eschatologischen und mystisch orientierten Bewegungen des Mittelalters basierten Sekten, die sich im 15. und 16. Jh. in Spanien fanden. Die bekanntesten nannten sich selbst „Erleuchtete" *(alumbrados, iluminados)* und hatten sich von der katholischen Kirche losgesagt. Sie suchten eine mystische Vereinigung mit Gott jenseits des katholischen Dogmas und waren von niederländischen Mystikern und den Lehren SAVONAROLAS beeinflusst. Doch auch Angehörige der Klöster und Kirchen, darunter vor allem Mönche des Franziskanerordens, waren Anhänger millenaristischer Utopien und hofften auf den Beginn des Tausendjährigen Reichs Christi.

Spiritualität

Um den mystischen Bewegungen entgegenzuwirken, widmete sich die katholische Reformbewegung in Spanien intensiv der spirituellen Erfahrungswelt ihrer Anhänger. Der Weg zu Gott hatte auf von der Kirche vorgeschriebenen Pfaden zu erfolgen, und so erschienen in der ersten Hälfte des 16. Jhs. zahlreiche Anleitungen für geistliche Übungen. Spanische Mystiker befanden sich somit auf einem steilen Grat zwischen Verdammung und Heiligsprechung. TERESA DE AVILA und SAN JUAN DE LA CRUZ wurden Heilige und Kirchenlehrer, während *alumbrados* und *iluminados* als Ketzer verfolgt wurden. Auch der wichtigste Orden der Gegenreformation, die 1534 von IGNACIO DE LOYOLA gegründete Gesellschaft Jesu, widmete sich der meditativen angeleiteten Seelenführung zu Gott.

17. Jahrhundert

Das vorrangige Ziel der spanischen Kirche im 17. Jh. war, ihre Macht und den erreichten Konformismus zu erhalten. Dies führte zu einem Erstarren der geistigen Bewegungen im Ritual. Die innere Frömmigkeit wurde abgelöst durch eine rein äußerliche Glaubensmanifestation. Zunehmend spielte der repräsentative Charakter der Kirche die wichtigste Rolle. Trotz der Heiligsprechungen von IGNACIO DE LOYOLA und TERESA DE AVILA konnten diese Veränderungen des geistlichen Lebens nicht aufgehalten werden.

Religiöses Brauchtum

Ein ausgeprägter Zug des spanischen Katholizismus war die Marienverehrung. Verschiedene lokale Verkörperungen der Gottesmutter wurden angebetet, darunter die Jungfrau von Pilar in Zaragoza sowie die Jungfrau von Guadaloupe in den mexikanischen Kolonien. Bereits über 100 Jahre vor der Anerkennung durch das heilige Offizium in Rom etablierte die spanische Kirche das Dogma der unbefleckten Empfängnis Mariä.

Fester Bestandteil des religiösen Lebens in Spanien waren außerdem die Pilgerfahrten. So pilgerten jährlich Tausende von Gläubigen zu den Stätten der Marienverehrung oder an andere Wallfahrtsorte. Besonders beliebt war der bis heute bestehende Jakobsweg nach Santiago de Compostela zum Grab des Schutzheiligen Spaniens, Santiago el Mayor, der der Sage zufolge beim Kampf gegen die Mauren entscheidend mitgewirkt hatte.

Religiöse Festkultur

Vor allem im 17. Jh. etablierte sich in Spanien neben den höfischen Festlichkeiten eine aufwändige religiöse Festkultur. Anlässlich religiöser Feiertage wurden prunkvolle Veranstaltungen inszeniert, mit Prozessionen, prachtvoll gestalteten Umzugswagen, festlich geschmückten Altären und Aufführungen religiöser Schauspiele. Diese Feiern nahmen zunehmend die Züge von weltlichen Festlichkeiten an.

Literatur

Bataillon (1966); Bennassar (1982); Defourneaux (1964); Elliott (1963); Heine (1984); Kamen (1983); Márquez (1972).

2 Der Klerus

Gesellschaftliche Position

Aufgrund der großen Macht der Kirche während der Epoche des *Siglo de Oro* kam dem klerikalen Stand eine bedeutende gesellschaftliche Stellung zu. Hohe Würdenträger entstammten der Aristokratie und wurden vom König ernannt. Zum mittleren Klerus gehörten Angehörige des mittleren und niederen Adels oder des Bürgertums. Der niedere Klerus schließlich setzte sich aus Angehörigen des einfachen Volks und der Unterschichten zusammen, von denen viele über keinerlei Bildung verfügten.

Ab der zweiten Hälfte des 16. Jhs. nahm die Zahl der Geistlichen enorm zu, eine Tendenz, die sich im 17. Jh. noch verstärkte. Neben den kirchlichen Einrichtungen bestanden verschiedene Orden. Kirche und Klöster waren vermögend: Sie verfügten über einen großen Grundbesitz und damit auch über regelmäßige Einnahmen.

Nur ein geringer Prozentsatz der Geistlichen trat aus wahrer religiöser Berufung in den Priesterstand oder in ein Kloster ein. Vielfach waren es soziale und wirtschaftliche Gründe, die vor allem im 17. Jh. – der Epoche des politischen und wirtschaftlichen Niedergangs Spaniens – die Menschen veranlassten, sich durch den Eintritt ins Kloster oder in den Kirchendienst eine materiell gesicherte Existenz zu verschaffen. Zweit- und drittgeborene Adlige, die als Erben nur Anrecht auf einen Titel, aber nicht auf Vermögen hatten, konnten auf diese Weise zu Ruhm, Macht und einem geregelten Einkommen gelangen. Arme und Unterprivilegierte, Bauernsöhne, Gebildete *(letrados)* wie Ungebildete sicherten sich so eine Existenz. Unverheiratete Frauen, Töchter, deren Eltern keine Mitgift zahlen konnten, fanden ebenfalls in Klöstern Versorgung und Sicherheit. Hinzu kam die allgemeine gesellschaftliche Verachtung körperlicher Arbeit, die eine geistliche Tätigkeit ehrenvoller erscheinen ließ. Manchem schließlich bot ein Eintritt in den geistlichen Stand Schutz vor der Inquisition.

Kirche und Kloster als sozialer Faktor

Aufgrund der mangelnden inneren Berufung vieler Aspiranten auf ein geistliches Amt nimmt es nicht wunder, dass trotz innerkatholischer Reformbewegung und stärkerer Kontrolle der einzelnen Orden viele Geistliche vor allem im 17. Jh. ein eher weltliches Leben führten. Nicht nur in den Frauenklöstern mussten die Mitglieder auf keinen Komfort verzichten, verfügten über Bedienstete und einen regen gesellschaftlichen Austausch. Ähnlich wie am Hof etablierte sich in den Klöstern der sogenannte *galanteo de monjas*: Verehrer machten ihrer geschätzten Klosterdame den Hof.

Weltliche Ausrichtung des geistlichen Lebens

Die schwere Krise des spanischen Klerus zum Ausgang des Mittelalters hatte zur Gründung verschiedener Laienbruderschaften *(hermandades, cofradías)* geführt. Gläubige Laien, verbunden durch eine Zunft, den Beruf oder die Verehrung eines bestimmten Heiligen, schlossen sich zusammen und übernahmen Aufgaben des Klerus. Sie unterhielten eigene Kirchen und Betstuben und dienten wohltätigen Zwecken. Im 17. Jh. waren sie maßgeblich an der religiösen Festkultur beteiligt.

Bruderschaften

Bennassar (1982); Bernecker/Pietschmann (1993); Defourneaux (1964); Heine (1984); Kamen (1983).

Literatur

3 Gegner des katholischen Glaubens

Mit dem zunehmenden Machtgewinn der Christen im ausgehenden Mittelalter verschlechterte sich auf der Iberischen Halbinsel die Situation von Juden und Mauren. Verstärkt wurde ihnen die Konversion nahe gelegt, der viele auch nachkamen. 1492 schließ-

Andersgläubige

lich, kurz nach der Rückeroberung der letzten maurischen Bastion Granada, erließen die KATHOLISCHEN KÖNIGE ein Edikt, das die nicht konvertierten Juden Spaniens auffordert, innerhalb kurzer Zeit das Land zu verlassen. Ca. 150000 Juden kamen der Anweisung nach und emigrierten. Die im Land verbliebenen Juden mussten zum katholischen Glauben konvertieren, andernfalls drohte ihnen die Verfolgung durch die Inquisition. Auch von den Moslems, die im 16. Jh. noch geduldet waren, emigrierten viele, andere konvertierten, bis dann 1609 auch die letzten derjenigen, die ihren Glauben behielten, das Land verlassen mussten.

Für den spanischen Katholizismus des *Siglo de Oro* waren Juden und Mauren irrgläubige Ketzer, die Sekten angehörten. Ihre Verfolgung oblag der Inquisition. Anders beurteilt wurden dagegen Ungläubige, wie z. B. die Indianer Amerikas, die als Heiden den richtigen (katholischen) Glauben nicht kennen konnten. Sie galt es zu missionieren, und nur eine Verweigerung der Mission durfte zu Verfolgung und Bestrafung führen.

Conversos

Aufgrund der zunehmenden Diskriminierung der jüdischen Bevölkerung im Spätmittelalter konvertierten viele Juden bereits zu einem frühen Zeitpunkt zum Christentum. Viele dieser *conversos* sollten in der Folgezeit bedeutende Positionen einnehmen, im Klerus z. B. oder in der Verwaltung. Viele adlige und vermögende Familien hatten konvertierte Vorfahren, so auch Berater der verschiedenen Könige. *Conversos* finden sich in den gehobenen Berufsständen, bei Ärzten, Händlern; aber auch Künstler und Schriftsteller stammten oft von konvertierten Vorfahren ab.

Inwieweit die konvertierten Juden tatsächlich den neuen Glauben annahmen oder weiterhin heimlich ihren alten Glauben praktizierten, lässt sich heute kaum mehr feststellen. Es gab sicher beide Varianten, doch Kirche und Inquisition verdächtigten generell alle *conversos*, weiterhin der jüdischen Glaubenspraxis nachzugehen. Auf diese Weise wurden alle Neuchristen überwacht und verfolgt.

Neben dem Aspekt des Glaubens weist die Verfolgung der *conversos* auch eine soziale Komponente auf. Da diese eher als der maurische Bevölkerungsteil vermögenden und einflussreichen Kreisen angehörten, ist vor allem darin der Grund für die verstärkte Verfolgung und Diskriminierung zu sehen.

Limpieza de sangre

In kurzer Zeit wurde deshalb die Frage nach der Religionszugehörigkeit zu einer Frage der Abstammung der Familie. Für bestimmte Ämter und Positionen, für den Erhalt von Privilegien usw. war der Nachweis notwendig, dass die betreffende Person keine konvertierten Vorfahren hatte. Die Abstammung war jedoch kaum kontrollierbar bzw. leicht zu fälschen. Zwar bestanden Genealogien der adligen und einflussreichen Familien, nicht alle können indes als zuverlässig gelten.

Als Ketzer galten im Spanien des 16. und 17. Jhs. alle Christen, deren geistliche Anschauungen vom offiziellen Dogma des spanischen Katholizismus abwichen. Dazu gehörten Lutheraner, die in Spanien nur in kleinen klandestinen Zirkeln verkehrten. 1559 wurden zwei Gemeinden der geistigen Nähe zum lutherischen Gedankengut bezichtigt und deren Mitglieder, darunter ein früherer Beichtvater KARLS V. und ein bekannter Hofprediger, von der Inquisition angeklagt, einige von ihnen hingerichtet.

Vom katholischen Glauben abweichende Christen

Humanistische Kreise, die in Spanien vor allem von den Lehren des ERASMUS VON ROTTERDAM beeinflusst waren und zu denen bekannte Persönlichkeiten, wie z. B. die Brüder ALFONSO und JUAN DE VALDÉS, JUAN DE VERGARA und JUAN LUIS VIVES, gehörten, genossen zunächst den besonderen Schutz KARLS V. Dies änderte sich, als es den konservativen Vertretern des spanischen Katholizismus gelang, den Kaiser angesichts der drohenden Spaltung der Christenheit von der Gefährlichkeit der Humanisten für Spanien zu überzeugen. So wurden die wichtigsten Humanisten Spaniens der Nähe zur lutherischen Lehre verdächtigt. Viele gingen daraufhin ins Ausland, andere gestanden ihre „Verfehlungen" und wurden bestraft. Auch die Mitglieder mystisch-religiöser Sekten, der *alumbrados* oder *iluminados,* wurden von der Inquisition verfolgt.

Bataillon (1966); Bennassar (1982); Bernecker/Pietschmann (1993); Elliott (1963); Defourneaux (1964); Heine (1984); Kamen (1983, 1985); Vincent (1992).

Literatur

3 Inquisition und Zensur

1 Inquisition

Die Inquisition wurde 1478 von den KATHOLISCHEN KÖNIGEN in Spanien zum Zweck der Überwachung bekehrter Juden eingesetzt. Bald entwickelte sich daraus ein machtvoller, weitgehend unabhängiger Verwaltungsapparat, der seine Hauptaufgabe darin sah, die Einhaltung des katholischen Dogmas zu kontrollieren und die Gegner des spanischen Katholizismus aufzuspüren und anzuklagen. Darüber hinaus erfüllte die Inquisitionsbehörde Aufgaben der Zensur.

Bedeutung und Funktion

Der Inquisition stand der Oberste Rat mit dem Großinquisitor vor, der vom König ernannt wurde und zur königlichen Regierung gehörte. Die Behörde war in lokale Inquisitionen unterteilt, die sich aus Richtern, Sachverständigen, Gutachtern, Zensoren und Anklägern zusammensetzten. Wichtig war eine große Anzahl von *familiares* (Vertraute), eine Art ehrenamtlich tätiger Glaubenspolizisten. Diese Position war bei der Bevölkerung sehr begehrt, bot sie doch einige Privilegien.

Aufbau

Praxis	Über die *familiares* oder Denunzianten aus der Bevölkerung wurden der Inquisition Glaubensverstöße gemeldet. Die Verdächtigen wurden verhaftet, und unter Folter wurden häufig genug Geständnisse erpresst. Verleumderische Denunziation und ungerechtfertigte Anklagen waren an der Tagesordnung. Die Urteile wurden während einer speziellen Zeremonie, dem Autodafé (*auto de fe*) verkündet und vollstreckt.
Autodafé	Autodafés fanden relativ selten statt und waren an die Feierlichkeiten eines besonderen politischen oder gesellschaftlichen Ereignisses gebunden. In einer genau vorgeschriebenen Zeremonie wurden die von der Inquisition Verurteilten vorgeführt, ihre Vergehen, Geständnisse, Zeugenaussagen verlesen, um dann die Urteile zu verkünden. Anschließend wurden die zum Tode Verurteilten außerhalb der Stadt öffentlich verbrannt. Alle mit der Inquisition verbundenen Personen nahmen an dem schaurigen Schauspiel teil, und auch die Bevölkerung sollte anwesend sein. Somit waren die Autodafés Machtdemonstrationen der katholischen Kirche, die auf diese Weise den von ihr vertretenen wahren Glauben feierte, während gleichzeitig Glaubensgegner beeindruckt und abgeschreckt werden sollten.
Abschreckende Wirkung	In der Fachliteratur zur spanischen Inquisition wird wiederholt darauf hingewiesen, dass die Inquisition zwar durch Folter Geständnisse entsetzlicher Schandtaten erpresste, dafür jedoch in der Regel erstaunlich milde Urteile sprach, als habe sie um die Wirkung ihrer Folter gewusst. Es wurden aber auch Todesurteile verhängt, jedoch nur über diejenigen, die nicht zur Reue bereit waren oder die besonders schwerer Vergehen beschuldigt wurden. Ihre Zahl scheint tatsächlich nicht allzu hoch gewesen zu sein. Von großer Bedeutung dagegen war die Wirkung, die die Inquisition auf die Gesellschaft hatte. Sie versetzte die Bevölkerung in Angst und Schrecken, und das Spitzelsystem sorgte für Misstrauen. Jeder konnte von einem missgünstigen Nachbarn oder Fremden denunziert werden. Eine Anklage vor der Inquisition bedeutete in jedem Fall Schande und Ehrverlust. Darüber hinaus führte die Existenz der Inquisition dazu, dass alle Personen in Glaubensangelegenheiten übervorsichtig wurden. Auch bei Schriftstellern ist ein besonders umsichtiger Umgang mit religiösen Fragen zu verzeichnen. So fand aus weiser Voraussicht in vielen Fällen eine Selbstzensur statt.
Leyenda negra	Die Inquisition war eines der bevorzugten Argumente der antispanischen Propaganda bereits des 16. Jhs. So rankten sich bald schauerliche Gerüchte um die Institution, während sie auf spanischer Seite über die Jahrhunderte verharmlost und gerechtfertigt wurde. Erst in der jüngeren Forschung kehrte man – soweit dies

möglich war – zu den Fakten zurück, wobei jedoch auch heute noch die Bedeutung und das Ausmaß der Bedrohung, die von der Inquisition ausging, umstritten sind.

Bennassar (1982); Bernecker/Pietschmann (1993); Defourneaux (1964); Haliczer (1987); Heine (1984); Hroch/Skýbová (1985); Kamen (1985); Márquez (1980); Perry/Cruz (1991); Vincent (1992).

Literatur

2 Zensur

Bereits 1502 wurden in Spanien Zensurgesetze verabschiedet, die Veröffentlichungen von schriftlichen Werken nur nach erfolgter Zustimmung durch den Zensor vorsahen. Die staatlichen Zensurbehörden arbeiteten dabei unabhängig von Rom und den Inquisitionsbehörden. Während der Regierungszeit KARLS V. (1519–1556) wurde die Einhaltung der Zensurvorschriften jedoch kaum überprüft, und es konnten auch Werke ohne Lizenz erscheinen. Dies änderte sich 1558, als neue verschärfte Zensurgesetze verabschiedet und deren Anwendung streng kontrolliert wurde. Ab diesem Zeitpunkt musste jedes Werk, das gedruckt werden sollte, ein vorgeschriebenes Zensurverfahren durchlaufen. Gleichzeitig wurden Indizes der verbotenen Bücher erstellt. Der Index von 1559 enthielt die Werke vieler namhafter Autoren, darunter auch einige anerkannte Katholiken.

Zensurmaßnahmen der Regierung

Auch die Inquisition übte Aufgaben der Zensur aus und erstellte Indizes verbotener Werke. Sie konzentrierte sich vor allem auf die Kontrolle bereits gedruckter Bücher und die Einfuhr von ausländischen Druckerzeugnissen, die einer Einfuhrlizenz bedurften. Gleichzeitig kontrollierte die Inquisition Buchläden und Bibliotheken auf der Suche nach ketzerischen Schriften.

Zensur der Inquisition

Friede (1959); Heine (1984); Hroch/Skýbová (1985); Kamen (1983, 1985); Márquez (1980); Pinto Crespo (1983).

Literatur

4 Expansionen

1 Eroberungen

1492 sollte es einem Genueser Seefahrer gelingen, die KATHOLISCHEN KÖNIGE davon zu überzeugen, eine Expedition auszurüsten, um in Richtung Westen einen Seeweg nach Indien zu suchen. Tatsächlich landete CHRISTOPH COLUMBUS (1451–1506) am 12. Oktober 1492 auf einer fernen Insel, allerdings weder in China noch in Indien, wie er zeit seines Lebens glaubte, sondern auf der

Die Anfänge

Karibikinsel Guanahaní. Damit begann eine Serie von Expeditionen spanischer Eroberer, die den spanischen Königen weite Teile Amerikas und die Philippinen einbringen sollten und zu einem wichtigen Bestandteil der Machtausbreitung des spanischen Imperiums wurden.

Bereits zwei Jahre später wurden im Vertrag von Tordesillas die überseeischen Interessenssphären Spaniens und Portugals abgegrenzt. In den folgenden Jahren führten weitere Expeditionen in die Karibik und erstmals auch aufs Festland. Als der Florentiner AMERIGO VESPUCCI über eine dieser Expeditionen nach Venezuela berichtet, spricht er erstmalig von einer Neuen Welt, einem neuen Kontinent, der 1507 von einem deutschen Kartographen seinen Namen erhalten wird: Amerika.

Die wichtigsten Eroberungen	1496–1519	Eroberung der größten karibischen Inseln, wie Hispaniola, Cuba u. a.
	1519–21	Eroberung Mexikos durch HERNÁN CORTÉS, in den Folgejahren weitere Eroberungen in Mittelamerika und im Norden Mexikos
	1531–34	Eroberung Perus durch FRANCISCO PIZARRO
	1536–39	Eroberung Neu-Granadas (Kolumbien) durch GONZALO JIMÉNEZ DE QUESADA
	1539–43	Eroberung der Gebiete nördlich von Mexiko und von Kalifornien
	1540–54	Eroberung Chiles durch PEDRO DE VALDIVIA
	1565	Eroberung der Philippinen auf Anordnung PHILIPPS II. unter MIGUEL LÓPEZ DE LEGAZPI

Die Konquistadoren

Nach Ende der *Reconquista* war in Spanien ein Teil des militärischen Potentials beschäftigungslos. Dafür bot die Eroberung Amerikas neue Anreize für Angehörige des niederen Adels oder Männer einfacher Herkunft, die in Spanien keine Perspektive für sich sahen. Ein großer Teil der Eroberer hatte nur einen geringen Bildungsstand. Persönliche Bereicherung, Ruhm und Ehre waren die vorrangigen Motive für das Wagnis eines Eroberungsfeldzugs. Für ihre Könige eroberten die Konquistadoren ein Weltreich, was ihnen ihrer Meinung zufolge die Herrscher jedoch nur wenig dankten. Endlos ist die Reihe der Klagen – von CORTÉS, PIZARRO bis zum einfachen Soldaten –, die allesamt einen angemessenen Lohn für ihre Dienste forderten. Die Krone wiederum fürchtete die Macht der Konquistadoren und eventuelle Unabhängigkeitsbestrebungen. Aufgrund ihrer niederen Herkunft, jedoch auch wegen der vielen Berichte über an den Indianern begangene

Gräueltaten waren die Konquistadoren bei den Herrschenden wenig geschätzt.

Bald war die Eroberung Amerikas mit utopischen und sagenhaften Vorstellungen verbunden, die zumeist auf Mythen der Antike basierten. So suchten Expeditionen in Amerika das sagenhafte Eldorado, die sieben Städte von Cibola, und es wurden angeblich Amazonen und Riesen gesichtet. Augenzeugenberichte waren voller literarischer Reminiszenzen und Vor-Urteile.

Mythos Amerika

Trotz zahlenmäßiger Unterlegenheit ihrer Truppen, trotz Unkenntnis von Land und Leuten und oft schwieriger klimatischer Bedingungen gelang es den spanischen Konquistadoren in kürzester Zeit, weite Teile Süd-, Mittel- und Nordamerikas zu erobern. Dabei wurden nicht nur einfache Indianerstämme unterworfen, sondern auch hoch entwickelte und militärisch gut gerüstete Herrschaftsvölker wie die Azteken und die Inkas. Zwar waren die Waffen der Spanier effektiver. Trotzdem erstaunt es, dass HERNÁN CORTÉS mit ca. 2000 Männern ein großes Volk mit Zehntausenden von Kriegern in lediglich zwei Jahren bezwang. Den Spaniern half dabei die Tatsache, dass viele der Indianerstämme Amerikas untereinander verfeindet waren. Geschickt paktierten die Spanier mit den Gegnern der Herrschenden. Bisweilen wurden die fremden Europäer auch in das mythische Denken der Indianer integriert und als höhere Wesen betrachtet. Wie im Fall von Mexikos mächtigem Herrscher MONTEZUMA verhinderte dies ein rasches militärisches Vorgehen gegen die europäischen Eindringlinge.

Die Überlegenheit der Spanier

Bitterli (1991); Cro (1983); Gewecke (1986); Gil (1989); Greenblatt (1991); König (1992); McAlister (1984); Reinhard (1985); Todorov (1982).

Literatur

2 Kolonisierung

Obwohl Amerika für das Spanien des 16. und 17. Jhs. in vielerlei Hinsicht von großer Bedeutung sein sollte, wurden die amerikanischen Kolonialreiche von den Regierenden stets nur als innenpolitische Marginalie betrachtet. Die spanischen Könige waren vorrangig an der Machterweiterung ihres Imperiums interessiert und darüber hinaus an einem wirtschaftlichen Nutzen der Expansionen. Dies erfüllte sich, als in Mexiko und Peru riesige Gold- und Silbervorkommen entdeckt wurden. Auch wenn aufgrund der desolaten wirtschaftlichen Situation Spaniens nur ein Bruchteil der ankommenden Edelmetalle im Land verblieb, war die Krone doch auf die Ladungen der alljährlich eintreffenden Silberflotte angewiesen. Den ebenfalls einträglichen Amerikahandel regelte

Die Amerikapolitik der Krone

bereits seit 1503 die *Casa de Contratación*, die auch für den Personen-, Schiffs- und Geldverkehr mit Amerika zuständig war. Verwaltungsangelegenheiten der Kolonien oblagen ab 1524 dem Indienrat (*Consejo de las Indias*). Der Missionsanspruch, der die heidnischen Indianer dem richtigen Glauben zuführen sollte, war zweitrangig und diente in erster Linie zur Legitimation des Macht- und Gewinnstrebens.

Die Besied-lung

Bereits kurz nach der ersten Amerikafahrt von Columbus begannen die Spanier, in Amerika Siedlungskolonien zu gründen. Die Siedler gehörten wie die Konquistadoren zu den Unterprivilegierten der spanischen Gesellschaft. Auch sie wurden oft genug Opfer von sagenhaften Gerüchten um schnellen Reichtum. Die Ausreise von Siedlern nach Amerika unterlag jedoch der strengen Kontrolle durch die königlichen Behörden. Je nach Region unterhielten die Kolonisten Plantagen oder beuteten verschiedenartige Minen aus. Viele trieben Handel oder waren in ihrem erlernten Handwerk tätig. In den Kolonien reich gewordene Spanier (*indianos*) kehrten später in ihr Land zurück, in der Hoffnung, sich mit ihrem Reichtum eine gehobene gesellschaftliche Position zu erkaufen. Sie galten jedoch als „neureich" und fanden innerhalb der hierarchischen spanischen Gesellschaft nicht die gewünschte Anerkennung.

Die Indianer

Mit der Eroberung wurden die Indianer Untertanen der spanischen Krone, ihr Land gehörte fortan den spanischen Königen bzw. deren Stellvertretern, den Konquistadoren und Siedlern. Dominantes Konzept der Kolonisierung war die Hispanisierung der autochthonen Bevölkerung. Dazu gehörten die spanische Sprache und Kultur, außerdem die katholische Religion. Das Brauchtum der Indianer, zumal aus dem kultischen Bereich, wurde verboten, es wurden Kultstätten zerstört, Kulturgegenstände und Schriften vernichtet.

Die unterworfenen Indianer mussten Zwangsarbeit leisten (*repartimiento*). Später etablierte sich das System der *encomienda*, das die amerikanischen Ureinwohner nur noch zu Abgaben verpflichtete. Aufgrund der massiven Ausbeutung der indianischen Arbeitskräfte, durch Epidemien und gewaltsame Übergriffe, aber auch aufgrund einer allgemeinen „Desintegration der indianischen Gesellschaften" (H. Pietschmann) erfuhr die einheimische Bevölkerung Amerikas eine enorme Dezimierung. Zum Ersatz der indianischen Arbeitskräfte auf den Plantagen und in den Minen wurden Arbeitssklaven aus Afrika rekrutiert.

Die Mission

Die Missionierung der Ungläubigen wird zum vorrangigen Rechtfertigungsargument für die Eroberungen. 1513 wurde das *requerimiento* erlassen, ein Text, der die Indianer zur Bekehrung und Unterwerfung auffordert. Kamen die Einheimischen der Aufforderung nicht freiwillig nach, waren die Spanier zum Angriff berechtigt. Ab 1524 beginnt eine systematische Missionierung der amerikanischen Indianer durch Franziskaner, Dominikaner und Jesuiten. Die Missionare, unter denen sich auch Anhänger utopisch-christlicher Ideen befanden, die zusammen mit den Indianern ideale christliche Gemeinschaften bilden wollten, waren neben der religiösen Erziehung auch für die Vermittlung der spanischen Sprache und Kultur zuständig und bemühten sich, die Indianer europäisch zu sozialisieren. Bisweilen fanden die einheimischen Amerikaner wahre Fürsprecher in den Missionaren. Der bekannteste ist der Dominikaner BARTOLOMÉ DE LAS CASAS, der lange Zeit in Amerika tätig war. Während in der frühen Zeit der Kolonisierung gerade Missionare an der Vernichtung einheimischen Kulturguts beteiligt waren, erwiesen sich später die Geistlichen durch ihr enges Zusammenleben mit den Einheimischen als gute Kenner der autochthonen Kulturen.

Aufgrund von Protesten der Dominikaner gegen die schlechte Behandlung der Indianer auf Santo Domingo wurden 1512 die *Leyes de Burgos* erlassen, „der erste Versuch einer Indianergesetzgebung" (U. Bitterli). Die Gesetze regelten den Umgang mit den Einheimischen Amerikas, stellten aber gleichzeitig eine Legitimierung der spanischen Praxis in Amerika dar. Unter dem Einfluss von LAS CASAS, der gute Beziehungen zum Hofe KARLS V. unterhielt, erfolgte 1542 die Verabschiedung der *Leyes Nuevas*, die die Indianer als gleichberechtigte, wenngleich unmündige Untertanen der spanischen Krone betrachteten. Die Versklavung von Indianern wurde verboten, die *encomienda* sollte abgeschafft werden. Massive Proteste von Siedlern und Konquistadoren führten dazu, dass die Gesetze nie angewandt und kurz darauf zum Teil zurückgenommen wurden. In der Folgezeit sollte die koloniale Praxis eine Gesetzgebung ersetzen.

Indianer-gesetz-gebung

In der ersten Hälfte des 16. Jhs. wurde in Spanien eine erstaunlich offene kolonialethische Debatte geführt, von der behauptet wird, sie beinhalte bereits die Kernfragen des modernen Völkerrechts. Kleriker, Juristen und Staatstheoretiker lieferten die Legitimierung des politischen Handelns in Amerika, diskutierten aber gleichzeitig über das Wesen der Indianer. FRANCISCO DE VITORIA setzte sich in seinen an der Universität von Salamanca gehaltenen Vorlesungen kritisch mit dem Rechtsanspruch der spanischen Krone auf die neu eroberten Länder auseinander, wobei er sowohl Argumente für als auch gegen eine Legitimation des gerechten Kriegs anführte.

Der königliche Hofhistoriker JUAN GINÉS DE SEPÚLVEDA betrachtete die amerikanischen Ureinwohner als vernunftlose, tierähnliche Barbaren, wobei er sich in seiner Argumentation auf ARISTO-

Debatten

TELES berief, außerdem aktuelle Berichte über Kannibalismus und Menschenopfer hinzuzog. LAS CASAS dagegen beschrieb die Indianer als gute Wesen, die allerdings nicht rechtsfähig wären und daher des Schutzes und der Unterweisung in der richtigen Religion bedürften. Die Auseinandersetzungen um die Rechtmäßigkeit der spanischen Eroberungen und das Wesen der Indianer kulminierten in dem Disput zwischen LAS CASAS und SEPÚLVEDA vor KARL V. und dem Indienrat 1550 in Valladolid, der zu keinem konkreten Ergebnis führte. Unter PHILIPP II. endete diese Debatte, zumal die koloniale Praxis die Diskussion eingeholt hatte.

Leyenda negra

Die Schriften von LAS CASAS, in denen dieser das brutale Vorgehen spanischer Kolonisten in Amerika anprangerte, waren der europäischen antispanischen Propaganda höchst willkommen. In Spanien selbst führte dies dazu, dass das Schrifttum über Amerika einer besonderen Kontrolle unterlag und während der Regierungszeit PHILIPPS II. kaum noch Werke über Amerika veröffentlicht werden konnten.

Literatur

Baudot (1983); Bitterli (1986); Fisch (1984); Friede (1959); García Cárcel (1992); König (1992); McAlister (1984); Pagden (1986, 1990); Pietschmann (1980); Reinhard (1985); Simson (2002).

3 Das Kolonialleben

Verwaltung

Die Kolonien in Übersee wurden von Spanien aus durch den Indienrat verwaltet, der direkt dem spanischen König unterstand. Die Regionen waren in Vizekönigreiche *(virreinatos)* mit *audiencias* eingeteilt. Vizekönigtümer bestanden ab 1535 in Mexiko *(Nueva España)*, ab 1543 in Peru *(Nueva Castilla)*, erst im 18. Jh. folgten Bogotá und Buenos Aires. Die Vizekönige waren vom spanischen König benannte Angehörige des Hochadels, bisweilen auch des Klerus, deren Machtbefugnis bewusst sehr eingeschränkt war. Insgesamt wurde das spanische Verwaltungssystem übernommen, wobei ab der Mitte des 16. Jhs. eine eigene, mit Spaniern besetzte Verwaltung für die indianischen Siedlungen zuständig war, die getrennt von den spanischen zu halten waren.

Kulturelle Zentren

In den Hauptstädten der Vizekönigreiche, Mexiko und Lima, entstanden kulturelle Zentren mit einem an Spanien orientierten Hofleben. Eine kreolische und spanische Oberschicht ging, wie in der Metropole auch, einer regen kulturellen Tätigkeit nach, wobei die verschiedenen Kunstformen von spanischen Vorbildern geprägt waren. Während Architektur und bildende Kunst zu synkretistischen Formen finden, die auch Indianisches einschließen, orientieren sich Literatur, Theater und Musik nahezu ausschließlich an spanischen Normen. Vor allem der barocke Stil sollte das kulturelle Schaffen in den Kolonien bestimmen, allerdings mit einer gewissen Verspätung gegenüber der spanischen Metropole.

Jean Franco in Íñigo Madrigal (1982); Hampe Martínez (1999); Hernández Sánchez-Barba (1978); Paz (1982); Peña (1992); Pietschmann (1980); Reinhard (1985).

Literatur

5 Das Volk

Das Bürgertum war im Spanien des 16., verstärkt noch des 17. Jhs. nur in geringem Maße vertreten. Als Gründe hierfür werden die Adelssucht der wohlhabenderen Kreise, die Auswanderung nach Amerika, die Vertreibung der *conversos*, der Rückgang der Tuchindustrie und insgesamt die mangelnde Bereitschaft zu unternehmerischer Tätigkeit und zu Investitionen betrachtet. So setzte sich die schmale bürgerliche Schicht hauptsächlich aus Handwerkern und kleinen Gewerbetreibenden zusammen. Die Handwerker waren zunehmend in Zünften organisiert, was zu einer weiteren Stagnation des Wirtschaftslebens führte.

Bürgertum

Nur ein geringer Prozentsatz der Bauern Spaniens bebaute eigenes Land. Die überwiegende Mehrheit der Landbevölkerung war gegenüber einem Lehnsherrn abgabepflichtig oder hatte das Land gepachtet. Darüber hinaus gab es eine große Anzahl saisonaler Landarbeiter, die von den Großgrundbesitzern lediglich bei Bedarf für kargen Lohn beschäftigt wurden. Dafür waren die Bauern die Hauptträger der Steuerlasten. Die hohen Abgaben und schlechter Boden, bisweilen auch Missernten waren die Ursachen dafür, dass das Landleben in der Regel ein Leben in Armut und Elend war, was in manchen Regionen zur Entvölkerung weiter Landstriche führte. Allerdings bestanden auch regionale Unterschiede. So gab es in Katalonien einen relativ hohen Anteil an wohlhabenden Bauern. Um der Steuerlast zu entgehen, kauften sich wohlhabende Bauern zunehmend in den Adel ein oder lebten von Renten und Pfandbriefen. Privilegiert dagegen waren die in der *Mesta* zusammengeschlossenen Schafzüchter, die unbeschränkten Zugang zu öffentlichem Weideland hatten.

Bauern-stand

Aufgrund einer zunehmenden Verarmung des Mittelstandes und des niederen Adels, verstärkt jedoch des Bauernstandes, und aufgrund der massiven Abwanderung der Landbevölkerung kam es im Laufe des 16. Jhs. und vor allem im 17. Jh. zu einer merklichen Erhöhung der in den Städten lebenden Unterprivilegierten. Zu ihnen gehörten Bettler und kleine Gauner, *pícaros*, die sich mit allerlei Tricks und Betrügereien ein Überleben sicherten. Darüber

Unter-privilegierte

hinaus fanden sich professionelle Diebe, Spieler, Prostituierte usw. in allen großen Städten. Die Bettler, teilweise auch die Kriminellen und kleinen Tagediebe waren in Banden organisiert. Sie verfügten über einen eigenen Jargon *(germanía)* und trafen sich an bestimmten Plätzen der Städte. Auf dem Land gab es Raubritter und Wegelagerer, die Reisende überfielen. Ebenfalls zu den Unterprivilegierten zu zählen sind die Sklaven, die vor allem in Sevilla vorrangig als Hauspersonal tätig waren. Sie stammten aus Afrika oder dem Osmanischen Reich, in seltenen Fällen auch aus Amerika.

Die Prosaliteratur des *Siglo de Oro* hat sich auf besondere Weise den Unterprivilegierten gewidmet. So wurde der *pícaro* zum Protagonisten einer ganzen Serie von Schelmenromanen.

Literatur Bennassar (1982); Defourneaux (1964); Fernández Álvarez (1989); Heine (1984); Le Flem (1982); Pérez (1996).

6 Das Leben der Frauen

Die Rolle der Frau Das patriarchalische System gestand den Frauen kaum Freiheiten zu. So spielte sich das Leben der Frauen im Spanien des *Siglo de Oro* zumeist im Haus ab und war, vor allem in den oberen Schichten, streng geregelt. Vor ihrer Verheiratung wurden die Frauen von ihren Eltern bewacht und kontrolliert, nach der Eheschließung übernahm diese Verantwortung der Ehemann. Obwohl Frauen selbst über keine Ehre *(honra)* verfügten, konnten sie durch ihr Verhalten doch der Ehre ihres Mannes und der ihrer Familie schaden. Frauen, die nicht verheiratet werden konnten, weil z. B. ihre Familie keine ausreichende Mitgift aufbrachte, fanden Aufnahme in Klöstern, wo sie zumeist ein eher weltliches Leben führten.

Der Ausgang der Frauen war streng geregelt, wobei sich verheirateten Frauen mehr Möglichkeiten boten. Die Ehefrauen konnten nicht nur zur Kirche gehen, sondern auch auf Feste, ins Theater, auf Ausflüge. Sie mussten dabei jedoch begleitet werden. Trotz aller Strenge und Kontrolle gelang es einigen Frauen, sich Freiräume zu schaffen. So gab es – wenngleich nur in Ausnahmefällen – doch Frauen, die der Männerwelt vorbehaltenen Tätigkeiten nachgingen. Als Männer verkleidete Frauen waren Soldaten, heuerten auf Schiffen an oder studierten. Witwen führten häufig die Geschäfte ihrer verstorbenen Ehemänner weiter.

Bildung In der Epoche herrschte die Meinung vor, Frauen wären weniger intelligent als Männer. Begründet wurde diese Meinung mit der Bibel, mehr jedoch noch mit antiken Quellen. Unter dem Einfluss von ERASMUS hatte sich im Spanien des 16. Jhs. die Einstellung gegenüber Frauen zunächst geändert. So begann in humanistischen Kreisen eine Diskussion um die Erziehung von Frauen. Die

Mädchen der oberen Schichten erhielten eine rudimentäre Ausbildung in Klosterschulen oder durch Hauslehrer. Während vereinzelt Frauen, die mit humanistischen Kreisen in Verbindung standen, sogar an Universitäten studierten und sich eine umfassende Bildung anzueignen vermochten, sorgte bald die Gegenreformation dafür, dass die Frauen vor allem ihre traditionelle Rolle wahrnahmen und nur ein Mindestmaß an Bildung erhielten. Die Universitäten blieben ihnen verschlossen. Es gab jedoch auch in dieser Epoche Frauen, die sich durch eigene Initiative weiterbildeten, sich für die Wissenschaften oder die Literatur interessierten. In einem bescheidenen Rahmen beteiligten sich Frauen am öffentlichen literarischen Leben. Ähnlich wie später die Salons wurden kleine Lesezirkel eingerichtet, in denen sich interessierte Frauen trafen, kulturelle Ereignisse und verschiedene Themen kommentierten und diskutierten. Dass das Klosterleben nicht nur eine Alternative zur Heirat war, sondern auch eine Möglichkeit, mehr Bildung zu erlangen, zeigt eindrucksvoll das Beispiel der mexikanischen Nonne SOR JUANA INÉS DE LA CRUZ.

Mode

Die Mode war von großer Bedeutung und gerade im 17. Jh. von erstaunlicher Extravaganz, nicht nur bei den Frauen. Sehr beliebt war die Verschleierung mit einem Umhang, der nur ein Auge frei ließ *(tapado de medio ojo)*. Es war aber auch die Zeit der Reifröcke. Ebenfalls in Mode bei den Frauen waren Brillen, nach einem berühmten Träger, dem Schriftsteller FRANCISCO DE QUEVEDO, damals auch *quevedos* genannt. In regelmäßigen Abständen erließ die Regierung einschränkende Gesetze gegen die größten Modetorheiten, jedoch zumeist ohne Erfolg.

Das Bild der Frau in der Literatur

Neben der Verherrlichung der geliebten Frau in Versen hat auch die misogyne Literatur in Satireform eine lange literarische Tradition. So finden sich im *Siglo de Oro* neben Gedichten, die Frauen idealisieren, ebenso Spottverse über Frauen, gegen ihre Laster, ihre Unehrenhaftigkeit, ihre Frivolität, ihren Modewahn. Aber auch gegen bestimmte Gruppen von Frauen wird moral-satirisch vorgegangen, wie z. B. gegen die an Bildung interessierten.

Literatur

Defourneaux (1964); Duby/Perrot (1994); Fernández Álvarez (1989); Frackowiak (1998); Vigil (1986).

7 Die Künste

Architektur

Die spanische Architektur brachte in der Epoche des *Siglo de Oro* zwei Meisterwerke hervor: in den Jahren 1563–84 den Escorial, eine weitläufige Palastanlage mit Kloster, geplant von PHILIPP II., ausgeführt vom Architekten JUAN DE HERRERA, und in den Jahren

1631–40 den heute nicht mehr erhaltenen königlichen Palast des Buen Retiro, geplant unter PHILIPP IV. von OLIVARES mit den Architekten GIOVANNI BATTISTA CRESCENZI und ALONSO CARBONEL. Doch auch eine Vielzahl anderer architektonischer Projekte Spaniens geht auf die Zeit des *Siglo de Oro* zurück. Für manche Städte wurde gerade in dieser Epoche ihre bauliche Basis geschaffen. Rathäuser, Kathedralen, Klöster wurden ebenso konstruiert und gebaut wie öffentliche Plätze, Bibliotheken oder Herrenhäuser wohlhabender Familien. Vor allem Sevilla, wichtige Hafenstadt und Verbindung nach Amerika, profitierte von der regen Bautätigkeit der Epoche. Obwohl die Architektur Spaniens nachhaltig von der italienischen Renaissance beeinflusst war, gelang es ihr doch, vor allem bei den großen Bauwerken, dezidiert eigene Akzente zu setzen.

Malerei

EL GRECO, DIEGO VELÁZQUEZ, BARTOLOMÉ ESTEBAN MURILLO, FRANCISCO DE ZURBARÁN – große spanische Maler, die weit über die Grenzen des Landes hinaus bekannt sind, trugen wesentlich zum Glanz des *Siglo de Oro* bei. Auch in der spanischen Malerei ist der italienische Einfluss bedeutend, darüber hinaus aber auch der flämische. Italienische und flämische Maler wurden zu der Zeit an den spanischen Höfen beschäftigt. Die bildende Kunst war an einen Auftrag gebunden, der von der Kirche oder dem Hof als wichtigsten Auftraggebern erteilt wurde. Die Aufträge enthielten oft detaillierte Vorgaben, die es zu beachten galt. Deswegen nimmt die religiöse Thematik in der spanischen Malerei des *Siglo de Oro* einen bedeutenden Platz ein. Der Hof vergab Aufträge zur Anfertigung von Porträts der königlichen Familie, von politischen Triumphen und mythologischen Allegorien. Vor allem VELÁZQUEZ, dem Hofmaler, sollte es dabei gelingen, Gemälde zu schaffen, die über den bloßen Auftrag weit hinausgingen.

Samm- lungen

Vor allem an den Höfen entstanden wertvolle, qualitativ hochwertige Kunstsammlungen. Der Lieblingsmaler KARLS V. war TIZIAN, den auch sein Sohn PHILIPP II. schätzte, obwohl er den Niederländer HIERONYMUS BOSCH favorisierte. Beide Herrscher galten als Kunstkenner und legten den Grundstein zu umfangreichen Sammlungen, vorwiegend von Gemälden, aber auch von Wandteppichen und von Kunsthandwerk aus Gold und Silber. Alles in den Schatten stellen sollte allerdings die Kunstsammlung PHILIPPS IV., die durch Aufträge und Ankäufe aus dem Ausland mehrere Tausend von Exponaten umfasste, darunter Werke der wichtigsten in- und ausländischen Künstler der Epoche. Die Sammeltätigkeit der Herrschenden regte auch wohlhabende Privatleute an, so dass zur Zeit des *Siglo de Oro* eindrucksvolle Privatsammlungen von Gemälden und Kunstgegenständen entstanden.

Dem Reichtum der Kirche verdankt die spanische Bildhauerei während des *Siglo de Oro* die beachtliche Produktion von religiösen Skulpturen. Kirche und Klöster vergaben eine Vielzahl von Aufträgen für Altaraufsätze und für Skulpturen von Heiligenfiguren, die in den Kirchen aufgestellt oder während der Prozessionen der Karwoche *(Semana Santa)* präsentiert wurden. Figuren und Tafelbilder waren zumeist aus Holz geschnitzt, wurden vergoldet und bemalt, so dass neben dem Bildhauer auch andere Künstler beteiligt waren. Die Aufträge waren eng an den religiösen Zweck gebunden, wobei die Thematik der Passionsgeschichte besonders beliebt war. Die durchweg gute Auftragslage führte zu einem Anwachsen der Werkstätten, vor allem in Valladolid und Sevilla, die als Zentren der Bildhauerei galten.

Bildhauerei

Auch auf dem Gebiet der Musik waren die Kirchen und Klöster und der Hof die größten Auftraggeber. So gehörten zu den großen Kathedralen, aber auch zu den Klöstern geistliche Musikkapellen. Ihr Repertoire umfasste polyphone liturgische Musik mit lateinischen Texten, volkssprachliche *villancicos* und liturgische Orgelmusik. Die Hofkapellen dagegen, in denen viele ausländische Musiker tätig waren, erfüllten vorrangig repräsentative Funktionen, indem sie das höfische Zeremoniell musikalisch untermalten. Sie verfügten über ein polyphones volkssprachliches Repertoire weltlicher Musik. Ab der ersten Hälfte des 17. Jhs. machte sich zunehmend der Einfluss italienischer musikalischer Neuerungen bemerkbar. Dabei wurden jedoch nicht einfach italienische Formen übernommen, sondern es entstand unter Beibehaltung der traditionellen Musik ein eigener spanischer Musikstil, dessen besondere barocke Ausrichtung sich jedoch erst im 18. Jh. manifestieren sollte. Im Bereich der Instrumentalmusik waren die Orgel- und Lauten-Schulen herausragend. Eine bedeutende Rolle sollte die Musik für das Theater spielen.

Musik

Bennassar (1982); Brown/Elliott (1980); Fernández Álvarez (1989); Livermore (1972); Murray (1975); Ortega y Gasset (1950); Tüngel (1964).

Literatur

8 Literatenleben

Die Literatur erlebte während des *Siglo de Oro* eine besondere Blütezeit. In der Epoche wurden nicht nur bedeutende spanische Klassiker und Werke der Weltliteratur verfasst. Es gab insgesamt ein blühendes literarisches Leben am Hof und in den kulturellen Zentren. Eine Vielzahl von Dichtern, von denen uns heute zum Teil allenfalls noch die Namen überliefert sind, verfasste unzählige Werke der verschiedenen Genres. Besonders beliebt war dabei die

Bedeutung der Literatur

Lyrik. In Madrid und den anderen kulturellen Zentren (z. B. Valencia, Sevilla) gab es täglich Theatervorstellungen, wobei die Stücke jeweils nur wenige Tage gespielt wurden.

Die Schriftsteller schlossen sich in *tertulias* und Akademien zusammen. Die bekannten Autoren konkurrierten untereinander und waren zum Teil verfeindet. Berühmt wurden die Feindseligkeiten zwischen LUIS DE GÓNGORA und FRANCISCO DE QUEVEDO, die sich gegenseitig in Spottversen verhöhnten. Beliebt und bekannt waren öffentliche Wettstreite von Autoren.

Doch nicht nur Berufsschriftsteller waren in großer Anzahl literarisch tätig. Auch viele andere des Lesens und Schreibens Kundige aller Stände verfassten Texte, in erster Linie Verse, so dass JOSÉ ORTEGA Y GASSET nicht zu Unrecht von einer „manía del verso" spricht.

Finanzielle Situation der Autoren

Keiner der berufsmäßigen Schriftsteller konnte damals von dieser Tätigkeit leben, so dass die bekanntesten Autoren zuweilen ein armes und elendes Leben führten. Weder Theaterkompanien noch Buchverleger bezahlten den Autoren angemessene Honorare für ihre Werke. Soweit sie nicht einer vermögenden Familie entstammten, mussten sich die Schriftsteller andere Einnahmemöglichkeiten suchen, die ihnen und ihren Familien ein Überleben ermöglichten. Sowohl das Leben von LOPE DE VEGA wie das von CERVANTES veranschaulichen deutlich die Problematik der damaligen Autoren. Obwohl beide heute zu den angesehensten Autoren der Weltliteratur gehören, waren sie zeitlebens darum bemüht, sich ein sicheres Einkommen zu verschaffen. LOPE DE VEGA gelang es, sich die Gunst mehrerer adliger Mäzene zu sichern, obgleich er dabei auch als Sekretär tätig war, der für den adligen Herrn Liebesbriefe verfasste. Beide Autoren verdingten sich als Soldaten, wobei CERVANTES von der Schlacht bei Lepanto nicht nur einen steifen Arm davontrug, sondern auch fünf Jahre lang von Piraten gefangen gehalten wurde.

Eine Lösung für die Mittellosen bot stets der geistliche Stand, was den Umstand zu erklären vermag, dass viele der Autoren des *Siglo de Oro* dem Klerus angehörten. So ließ sich LOPE DE VEGA am Ende seines Lebens zum Priester weihen. GÓNGORA war über eine Rente aus dem Domkapitel von Sevilla versorgt. CERVANTES dagegen, der sich lange Zeit vergeblich um eine Unterstützung durch einen Mäzen bemüht hatte, war in verschiedenen Brotberufen tätig (u. a. als Proviantkommissar für die spanische Flotte und als Steuereintreiber), die ihn mehrmals ins Gefängnis führten. JUAN RUIZ DE ALARCÓN Y MENDOZA, mexikanischer Theaterautor, der in Spanien lebte, war lange Jahre um einen sicheren Posten in der Kolonialverwaltung bemüht. Nachdem ihm die Lebensstellung zugesprochen worden war, verfasste er keine einzige Zeile mehr.

Aufgrund der prekären finanziellen Situation, in der sich die Mehrzahl der Autoren des *Siglo de Oro* befand, waren alle auf die Unterstützung zumeist adliger Mäzene angewiesen. Das Mäzenatentum war zu jener Zeit gut entwickelt, wobei die Autoren jedoch von der Gunst und dem Willen des jeweiligen Gönners abhängig waren. Das Beispiel von Cervantes hat bereits gezeigt, dass es nicht immer einfach war, die Unterstützung eines Mäzens zu erlangen. Die Autoren selbst bemühten sich auf verschiedene Weise darum und setzten ihre literarischen Fähigkeiten ein, um den potentiellen Gönner zu umschmeicheln. So wurde während des *Siglo de Oro* eine enorme Anzahl von panegyrischen Gedichten verfasst, von denen viele als Widmungsgedichte literarischen Texten vorangestellt waren. Doch auch ganze Werke wurden adligen möglichen Geldgebern gewidmet. Dabei handelte es sich nicht nur um eine literarische Konvention, sondern vor allem um eine der finanziellen Notlage entsprungene Notwendigkeit.

Mäzenatentum und Panegyrik

Gleichzeitig wurden von wohlhabenden Familien gelegentlich konkrete Aufträge *(encargos)* für literarische Werke an Schriftsteller vergeben. Damit verbunden waren zumeist konkrete, zum Teil ziemlich detaillierte Vorgaben, die die Autoren zu erfüllen hatten. Bekannt ist der Auftrag der Familie Pizarro an Tirso de Molina, der in der *Trilogía de los Pizarro* die vier Peru erobernden Pizarro-Brüder – von einfacher Herkunft, ungebildet, gewalttätig und insgesamt mit einem schlechten gesellschaftlichen Ruf versehen – zu ehrenhaften Helden und getreuen Vasallen ihres Königs stilisierte, ganz zur Zufriedenheit der zahlenden Familie. Auch Lope de Vega erhielt verschiedene Aufträge zur Ehrung bestimmter Persönlichkeiten. So wird vermutet, dass er z. B. in seinem Epos *La Dragontea* im Auftrag seines Dienstherrn, des Marqués de Malpica, den Untergebenen Diego Suárez de Amaya als heldenhaften Spanier präsentiert. Die Familie des Chile-Eroberers García Hurtado de Mendoza gab eine ganze Reihe von Dramen und Epen bei verschiedenen Schriftstellern in Auftrag, um das durch die *Araucana* von Alonso de Ercilla beschädigte Ansehen ihres Vorfahren ins rechte Licht zu rücken.

Die genauen Vorgaben der Auftraggeber kollidierten nicht nur mit der historischen Wahrheit, sondern oft genug auch mit den eigenen literarischen Vorlieben und Plänen der Autoren. So hielt sich Gabriel Lobo Lasso de la Vega in seinem von der Familie des Hernán Cortés in Auftrag gegebenen Epos zunächst an deren Vorgaben. In der zweiten Fassung des Epos, *Mexicana*, entfernte sich der Autor jedoch von seinem Auftrag und machte aus dem Eroberer Mexikos einen christlichen Glaubenskämpfer, den allein der Missionsgedanke zu seinen Eroberungen antrieb.

Es ist zu vermuten, dass weit mehr der literarischen Werke des

Auftragsarbeiten

Siglo de Oro auf konkrete Aufträge zurückgehen oder panegyrischen Zwecken dienen sollten, als uns heute bekannt ist. Die hispanistische Literaturwissenschaft hat sich erst in den letzten Jahren der Erforschung des Mäzenatentums, der Panegyrik und der konkreten Aufträge an Autoren während des *Siglo de Oro* gewidmet. Leider fehlt es heute vielfach noch an Fakten und Dokumenten.

Zensur

Alle literarischen Werke des *Siglo de Oro*, die veröffentlicht werden sollten, unterlagen der Zensur, eine Vorschrift, die ab der zweiten Hälfte des 16. Jhs. durchgängig eingehalten wurde. Allerdings war die Anwendung der Zensurvorschriften wenig einheitlich und erscheint uns heute eher willkürlich. Vieles schien den Zensoren, die sich auf eindeutige verbale Attacken gegen Kirche und Staat konzentrierten, zu entgehen oder wurde von ihnen, die zum Teil selbst als Autoren tätig waren, geduldet. So hatte z. B. das moralsatirische anonyme Werk über das Leben des *Lazarillo de Tormes* trotz seiner herben Kritik an Klerus und Adel zunächst keine Probleme mit der Zensur. Und in der „gereinigten" Fassung, die ab 1584 ausschließlich zugelassen war, fehlten lediglich die gröbsten Attacken gegen den Klerus, während die Gesamtkritik unversehrt erhalten blieb.

Der Aspekt der Zensur literarischer Werke ist bisher nicht ausreichend bearbeitet. Auch die Materiallage erscheint wenig günstig. So liegt keine Dokumentation über von der Zensur abgelehnte Werke vor, und es gibt auch keine detaillierten Angaben über die Bestimmungen der Zensoren. Es scheinen auch keine Manuskripte von literarischen Werken erhalten zu sein, die die Zensur ablehnte. Ein wichtiger Fakt ist der Aspekt der Selbstzensur. Die Mehrzahl der Autoren fürchtete die Inquisition. Textpassagen, die zweideutig ausgelegt werden können, werden daher oft durch eine zusätzliche Erklärung eindeutig präsentiert. Auf verschiedene Weise sichern sich die Autoren innerhalb ihrer Texte ab, um Missverständnisse zu vermeiden und Zweideutigkeiten gar nicht entstehen zu lassen. Der Aspekt der Selbstzensur ist jedoch nicht systematisch erfassbar, sondern unterliegt der Spekulation.

Trotz aller Vorsichtsmaßnahmen hatten mehrere Autoren Probleme mit der Inquisition. Luis de León z. B. verbrachte aufgrund seiner jüdischen Abstammung und einer Übersetzung des *Hohelieds* aus dem Hebräischen ins Spanische mehrere Jahre in den Gefängnissen der Religionswächter. Antonio Enríquez Gómez, *converso* und Verfasser von *comedias* und lyrischen Texten, lebte jahrelang im Exil in Frankreich, bis er unter falschem Namen nach Spanien zurückkehrte, wo er von der Inquisition ergriffen wurde, in deren Gefängnissen er dann starb.

Obwohl Inquisition und Zensur die literarische Produktion der Zeit kontrollierten und auf diese Weise beeinflussten, ist die Literatur des *Siglo de Oro* keineswegs als konformistisch zu betrachten. Kritik an Staat, Gesellschaft und Kirche findet sich vielfach in Form von Satiren, aber auch im Theater oder im Roman. Diverse Texte muten den heutigen Leser subversiv an, wie z. B. die Ehrendramen von CALDERÓN, wobei hier moderne Lesarten mit Vorsicht anzuwenden sind und die Frage nach der Subversion zumeist spekulativ bleiben muss. Dies soll jedoch insgesamt nicht darüber hinwegtäuschen, dass ein Großteil der verfassten Literatur keinerlei Probleme mit der Zensur hatte und unverfängliche Themen favorisierte, mit dem Ziel der religiösen Erbauung und der Unterhaltung.

Schreibende Frauen

Frauen waren weitgehend vom literarischen Leben ausgeschlossen, auch wenn sich unter den poesiebesessenen Gelegenheitsdichtern vereinzelt Frauen fanden. Eine gute Möglichkeit, sich eine gewisse Bildung anzueignen, boten die Klöster. So ist es denn kaum verwunderlich, dass unter den wenigen bekannten Autorinnen des *Siglo de Oro* vor allem Nonnen waren, wie TERESA DE AVILA oder SOR JUANA INÉS DE LA CRUZ. Darüber hinaus sind vereinzelt Werke – Lyrik, Dramen, Novellen – von Autorinnen erhalten, über deren Leben heute nichts mehr bekannt ist. Selbst von MARÍA DE ZAYAS Y SOTOMAYOR, Verfasserin von Dramen, Novellen und Gedichten, die zu ihrer Zeit hochgerühmt und bekannt war, kennen wir kaum die Lebensdaten. Es scheint, dass von der damaligen Kritik Informationen über Leben und Werk von Autorinnen als nicht der Erinnerung wert befunden wurden.

Die schreibenden Frauen des *Siglo de Oro* übernahmen die männlich tradierten Diskurse, auch wenn sie diese punktuell abwandelten und ihren Themen und Bedürfnissen anpassten. Auch die eigene Position als schreibende Frau in einer Männergesellschaft wurde reflektiert: Sowohl MARÍA DE ZAYAS im Vorwort ihrer Novellen wie auch SOR JUANA in ihrem Brief an Sor Filotea wenden sich gegen misogyne Tendenzen, die Frauen geringere intellektuelle Fähigkeiten unterstellen.

Hispanoamerikanische Autoren

Die hispanoamerikanischen Autoren der Kolonialzeit befanden sich in einer hybriden Situation zwischen zwei Kulturen. Teil einer Kolonialkultur, die mit der Zeit durchaus eigene Züge annahm, auch wenn die Orientierung in erster Linie an der Metropole erfolgte, schrieben die Autoren nahezu ausschließlich in spanischer Sprache, für ein spanisches Publikum, und ihre Werke wurden in Spanien publiziert. Die spanische Literatur des *Siglo de Oro* wurde in den Kolonien mit Verspätung rezipiert und imitiert, allen voran GÓNGORA.

Zwei Positionen lassen sich in Bezug auf diese Situation der Kolonialautoren ausmachen. Die eine Position versucht, den kolonialen Anteil und das autochthone Indianische aus der Literatur fern zu halten und orientiert sich streng an den spanischen Vorgaben. Das beste Beispiel hierfür sind die *comedias* des mexikanischen Autors JUAN RUIZ DE ALARCÓN Y MENDOZA, in denen Amerika kaum erwähnt wird. Allenfalls eine Metaphorik voller Labyrinthe und Höhlen verrät etwas über die problematische Herkunft des Außenseiters ALARCÓN, der in Spanien lebte und publizierte. Eine andere Position gegenüber ihrer Herkunft und Kultur nimmt dagegen SOR JUANA INÉS DE LA CRUZ ein. Auch sie imitiert die spanischen Vorbilder, ist nachhaltig von GÓNGORA beeinflusst. Ihre großen Werke unterscheiden sich kaum von der Literatur der spanischen Autoren. Und doch wagt sie es, in Gedichten und den Vorspielen *(loas)* ihrer Dramen auch koloniale Themen anzusprechen. In den *villancicos* lässt sie Indianer und Schwarze Mexikos in ihrer Sprache zu Wort kommen, im *teatro breve* wird die Religion der mexikanischen Ureinwohner präsentiert und gegenüber der christlichen aufgewertet.

Eine besondere Art der kulturellen Symbiose findet sich im Fall des GARCILASO DE LA VEGA, EL INCA. Als Sohn einer Inkaprinzessin und eines Spaniers lernte er beide Kulturen gut kennen, entschied sich aber für die herrschende. Er lebte in Spanien, wo er humanistische Studien trieb, Übersetzungen anfertigte und schließlich eine großangelegte Geschichte Perus verfasste.

Literatur

Bennassar (1982); Defourneaux (1964); Dille (1988); Frackowiak (1998); Jean Franco in Íñigo Madrigal (1982); Fries (1977); García Canclini (1990); Márquez (1980); Ortega y Gasset (1950); Paz (1982); Peña (1992b); Simson (2002); Strosetzki (1991b).

KAPITEL 3 Das Theater des *Siglo de Oro*

1 Die Anfänge

1 Mittelalterliche Vorläufer

Da keine Texte erhalten sind, war man lange Zeit davon ausgegangen, dass in Spanien während des Mittelalters keine Theaterpraxis bestand. Hinweise in verschiedenen Werken, u. a. den *Siete Partidas* ALFONS DES WEISEN, lassen jedoch vermuten, dass sowohl im religiösen wie auch im höfischen Bereich rudimentäre szenische Darstellungen präsentiert wurden. Als an den Zweck gebundene Gelegenheitsaufführungen wurden diese jedoch nicht schriftlich fixiert, weshalb heute kaum Texte erhalten sind.

Theater im Mittelalter

Im Spätmittelalter wurden an Feiertagen in den Kirchen biblische Texte szenisch dargestellt, um denjenigen, die nicht lesen konnten, die Heilsgeschichte nahe zu bringen. Hiervon ist als Text das *Auto de los Reyes Magos* erhalten, ein Weihnachtsspiel von ca. 1250. Ebenfalls erhalten sind zwei Texte von GÓMEZ MANRIQUE aus dem 15. Jh. zum Weihnachts- und Osterfest.

Liturgie

Nach dem Vorbild der italienischen Renaissancefürstenhöfe etablierte sich an den spanischen Adelshöfen des ausgehenden Mittelalters eine Festkultur mit Tänzen, Umzügen und Maskenspielen. Sie basierte auf den Ritterturnieren und Sängerwettstreiten vergangener Jahrhunderte. Die Umzüge gingen auf die Triumphzüge der Antike zurück. Diese Aktivitäten an den Höfen, die zu bestimmten Anlässen stattfanden, wiesen in Ansätzen dramatische Szenarien auf. Dazu gehörten im 15. Jh. die Maskenspiele (*momos*) von GÓMEZ MANRIQUE.

Höfisches Fest

Zu den möglichen Vorläufern des spanischen Theaters des *Siglo de Oro* sind Dialoggedichte zu zählen, die ebenfalls in Ansätzen dramatische Szenen liefern, wenngleich ihre Bedeutung bei Literaturhistorikern umstritten ist. Aus dem Mittelalter bekannt ist das Genre des Streitgesprächs, das als einzelnes Gedicht oder integriert in längere lyrische oder narrative Texte veröffentlicht wurde. In der Renaissance wurden Dialoggedichte der antiken Tradition wiederentdeckt.

Dialoggedichte

Alvar/Gómez Moreno/Gómez Redondo (1991); Chicharro (1980); Gómez Moreno (1991); Fernando González Ollé in Pörtl (1985).

Literatur

2 La Celestina von FERNANDO DE ROJAS

Bedeutung

Zu Beginn der spanischen Dramatik des *Siglo de Oro* steht ein Werk, dessen Dramencharakter lange Zeit umstritten war. Der Text ragt in vielerlei Hinsicht aus der Literaturproduktion der Epoche heraus: So ist die Protagonistin eine alte Frau und Kupplerin. Körperliche Liebe und Leidenschaften werden mit profitbewusstem Geschäftssinn verhandelt. Die Sprache ist zum Teil derb und direkt. Das Werk hatte sofort einen großen Erfolg und war bedeutend für die nachfolgende literarische Produktion.

Inhalt

Der adlige Calisto verliebt sich in Melibea, die Tochter eines reichen Bürgerlichen, wird jedoch von dieser abgewiesen. Um Melibea zu erobern, bedient sich Calisto auf Anraten seines Dieners Sempronio der Dienste einer Kupplerin, der alten Celestina. Dieser gelingt es mit Hilfe magischer Kräfte, dass Melibea sich in Calisto verliebt. Dafür wird Celestina von Calisto reichlich belohnt, weswegen es zum Streit mit den beiden Dienern des jungen Mannes, Sempronio und Pármeno, kommt, die von Celestina einen Anteil der Belohnung fordern. Als diese sich weigert, wird sie von den Dienern getötet, die wiederum sofort festgenommen und hingerichtet werden. Während ein glücklicher Calisto mehrere Nächte lang heimlich seine Geliebte aufsucht, schmieden die Freundinnen der Diener, die als Prostituierte für Celestina gearbeitet hatten, zusammen mit dem Gauner Centurio Rachepläne. Sie überfallen Calisto, der nach einem nächtlichen Treffen mit Melibea von der Leiter fällt und sich dabei den Hals bricht. Aus Leid über den Verlust ihres Geliebten begeht Melibea Selbstmord. In einer kurzen Version von 1500 und 1501 stürzt Calisto sofort nach dem Tod von Celestina und den Dienern aus eigener Schuld von der Leiter und stirbt.

Autor

Die Autorschaft der *Celestina* ist nur zum Teil geklärt. Als weitgehend gesichert gilt, dass FERNANDO DE ROJAS, Jurastudent aus Puebla de Montalbán, wahrscheinlich *converso*, die Akte (*autos*) 2 bis 16 des Werks verfasst hat. In der Ausgabe von Toledo 1500 gibt sich ROJAS in einem Akrostichon (Anfangsbuchstaben, die ein Wort oder einen Satz ergeben) des Einleitungsgedichts zu erkennen und erklärt gleichzeitig in einem Prolog, den ersten Akt vorgefunden zu haben, als dessen Autor RODRIGO DE COTA oder JUAN DE MENA vermutet wird. Ab 1502 erscheinen Ausgaben, die um weitere fünf Akte erweitert wurden, wobei hier unklar ist, ob diese von ROJAS oder einem weiteren Autor stammen.

Editionen

Das Werk erschien erstmals 1499 anonym und ohne Titel in einem Druck aus Burgos. Ausgaben von 1500 (Toledo) und 1501 (Sevilla) führen den Titel *Comedia de Calisto y Melibea*. Ab 1502 heißt der

Text *Tragicomedia de Calisto y Melibea*. Spätere Ausgaben liefern verschiedene Varianten des Titels. Als *Celestina* wird das Werk erstmalig in einer italienischen Übersetzung aus dem Jahr 1519 bezeichnet. Diesen Titel führen die meisten modernen Texteditionen.

Gattung

Lange Zeit wurde darüber diskutiert, ob es sich bei der *Celestina* um ein Drama oder einen Roman handelt. Dabei gilt es die damalige kulturelle Situation zu beachten, die noch über kein ausgebildetes Theaterwesen verfügte. Auch wenn das Werk in der Nachfolge der lateinischen Humanistenkomödie zu sehen ist, so fehlen ihm doch die für Dramen unerlässlichen Merkmale, wie z. B. Regieanweisungen. Auf der anderen Seite weisen Titel, Akteinteilung und Dialoge eher auf ein Drama hin als auf einen Roman. Da die Tradition des Vorlesens noch bis ins 16. Jh. lebendig war, wird inzwischen davon ausgegangen, dass es sich bei der *Celestina* um ein Lesedrama handelt, das zur gemeinschaftlichen Lektüre mit verteilten Rollen in gebildeten, wahrscheinlich universitären Kreisen bestimmt war.

Kommentar

Das Werk, das auf der Schwelle vom Mittelalter zur Neuzeit steht, wendet sich gegen das späthöfische Liebesideal: Sex und Habgier sind die dominanten Themen der *Celestina*, die als Parodie auf die beliebte *novela sentimental* des 15. Jhs. betrachtet werden kann. Zwei Welten stehen sich gegenüber. Die Welt des Adels, bislang Vertreterin des höfischen Liebesideals, ist kraftlos, während die Dynamik auf Seiten des niederen Standes liegt. Deshalb erscheint Celestina als eigentliche Protagonistin, was die allmähliche Titelverschiebung hinreichend dokumentiert. Die Kupplerin und die Diener, mit ihrer derben Sprache und ihrem schamlosen Gebaren realistisch gezeichnet, verkörpern Sinnlichkeit und Triebhaftigkeit. Ihnen gelingt es, bei Calisto und Melibea die todbringende Leidenschaft zu entfachen. Rojas selbst betont in seinem Prolog seine moralisch-didaktische Intention, die Warnung vor törichter Liebe und grenzenloser Leidenschaft, wenngleich diese Warnung eher ironisch ausgerichtet ist. Offensichtlich ist die pessimistische Weltsicht: Am Ende gehen alle zugrunde, und Melibeas Vater Pleberio klagt über Liebeswahn und Sinnlosigkeit des Lebens.

Wirkung

Das Lesedrama hatte einen großen und nachhaltigen Erfolg. Dieser führte zu vielen Neuausgaben, zu Übersetzungen in alle wichtigen Sprachen Europas in kürzester Zeit und zu zahlreichen Nachahmungen. Der Stoff wurde sofort in Romanzen thematisiert und hatte einen großen Einfluss auf das sich im folgenden Jh. etablierende Theater. Die Figur der Celestina ging in die Weltliteratur ein und findet sich bis heute in zahlreichen Neubearbeitungen des Stoffes.

| Literatur | Dietrich Briesemeister in Pörtl (1985); Chevalier (1976); Chicharro (1980); Albert Gier in Roloff/Wentzlaff-Eggebert (1988); Gilman (1972); Gómez Moreno (1991); Lida de Malkiel (1963); Miguel Martínez (1996). |

3 Höfisches Theater

JUAN DEL ENCINA

JUAN DEL ENCINA (1468?–1529?), wahrscheinlich Schüler ANTONIO DE NEBRIJAS, war als Dichter und Komponist bei den Herzögen von Alba tätig, später dann in Rom an Kardinalshöfen. Er verfasste bukolisch-dramatische Theaterstücke, die er selbst Eklogen nannte. Während die ersten der vierzehn uns heute erhaltenen Eklogen noch einer religiösen Thematik verpflichtet sind, widmen sich die folgenden unter italienischem Einfluss bereits ganz dem bukolischen Thema. ENCINA benutzte in seinen Eklogen einen literarischen Kunstdialekt, der auf der Sprache der Region um Salamanca basierte und *sayagués* genannt wurde. Wichtig ist der musikalische Aspekt der Theaterstücke: Integrierte Lieder und Tänze spielen eine bedeutende Rolle. Die späten Eklogen integrieren neben der Liebesthematik zeitgeschichtliche Momente oder sind parodistisch angelegt. Bei der letzten Ekloge ENCINAS, *Plácida y Vitoriano*, 1513 in Rom aufgeführt, handelt es sich bereits um ein abendfüllendes Schäferdrama. Neben einer einfachen tragischen Handlung finden sich komische Szenen und Figuren, die an die *Celestina* erinnern.

GIL VICENTE

Der Portugiese GIL VICENTE (1465?–1536?), Hofdichter und Musiker am portugiesischen Hof in Lissabon, verfasste einen Teil seiner Theaterstücke in spanischer Sprache, die zu der Zeit am portugiesischen Hof als dominante Kultursprache galt. Elf Theaterstücke VICENTES sind in kastilischer Sprache erhalten, während eine große Anzahl von Dramen die Personen sowohl Spanisch als auch Portugiesisch sprechen lässt. Die frühen dramatischen Werke VICENTES sind von ENCINA und dessen Schüler und Rivalen LUCAS FERNÁNDEZ (1474?–1542) beeinflusst und weisen eine bukolische Thematik auf. Sie sind ebenso wie die folgenden *farsas* noch eng an den höfischen Anlass gebunden. Wie bei ENCINA und FERNÁNDEZ finden sich auch in den Dramen VICENTES komische und ernste Szenen vereint, ein Merkmal, das die spätere *comedia* wesentlich bestimmen sollte. VICENTES Dramen ragen vor allem durch ihren lyrischen Stil aus dem Schaffen der Zeit heraus. Als der portugiesische Hof ab 1521 anspruchsvollere und kunstvollere Theateraufführungen verlangte, erweiterte VICENTE die Thematik seines Hoftheaters, indem er Stoffe aus den Ritterromanen und der antiken Mythologie aufnahm. So schuf er die Ansätze zum späteren Genre der mythologischen Festspiele.

Chicharro (1980); Díez Borque (1987,1996); Fernando González Ollé in Pörtl (1985); Roloff/Wentzlaff-Eggebert (1988); Shergold (1967); Suárez (1984); Surtz (1979).

Literatur

4 Religiöses Theater

Anlässlich religiöser Feste, vor allem zu Weihnachten und zu Ostern, zunehmend auch an Fronleichnam, wurden in Kirchen und Klöstern einfache religiöse Theaterstücke aufgeführt, die auf Stoffen der Bibel basierten oder sich bereits weltlichen Themen zuwandten. Aus der ersten Hälfte des 16. Jhs. ist von diesen kirchlichen Gebrauchstexten allerdings kaum etwas erhalten. Auch ENCINA, FERNÁNDEZ und VICENTE verfassten Theaterstücke zu religiösen Themen.

Kirchliche Feste

Bei dem *Códice de Autos viejos* handelt es sich um eine Sammlung von 96 kurzen religiösen Theaterstücken aus dem 16. Jh. Nur von wenigen der Dramen sind die Autoren bekannt. Auch die Chronologie ist unklar, obwohl angenommen wird, dass die Mehrzahl der Texte aus der Mitte des 16. Jhs. stammt. Die Form der Dramen ist sehr einfach. Ihre Themen entstammen der Bibel, Marien- und Heiligenlegenden. Zum Teil sind die Werke offen satirisch angelegt. Die volkstümlich-populäre Komponente der Texte deutet auf didaktische Zwecke hin. In Ansätzen finden sich bereits allegorische Figuren, und man kann diese *autos* durchaus als Vorformen der späteren *autos sacramentales* betrachten.

Códice de Autos viejos

DIEGO SÁNCHEZ DE BADAJOZ (1480?–1549), über dessen Leben kaum etwas bekannt ist, verfasste Theaterstücke für kirchliche Anlässe, vor allem zu Weihnachten und Ostern, von denen 38 überliefert sind. Gegenüber ENCINA und FERNÁNDEZ weisen seine Theaterstücke bereits eine komplexe Handlung auf. Eine Vielzahl komischer Szenen lässt vermuten, dass sich der Autor an ein einfaches Publikum wandte. Auffällig ist das Aufgreifen sozialer Themen: Sowohl die ökonomische Ungerechtigkeit als auch die Probleme der Neuchristen finden sich in den Dramen von SÁNCHEZ DE BADAJOZ.

DIEGO SÁNCHEZ DE BADAJOZ

Chicharro (1980); Diago/Ferrer (1991); Díez Borque (1987,1996); Hermenegildo (1973); Surtz (1979).

Literatur

5 BARTOLOMÉ DE TORRES NAHARRO

Dramen-poetik

BARTOLOMÉ DE TORRES NAHARRO (1480/85–1531?), Soldat und Priester, der vorwiegend in Italien lebte, verfasste Theaterstücke für ein höfisches Publikum. 1517 veröffentlichte er sechs seiner *comedias* unter dem Titel *Propalladia*. Im Vorwort zu dieser Ausgabe, dem TORRES NAHARRO den Titel „Prohemio" gab, beschreibt der Autor die Gattung der damaligen *comedia*. Er lieferte hiermit erstmalig ein Regelwerk zum damaligen Theaterschaffen, das heute als erste spanische und insgesamt europäische Dramenpoetik der Neuzeit gilt. Der Autor beruft sich in seinem Werk auf CICERO und HORAZ, jedoch nicht auf ARISTOTELES. Die *comedia* definiert TORRES NAHARRO als „artificio ingenioso", bei dem die spannende Handlung vorrangig sei. Den formalen Aufbau schreibt der Autor mit fünf Akten (*jornadas*) vor. TORRES NAHARRO teilt die Dramen in zwei Untergattungen ein: die *comedias a noticia*, die sich realen und historischen Angelegenheiten widmen, und die *comedias a fantasía*, die sich der Fiktion zuwenden, ein Schema, das auch für seine eigene Dramenproduktion Gültigkeit hat.

Comedias

TORRES NAHARROS acht erhaltene *comedias* sind von der italienischen Renaissancekomödie und folglich auch von antiken Komödientypen (TERENZ, PLAUTUS) geprägt. Seine *comedias a noticia* weisen keine eigentliche dramatische Handlung auf. Voller Komik werden verschiedene Milieus der Unterprivilegierten präsentiert und kommentiert, wobei der Autor einen gesellschaftskritischen Ansatz verfolgt. Ein großer Teil der Komik basiert auf Kommunikationsschwierigkeiten der in verschiedenen Sprachen Parlierenden. Zentrales Thema der *comedias a fantasía* ist die Liebe. In diesen Dramen spielt die Handlung eine größere Rolle, und es finden sich bereits Schemata, wie sie später für die *comedia* bestimmend sein werden. So dominiert in einigen der Komödien von TORRES NAHARRO das Herr-Diener-Schema. Rollentausch, Ehrverletzungen, Intrigen sind die Handlungsmuster, die die Liebesthematik unterstützen. Anregungen zu seinen *comedias a fantasía* holte sich der Autor offensichtlich bei den Ritterromanen und der *Celestina*.

Literatur

Chicharro (1980); Díez Borque (1987); Fernando González Ollé in Pörtl (1985); Shergold (1967); Surtz (1979).

2 Das kommerzielle Theater vor Lope de Vega

1 Die Entwicklung eines populären Theaters

Auf-
führungs-
situation

Zunehmend löste sich das Theater aus seinen höfischen Bezügen, und es etablierte sich allmählich, zunächst in Sevilla und Valencia, später dann in Madrid, ein kommerzielles Theater mit professionellen Schauspieltruppen. Diese boten einem gemischten Publikum gute Unterhaltung. Während die Wandertruppen (*compañías de la legua*) weiterhin mit *carros*, die Transportmittel und Bühne zugleich waren, durch das Land zogen, um auf öffentlichen Plätzen und Märkten zu spielen, bezogen in den Städten die Schauspieltruppen ab der Mitte des 16. Jhs. erste feste Theater. Es handelte sich dabei um die Innenhöfe der Häuser von Laienbruderschaften (*cofradías*), die die Miete zur Finanzierung ihrer Spitäler benötigten.

Lope de
Rueda

Lope de Rueda (1505?–1565), Schauspieler und Theaterautor aus Sevilla, zog zunächst mit einer italienischen Schauspieltruppe durch Spanien, bevor er eine eigene Theaterkompagnie gründete. Rueda war sowohl als Schauspieler wie auch als Autor zu seiner Zeit hoch geschätzt, wie z. B. lobende Äußerungen seines berühmten Zeitgenossen Miguel de Cervantes zeigen. Die Kunst Ruedas ist vor allem durch die italienische Literatur beeinflusst. So orientieren sich seine *comedias*, von denen sechs erhalten sind, stark an der italienischen Renaissancekomödie und den Stoffen der italienischen Novellistik. Die Neuerung, die Rueda im damaligen spanischen Theater etablierte, ist eine gesprochene Prosa, die auf der Alltagssprache basierte. Origineller als seine *comedias* sind Ruedas Zwischenspiele (*pasos*), eine Vorform der späteren *entremeses*. Dabei handelt es sich um kurze Szenen, zumeist mit einer oder mehreren komischen Figuren, die zur zusätzlichen Erheiterung des Publikums zwischen den Akten eines Theaterstücks gezeigt wurden, manchmal auch zu Beginn oder zum Ausklang des Dramas. Die Themen der *pasos* sind meistens volkstümlich, oft mit derbem Witz.

Weitere
Autoren

Neben Lope de Rueda verfasste in der Epoche vor Lope de Vega der Buchhändler, Verleger, Schauspieler und Autor Juan Timoneda (1520?–1583?) *comedias*, aber auch *entremeses* und religiöse *autos*. Von größerer Bedeutung für die Entwicklung des populären Theaters war jedoch der Sevillaner Juan de la Cueva (1543?–1610?). Von ihm sind vierzehn Dramen erhalten, die seine humanistische Bildung erkennen lassen. So erschloss er den Komödien neue Stoffbereiche: neben antiken Themen auch Figuren und Stoffe aus dem spanischen Mittelalter. Seine direkten Quellen waren der *romancero* und mittelalterliche Chroniken. Innovation und Ideenvielfalt zeigen sich in seinen Dramen auch auf der formalen Ebene: Unter JUAN DE LA CUEVA etablierte sich die Polymetrie, die verschiedenen Situationen und Figuren verschiedene Versmaße (Metren) zuweist.

Literatur

Asensio (1965); Chicharro (1980); Diago/Ferrer (1991); Díez Borque (1987); Eberhard Müller-Bochat in Pörtl (1985); Shergold (1967).

2 Tragödien

Versuche, eine spanische Tragödie zu etablieren

In der ersten Hälfte des 16. Jhs. wurden Versuche unternommen, die antike Tragödie in Spanien bekannt zu machen. Zunächst wurden Werke von griechischen und römischen Theaterautoren übersetzt. Von 1570 bis ca. 1585 bemühten sich dann vor allem Autoren aus Valencia, eine eigene spanische Tragödie zu schaffen, wobei sie eine Art Symbiose aus antiker Tragödie (vornehmlich SENECA) und spanischem Unterhaltungstheater im Sinn hatten. Obwohl es in Valencia zu Aufführungen kam, misslang doch insgesamt der Versuch, eine spanische Tragödie zu etablieren. Dies lag nicht nur an den enormen Anforderungen an die Schauspieltruppen. Vielmehr konzentrierten sich die Autoren zu sehr auf die Schauer- und Schreckenseffekte, als dass wahre Tragik hätte entstehen können. Auch war das Publikum mehr an der neuen Form der *comedia* interessiert, die vorrangig den Unterhaltungswert und damit auch die komischen Elemente betonte.

Autoren

Starr an den klassischen Formen orientierte sich JERÓNIMO BERMÚDEZ (1530?–1599?) in seinen beiden Tragödien *Nise lastimosa* und *Nise laureada*, wahrscheinlich aus dem Jahr 1577, die beide den Inês de Castro-Stoff behandeln. Die Werke weisen fünf Akte auf, lassen einen Chor auftreten und halten die Einheit von Zeit und Raum ein. Aus Valencia stammt CRISTÓBAL DE VIRUÉS (1550–1609). In seinen vier erhaltenen Tragödien, von denen die erste, *Elisa Dido*, noch eng dem klassischen Modell verbunden ist, löst er sich zunehmend vom Tragödienkonzept, so dass sich in seinem letzten Werk, *La infelice Marcela*, zahlreiche Spuren der *comedia nueva* finden. VIRUÉS' Tragödien, von denen unklar ist, wo und wann sie aufgeführt wurden, präsentieren auf übertriebene Weise Exzesse: Bluttaten, Inzest, Katastrophen, weisen jedoch auch eine moralistisch-didaktische Komponente auf. Darüber hinaus sind Tragödien erhalten von den Autoren ANDRÉS REY DE ARTIEDA (1544?–1613), LUPERCIO LEONARDO DE ARGENSOLA (1559–1613) und GABRIEL LOBO LASSO DE LA VEGA (1569–1623?).

Das dramatische Werk von MIGUEL DE CERVANTES SAAVEDRA (s. Autorenporträt S. 135ff.) blieb lange Zeit wenig beachtet, obwohl von ihm die bedeutendste spanische Tragödie der Epoche stammt. Das wahrscheinlich 1583 verfasste *El cerco de Numancia* wendet sich einem historischen Stoff zu, der römischen Belagerung der iberischen Stadt Numancia (Soria) durch SCIPIO DEN JÜNGEREN. Die Bewohner der Stadt zogen den kollektiven Freitod einer Gefangennahme durch die Römer vor. Trotz einer Fülle von Szenen und Personen und einer teilweise wenig ausgearbeiteten Struktur schafft der Autor ein beeindruckendes Werk gegen Krieg und Grausamkeit. Die Anbindung an die Aktualität erfolgte durch allegorische Figuren, die den ehrenvollen Spaniern eine glorreiche Zukunft prophezeiten. Auch wenn CERVANTES nicht völlig auf Schauereffekte verzichtet, ist dem Werk doch eine tiefgreifende Tragik inhärent. Ein weiteres als Tragödie betrachtetes Werk aus CERVANTES' erster Schaffensperiode von Theaterstücken, *El trato de Argel*, präsentiert das Leben von Sklaven in Algier. Stärker noch als in *Numancia* handelt es sich hier um ein bloßes Aneinanderreihen einzelner Szenen, ohne erarbeiteten dramatischen Konflikt.

MIGUEL DE CERVANTES

Canavaggio (1977); Chicharro (1980); Díez Borque (1987); Hermenegildo (1973); Eberhart Müller-Bochat in Pörtl (1985); Strosetzki (1991b).

Literatur

3 Die spanische *comedia*

Gegen Ende des 16. Jhs. etablierten sich in den Städten Spaniens Aufführungen der sogenannten *comedia nueva* (gegenüber der *comedia vieja* LOPE DE RUEDAS) bzw. *comedia nacional*. Zwischen 10 000 und 30 000 Dramen sollen in den folgenden hundert Jahren auf die spanischen Bühnen gebracht worden sein, wovon uns heute nur ein geringer Anteil erhalten ist. Die spanische *comedia*, Höhepunkt der Literatur des *Siglo de Oro*, begründet ihren Ruhm auf den dramatischen Werken zweier Autoren: LOPE DE VEGA (1562–1635) und CALDERÓN DE LA BARCA (1600–1681). Während in der ersten Phase LOPE DE VEGAS das Volkstheater dominierte, verlagerten sich die literarischen Aktivitäten des 17. Jhs. zunehmend in Richtung Hoftheater.

Bedeutung

1 Merkmale der neuen Gattung

Komödie und Tragödie

Die *comedia* entspricht nicht dem, was wir gemeinhin unter Komödie verstehen. Das Spezifische der spanischen *comedia* des *Siglo de Oro* ist vielmehr, dass sie Elemente aus Komödie und Tragödie vermischt, daher komisch und tragisch zugleich ist. Der Begriff der Tragikomödie ist jedoch auch keine adäquate Bezeichnung. Während es *comedias* gibt, die nahezu ausschließlich komische Szenen und Elemente präsentieren, enthalten auch die *comedias*, die ernsthafte Stoffe behandeln oder einen eindeutigen Schwerpunkt auf die Tragik setzen, komische Figuren und Szenen. So fehlt in keiner *comedia* der *gracioso*, die komische Figur, zumeist in Gestalt eines Dieners.

Form

Jede *comedia* besteht aus drei Akten *(jornadas)*, eine Einteilung, die sich unter LOPE DE VEGA etablierte. Dabei nimmt die Exposition den ersten Teil des ersten Akts ein. Dem folgt die Entwicklung des Konflikts, der in der Zerstörung einer etablierten Ordnung besteht. Da dem Konflikt das Hauptaugenmerk der *comedia* gehört, erfolgt die plötzliche Lösung am Ende des Stücks, die die gestörte Ordnung wieder herstellt, bisweilen abrupt und konstruiert. Die einzelnen Akte sind zum Teil in Szenensequenzen eingeteilt, in einigen Manuskripten von den Autoren als Blöcke markiert. Spätere Herausgeber nahmen eigenständig Einteilungen in Szenen vor, die nicht den Vorgaben der Autoren entsprachen. Eine weitere Strukturierung ergab sich durch die Polymetrie.

Grundschema

Von den klassischen Forderungen nach Einheit wird die der Handlung in der *comedia* weitgehend gewahrt, nicht dagegen die Einheit von Zeit und Raum. Die Handlung verläuft stereotyp, mit Variationsmöglichkeiten. Zentrales Thema ist in der Regel die Liebe. Auch bei einer vorrangigen Behandlung anderer Themen ist eine Liebesgeschichte mit der Handlung verbunden. Zentral ist der Konflikt, dessen Lösung schließlich ein *happy-end* zumeist mit mehreren Hochzeiten vorsieht. Die Personenkonstellation ist vorgegeben: Zwei oder auch mehrere Paare von *galán* und *dama* stehen sich gegenüber, oft zusätzlich konfrontiert mit einer Autoritätsperson, dem König oder dem Vater. Zu diesem adligen Personal gesellen sich auf einer zweiten Ebene Figuren einfacher Herkunft, zumeist Dienstpersonal, darunter die obligatorische Figur des *gracioso*. Damit erscheint auf der Bühne ein repräsentatives Spektrum der damaligen spanischen Gesellschaft, vom König bis zum einfachen Bauern. Das Geschehen auf der Bühne entsprach aber zu keinem Zeitpunkt der damaligen gesellschaftlichen Realität, wie lange Zeit irrtümlicherweise vermutet wurde. Wichtiger als die Personencharakterisierungen sind für die *comedia* in jedem Fall die Handlung und der Konflikt.

Die Personen der *comedia nueva* sprechen in Versen, nicht mehr in Prosa. Dabei sollen sowohl Sprache als auch Versmaß dem jeweiligen Stand der sprechenden Person sowie der gegebenen Situation entsprechen. Maßgebend war hier das Prinzip der Wahrscheinlichkeit. In allen *comedias* findet sich eine Vielzahl verschiedener Versformen. Der Wechsel des Metrums innerhalb des Dramas war auch für die Strukturierung verantwortlich. Wichtiger Bestandteil der Aufführungen war die Musik, in Form von untermalender Instrumentalbegleitung, mehr jedoch durch eingeschobene, zumeist populäre Lieder.

Sprache und Metrum

Da eine große Nachfrage nach verschiedenen Theaterstücken bestand, wurde in einem relativ kurzen Zeitraum eine enorme Anzahl von *comedias* verfasst. Dabei war es das hauptsächliche Ziel von Lope de Vega und seinen Dichterkollegen, dem Publikum gute Unterhaltung zu liefern. Da sich das Publikum heterogen aus allen Ständen zusammensetzte, dabei jedoch die niederen Schichten verstärkt präsent waren, richtete sich die spanische *comedia* des *Siglo de Oro* – zumindest in den ersten Phasen ihres Bestehens – vorrangig nach dem Geschmack des *vulgo*, der einfachen Leute. Der spanische Historiker Juan Antonio Maravall weist in seinen Schriften darauf hin, dass es sich beim spanischen Theater des *Siglo de Oro* um die erste europäische Massenkultur handelte.

Massenkultur

S. Neumeister konstatiert für die *comedia* eine „Apologie des Bestehenden". Radikaler fällt das Urteil J. A. Maravalls aus, der die *comedia* des *Siglo de Oro* als Propagandawerkzeug der Herrschenden zur Bestätigung der gegebenen Machtstruktur und Ständegesellschaft betrachtete. Und tatsächlich wird – ähnlich wie im Karneval – am Ende der *comedia* der ordnungsgemäße Zustand wiederhergestellt und das bestehende System bestätigt, auch wenn zwischenzeitlich auf der Bühne vieles hinterfragt und auf den Kopf gestellt worden war. Zwar wird der Adel in der *comedia* insgesamt sehr positiv präsentiert. Trotzdem erscheint es unangemessen, die Theaterschaffenden als bewusst agierende Handlanger eines Propagandaapparats zu betrachten.

Propaganda und Zeitkritik

Ähnlich verhält es sich mit der Zeitkritik. Manche der damaligen Dramen, darunter z. B. Lope de Vegas *Fuenteovejuna* oder die Ehrendramen Calderóns, werden heute durchaus als kritische Dokumente und Auseinandersetzungen mit damals aktuellen Zeitproblemen interpretiert. Es erscheint jedoch in den meisten Fällen fraglich, ob die Kritik von den Autoren tatsächlich intendiert war. Doppelte Lesarten können durchaus auch die Folge einer veränderten historischen Situation sein. Gerade beim Theater waren Zensur und Kontrolle streng, außerdem funktionierte auch bei den Theaterschaffenden des *Siglo de Oro* die Selbstzensur.

Literatur   Arellano (1995); Aubrun (1966); Díez Borque (1976,1996); Maravall (1990); McKendrick (1989); Müller (1977); Shergold (1967).

2 Die Untergattungen der *comedia*

Klassifizierung

Immer wieder und bereits von Zeitgenossen der Epoche des *Siglo de Oro* wurde versucht, die Fülle an *comedias* in Untergattungen einzuteilen. Diese Versuche blieben bis heute wenig einheitlich und widersprachen zum Teil den Typenbezeichnungen der Autoren. Im Folgenden werden nur die gängigsten Subgenres vorgestellt. Das *auto sacramental*, das religiöse Fronleichnamsspiel, und die mythologischen Festspiele, die an den Höfen aufgeführt wurden, werden an anderer Stelle ausführlich erläutert.

Comedia de capa y espada

Die Mantel- und Degenstücke waren sicherlich die beliebtesten *comedias* der Epoche LOPE DE VEGAS. Dabei handelt es sich um Intrigenkomödien, deren Hauptthema die Liebe zumeist mehrerer Figuren ist. Mantel und Degen waren die wichtigsten Utensilien des adligen Kavaliers, und so spielen diese Stücke im Adelsmilieu, wenngleich ohne direkten Bezug zur realen gesellschaftlichen Situation. Ein oder mehrere Liebespaare geraten durch schicksalshafte Fügung, durch komplizierte Verwicklungen (*enredos*) und Intrigen in einen Konflikt, den es zu lösen gilt. Der glückliche Schluss kann vorausgesetzt werden. Wichtige Bestandteile dieser Art von *comedia* sind Duelle, Verkleidungen, Personen, die sich verstecken oder als andere ausgeben, große Gefühle, Eifersucht usw. Die Verhaltensmuster des adligen Personals finden sich spiegelbildlich wieder auf der Ebene der Dienerschaft.

Drama de honor

In diesen Dramen geht es um den Ehrverlust eines Adligen durch die Untreue seiner Ehefrau bzw. durch den bloßen Verdacht. Nach damaligem spanischem Recht, das noch auf mittelalterlichen Gesetzen basierte, hatte der Ehemann die Möglichkeit, seine untreue Frau und deren Liebhaber zu töten, ohne dafür bestraft zu werden. Die Handlung der Dramen ist jeweils sehr konstruiert, und es war niemals das Anliegen der Autoren, reale Geschehnisse auf der Bühne darzustellen. Vielmehr ging es ihnen um die Präsentation einer spannenden Geschichte, oft angereichert mit Schauereffekten. Und trotzdem schwingt bei den Ehrendramen eine Auseinandersetzung um einen mittelalterlichen Ehrbegriff mit, der mit christlichen Glaubensvorstellungen kollidierte. Am eindrucksvollsten dargestellt findet sich die Ehrenproblematik bei CALDERÓN. Ebenfalls zur Gruppe der *dramas de honor* gezählt werden *comedias*, die die Frage der Ehre des einfachen Volkes, vornehmlich der Bauern präsentieren. Wichtigstes Drama dieser Gattung dürfte LOPE DE VEGAS *Fuenteovejuna* sein.

Historische Dramen waren bei den Theaterschriftstellern des *Siglo de Oro* beliebt, boten sie doch eine breite Fülle an Stoffen. So finden sich viele *comedias* zur spanischen Geschichte, die auf mittelalterlichen, aber auch zeitgenössischen Quellen beruhen. Auch Epen und Romanzen lieferten historische Stoffe. Darüber hinaus fanden historische Begebenheiten der Antike und auch Italiens Eingang in das spanische Theaterrepertoire. Vereinzelt wurden *comedias* zu aktuellen historischen Ereignissen verfasst, wobei es dann zumeist darum ging, Spaniens militärische und politische Triumphe gebührend auf der Bühne zu präsentieren.

Comedia histórica

Neben den eben benannten großen Gruppen von Untergattungen nennen weitere Klassifizierungsversuche andere Subgenres, wie z. B. die *comedia de santos* über das Leben von Heiligen, die *comedia pastoril*, von der italienischen Literatur beeinflusste Schäferdramen, *tragicomedias*, *dramas líricos*, *comedias de figurón* u. a.

Weitere Gattungstypen der *comedia*

Darüber hinaus kannte das spanische Theater des *Siglo de Oro* diverse Kleinformen *(teatro breve)*, die die Aufführungen von *comedias* begleiteten. Eine Vorstellung wurde eröffnet durch eine *loa*, eine Art Prolog. Während diese *loa* in der Anfangszeit der *comedia* in das Thema des folgenden Schauspiels einführen sollte, diente sie im 17. Jh. vorrangig dazu, die Aufmerksamkeit des Publikums auf die Bühne zu lenken. Die Thematik der *loa* verselbstständigte sich, wobei die komische Variante dominierte. Die Länge ist höchst unterschiedlich: Während es sich bei einigen *loas* nur um kurze einführende Sätze handelt, entwickelten sich andere zu kleinen Stücken mit verschiedenen Szenen.

Kleinformen

Zwischen den einzelnen Akten der *comedia* wurden *entremeses* (Zwischenspiele) aufgeführt, die aus den *pasos* LOPE DE RUEDAS hervorgegangen waren. Dabei handelte es sich um witzige kurze Aufführungen, mit wenigen Figuren des einfachen Volkes. CERVANTES hat das *entremés* weiterentwickelt und in elaborierter Form präsentiert. Seine *entremeses* haben eine witzige Handlung mit mehreren Personen. Auch *jácaras* wurden zwischen den einzelnen Akten aufgeführt, eine Art Bänkelsang, mit dem Geschichten der Unterprivilegierten erzählt wurden. Neben der *jácara* waren auch alle anderen Kleinformen mit Gesängen und Tänzen angereichert. Die Aufführung einer *comedia* endete zumeist mit einer *mojiganga*, einem Maskenspiel in grotesker Form.

Arellano (1995); Asensio (1965); Aubrun (1966); Ruiz Ramón (1967).

Literatur

3 Aufführungs- und Produktionsbedingungen

Aufführung einer comedia

Eine Theateraufführung in einem öffentlichen Theater war zur Zeit des *Siglo de Oro* einem Fest vergleichbar. Das Publikum kam, um eine *comedia* zu sehen. Diese *comedia* war jedoch umrahmt von verschiedenen Formen des *teatro breve*: der *loa*, den *entremeses*, *jácaras* und der *mojiganga*. Der Vorstellung schloss sich oft ein Tanzvergnügen an. Allerdings konnten die Aufführungen nur am Nachmittag stattfinden, und das Ende musste aufgrund fehlender Beleuchtung vor Einbruch der Dunkelheit erfolgen. Am Hof, an dem ab den 20er Jahren des 17. Jhs. Theateraufführungen veranstaltet wurden, waren diese Festlichkeiten noch großartiger, angereichert mit Feuerwerken, Balletten u. ä.

Corral-Bühne

Ab 1570 etablierten sich in den Städten feste Theaterspielplätze in den Innenhöfen von Bruderschaften. Diese Theater, *corrales* genannt, boten Steh- und Sitzplätze. An einer Seite des Hofs befand sich die Bühne (*tablado*). Dabei handelte es sich um einen erhöhten Aufbau aus Holz, an dessen Rückwand ein Vorhang das angrenzende Gebäude verdeckte, der als Kulisse benutzt werden konnte. Unter der Bühne waren die Umkleideräume und der Requisitenraum untergebracht. Direkt vor der Bühne war der *patio*, ein großer Bereich mit Stehplätzen. Sitzplätze waren an den Seiten des Hofs vorhanden. Während die Bühne überdacht war, befanden sich die Zuschauer im Freien, weswegen bei Regen die Aufführung ausfiel. Im ersten Stock des Gebäudes, auf den Galerien, befanden sich Logen. Gegenüber der Bühne war der Eingangsbereich mit den Kassen.

Ausstattung

Die Ausstattung der *corral*-Bühne war einfach. So gab es z. B. keinen Vorhang zum Publikum und kaum Kulissen. Deshalb mussten Informationen, die sonst über Kulissen vermittelt werden, im gesprochenen Text enthalten sein. In den Bühnenboden waren Falltüren und Versenkungen eingelassen. Wichtigstes Requisit war die *tramoya*, eine Art drehbarer Pyramide aus Leinwand, mit deren Hilfe Ortswechsel angedeutet werden und Personen auf- und abgehen konnten. Zur Bühnenausstattung gehörte ferner der *pescante*, ein Hebegerät, das es den Darstellern ermöglichte, durch die Luft zu schweben. Die Kostüme waren ebenfalls einfach und mussten für verschiedene Rollen verwendbar sein.

Schauspieltruppen

Comedias wurden in den Städten von festen Schauspieltruppen (*compañías fijas*) aufgeführt, während Wandertruppen (*compañías de la legua*) durch kleine Städte und Dörfer zogen. Eine *compañía* umfasste 16 bis 20 Schauspieler. Ihr stand der Direktor (*autor de comedias*) vor, der das Unternehmen leitete und zumeist auch Regisseur und Dramaturg war. Die Schauspieler belegten die traditionellen Rollenfächer, außerdem gehörten Instrumentalmusiker zur Truppe, zusammen mit einem Souffleur, einem Requisiteur und einem Kartenverkäufer. Während bis zu Beginn des 17. Jhs. die Schauspieler nur ein geringes gesellschaftliches Ansehen genossen, änderte sich dies im ersten Drittel des 17. Jhs.

In Madrid gab es zwei *corrales*: den *corral de la cruz* und den *corral del príncipe*, die beide jeweils Platz für ca. 2000 Zuschauer boten. Die Theater in anderen Städten waren kleiner. Das Publikum setzte sich aus allen Bevölkerungsschichten zusammen. Sogar einfache Handwerker und Vertreter der unterprivilegierten Schichten konnten den geringen Eintrittspreis aufbringen und sahen die *comedias* zusammen mit Angehörigen des Bürgertums und des Adels. Allerdings nahmen die verschiedenen Stände unterschiedliche Plätze ein. Direkt vor der Bühne waren die billigsten Stehplätze, so dass sich hier die Männer des einfachen Volks, *mosqueteros* genannt, aufhielten. Sie waren der Bühne am nächsten und zeigten ihren Unmut, wenn ihnen die Aufführung missfiel, durch Pfeifen und Wurfgeschosse. Da ihre negative Reaktion am ehesten gefürchtet war, nahmen sie indirekt Einfluss auf die Konzeption der *comedia*. In den Logen auf der Galerie hielten sich die Reichen und Adligen auf.

Publikum

Da eine große Nachfrage nach *comedias* bestand, arbeiteten die Theaterautoren sehr schnell und produzierten viel. Alle drei bis fünf Tage wurde in einem *corral* das Theaterstück gewechselt. Diese enorme Produktion war nur dadurch möglich, dass den Autoren ein Grundschema der *comedia* vorgegeben war, das sie nach Belieben variierten. Sie benutzten einzelne Versatzstücke mehrmals und änderten oft nur Kleinigkeiten ab. Aufgrund der schnellen Arbeitsweise erscheinen manche Dramen wenig ausgearbeitet. Da die Vorstellung des geistigen Eigentums noch nahezu unbekannt war, wurde häufig und vorbehaltlos von anderen Autoren kopiert. Einige der Dramaturgen wiederum arbeiteten zusammen, und es wird sogar vermutet, dass ein viel beschäftigter Autor wie LOPE DE VEGA seine Werke zum Teil nur vorskizzierte, während seine Schüler die Kleinarbeit leisteten. In einer späteren Phase war das Verfahren der *refundición* (Neubearbeitung) sehr beliebt. Dabei basierte ein Theaterstück auf einem älteren, von dem der Autor nur die Handlung, oft aber auch Textteile benutzte, um eine neue *comedia* zu gestalten. Die Quellen wurden nicht als solche gekennzeichnet.

Produktionsweisen

Nur ausgewählte *comedias* wurden schriftlich fixiert, und dies oft erst nach ihrer Aufführung. So mag es kaum verwundern, dass uns heute nur ein Bruchteil der enormen Produktion des *Siglo de Oro* erhalten ist. Aufgrund der speziellen Produktionsweise der

Editionen

Theaterschaffenden ist die Autorschaft dieser Texte oft ungeklärt. Eingriffe von Theatermanagern, aber auch von Herausgebern in den Text waren üblich. Die Editoren konnten sich über Wünsche der Autoren problemlos hinwegsetzen und druckten vornehmlich, was sie zu verkaufen hofften. Um den Absatz zu steigern, wurden *comedias* unbekannter Autoren oft mit dem Namen von bekannten Theaterschreibern versehen, wobei LOPE DE VEGA am beliebtesten schien. Bis ins 20. Jh. griffen Herausgeber in den Originaltext ein, veränderten Schreibweise, Zeichensetzung, nahmen eigenmächtig Szeneneinteilungen vor.

Die einzige zuverlässige moderne Ausgabe einer *comedia* ist daher heute die kritische Edition, die alle ursprünglichen Ausgaben zu berücksichtigen hat und deren Varianten vermerkt. Eine kritische Edition ist jeder anderen Ausgabe vorzuziehen. Sie ist zu unterscheiden von der kommentierten Edition, die lediglich eine Textausgabe präsentiert, die schwer verständliche Textpassagen erläutert und kommentiert.

Literatur

Arellano (1995); Aubrun (1966); Diago/Ferrer (1991); Díez Borque (1978); Maravall (1990); McKendrick (1989); Müller (1977); Oehrlein (1986); Ruano de la Haza/Allen (1994); Shergold (1967).

🔲 Autorenporträt LOPE DE VEGA

Würdigung

LOPE DE VEGA verfügte über ein außergewöhnliches schöpferisches Talent. Der Verfasser von unzähligen Theaterstücken, Gedichten, Epen, Romanen und Briefen, von CERVANTES als „monstruo de la naturaleza" bezeichnet, schuf ein umfangreiches Werk, dessen Ausmaße wir heute kaum erahnen, da aufgrund von Verlusten nur ein Teil erhalten ist. Sein Ruf war in Spanien bereits zu seinen Lebzeiten legendär. „Es de Lope" – der Ausdruck wurde zum Markenzeichen bester Güte, und dies nicht nur bei der Beurteilung literarischer Erzeugnisse. Von seinen Zeitgenossen als „Fénix de los ingenios" verehrt, galt er in späteren Zeiten als „símbolo del barroco" (Dámaso Alonso).

Biographie

LOPE FÉLIX DE VEGA CARPIO wurde 1562 als Sohn einfacher Handwerker in Madrid geboren. An die Schulausbildung schloss sich ein Studium in Alcalá de Henares und Salamanca an. Bereits sehr früh hatte LOPE DE VEGA engen Kontakt zum Theater. Aufgrund von Spottgedichten über seine ehemalige Geliebte, die Schauspielerin ELENA OSORIO, wurde der Schriftsteller, der zu der Zeit als Sekretär beim MARQUÉS DE LAS NAVAS tätig war, 1588 für sieben Jahre aus Madrid verbannt. Er ging nach Valencia, wo er sofort Kontakt zu Theaterkreisen hatte. Im gleichen Jahr nahm LOPE DE VEGA als Soldat der Armada am Krieg gegen England teil.

Mehrere Ehen, eine Reihe von Geliebten, mit denen er zum Teil auch Kinder hatte, und diverse Anstellungen als Sekretär oder Hausdichter bei Adligen sind Konstanten in LOPE DE VEGAS Lebensweg. 1595 konnte der Autor nach Madrid zurückkehren, bereits als gefeierter Theaterschriftsteller. In den folgenden Jahren lebte LOPE DE VEGA abwechselnd in Sevilla und Toledo. 1610 ließ er sich endgültig in Madrid nieder, wo er vier Jahre später, nach dem Tod seiner zweiten Ehefrau, zum Priester geweiht wurde. Der Eintritt in den geistlichen Stand sollte ihn jedoch nicht an weiteren Liebesaffären hindern. Die letzten Jahre lebte LOPE DE VEGA in einem gemeinsamen Haushalt mit seiner Geliebten MARTA DE NEVARES und einigen seiner Kinder, darunter MARCELA aus der Verbindung mit der Schauspielerin MICAELA DE LUJÁN, die später als Nonne zu literarischen Ehren gelangte. Am 27. August 1635 starb LOPE DE VEGA in Madrid. Der Autor, der zeit seines Lebens gegen die Armut anzukämpfen hatte, war nicht im Stande gewesen, Vorsorge für sein Begräbnis zu treffen, so dass die Kosten für die mehrtägigen Trauerfeierlichkeiten von einem seiner Gönner, dem DUQUE DE SESSA übernommen wurden.

Das Werk von LOPE DE VEGA ist auf besondere Weise mit seinem Leben verbunden. Die meisten der Frauen, zu denen er eine intime Beziehung hatte, wurden in seinen Versen, aber auch in Theaterstücken verewigt. Ein Teil seines Schaffens ist daher autobiographisch geprägt, vor allem das Lesedrama *La Dorotea*, eines der letzten Werke LOPE DE VEGAS.

Theater

Wenngleich LOPE DE VEGA die *comedia nueva* keineswegs aus dem Nichts geschaffen hat, sondern sich wesentlich auf die Neuerungen seiner Vorgänger stützte, so gilt er doch als hauptsächlicher Begründer und Vertreter der neuen Form des spanischen Theaters. Er prägte nachhaltig den Charakter der *comedia nacional* des *Siglo de Oro* und etablierte diverse neue Züge, die bald zum Merkmalkatalog gehörten. LOPES vorrangiges Anliegen war, gute Unterhaltung zu liefern, wobei er sich vor allem am Geschmack der einfachen Leute orientierte. Auch wenn der Autor im Bereich der Lyrik und der Narrativik ebenso Bedeutendes schuf, gründet sein Ruhm doch vorrangig auf seinem Theaterschaffen.

Eigenen Angaben zufolge will LOPE DE VEGA ca. 1500 *comedias* verfasst haben, von denen heute etwas über 400 erhalten sind. Beeindruckend ist die Fülle an Themen, die der Theaterschriftsteller dabei verarbeitete und die eine große Bandbreite der spanischen Gesellschaft und Geschichte berühren. Dieser Themenvielfalt entspricht eine Vielzahl an Formen, die eine Klassifizierung der *comedias* des Autors erschweren, wenngleich die gängigen Subgattungen der *comedia de capa y espada*, der *comedia histórica* usw. problemlos auszumachen sind. Aufgrund der speziellen Editionsproblematik der damaligen Theatertexte ist auch die Frage der Chronologie der *comedias* LOPES längst nicht geklärt.

Dramen-theorie

Die wesentlichen Charakteristika der *comedia* des *Siglo de Oro*, wie sie vor allem von LOPE DE VEGA konzipiert wurden, finden sich in dessen Abhandlung *Arte nuevo de hacer comedias en este tiempo* aus dem Jahr 1609 beschrieben. Dabei handelt es sich um eine ironische Entgegnung in Versen auf Vorwürfe einer Madrider Akademie, LOPE DE VEGA vernachlässige in seinem Theater die von ARISTOTELES in dessen *Poetik* aufgestellten Regeln zur Schaffung von Dramen. LOPE DE VEGA lehnt die programmatischen Regeln des ARISTOTELES keineswegs ab. So war für ihn das Prinzip der Wahrscheinlichkeit *(verisimilitud)* von zentraler Bedeutung. Maßgebend für sein Theater betrachtete er jedoch den Geschmack des zahlenden Publikums, vor allem der einfachen Leute *(vulgo)*.

Fuente-ovejuna

Eines der bekanntesten Dramen LOPE DE VEGAS dürfte das zwischen 1610 und 1613 aufgeführte, auf einer wahren historischen Begebenheit basierende *Fuenteovejuna* sein. Ein ganzes Dorf mit Namen Fuenteovejuna erhebt sich gegen die Schreckensherrschaft seines Feudalherrn, des Komturs des Calatrava-Ordens Fernán Gómez de Guzmán, und tötet ihn. Als königliche Beamte den Täter ermitteln wollen, nennen alle Bewohner des Dorfes das Dorf selbst als kollektiven Schuldigen am Tod des Komturs. Die Katholischen Könige verzeihen dem Dorf, als sie von den Verfehlungen des Getöteten erfahren, und unterstellen den Ort ihrem persönlichen Schutz.

In dieser historischen *comedia* legt LOPE das Bündnis des einfachen Volks mit dem König dar, wenn es darum geht, Unrecht begehende Feudalherrn auszuschalten. Die *comedia* wird als Zeugnis des beginnenden Absolutismus gewertet, der um eine Schwächung des Adels bemüht war. Das Drama offenbart deutlich die vielen *comedias* LOPES zugrunde liegende Struktur: Ordnung – Verletzung der Ordnung – Wiederherstellung der Ordnung. Eine ähnliche Thematik behandeln die ebenfalls bekannten *comedias* von LOPE *El mejor alcalde, el Rey* und *Peribáñez y el comendador de Ocaña*.

La dama boba

Bei dieser *comedia* LOPE DE VEGAS aus dem Jahr 1613 handelt es sich um einen Prototyp der *comedia de capa y espada*. Zwei Edelmänner werben um die zwei Schwestern Nise, klug und mittellos, und Finea, dumm, aber mit einer beachtlichen Mitgift ausgestattet. Als Finea spürt, dass Nises Verehrer Laurencio sie liebt, erlebt sie einen Wandel und wird zu einer klugen, einsichtigen und liebenswerten Persönlichkeit. Auch Liseo, der sich von der dummen Finea abgewandt hatte, interessiert sich nun für die veränderte junge Frau. Duelle, Intrigen und Versteckspiele erhöhen die Spannung und verkomplizieren die Handlung. Am Ende begegnen sich beide Paare in einer Rumpelkammer, woraufhin die Hochzeit Fineas mit Laurencio und Nises mit Liseo beschlossen wird. Parallel dazu kommt es zu analogen Verbindungen der Dienerschaft, die ebenfalls zu einer Doppelhochzeit führen.

Dieses Ehrendrama aus der späten Schaffensperiode LOPE DE VEGAS (1631) basiert auf einer italienischen Novelle mit historischem Hintergrund, die vom Autor mit der für Spanien so bedeutenden Ehrenproblematik verbunden wurde. Federico, der Sohn des Herzogs von Ferrara, verliebt sich in dessen junge Gattin Casandra, die seine Liebe erwidert. Als der Herzog nach längerer Abwesenheit aufgrund einer kriegerischen Auseinandersetzung zu seiner Frau zurückkehrt, um sich verstärkt ihr zu widmen, möchte Federico die Bindung zu Casandra lösen, wogegen sich die junge Frau heftig wehrt. Der Herzog erfährt vom Verrat seiner Frau und seines Sohnes und beschließt eine harte Strafe: Im Glauben, einen in ein Tuch gehüllten Verräter zu töten, gehorcht Federico dem Befehl seines Vaters und ersticht Casandra, woraufhin er selbst als Mörder der Herzogin hingerichtet wird.

El castigo sin venganza

Neben der *comedia* hat sich LOPE DE VEGA auch den Kleinformen des Theaters gewidmet, so dass *entremeses*, *loas* usw. von ihm erhalten sind. Obwohl der Autor vorrangig für öffentliche Theateraufführungen produzierte, wurden einige seiner Werke auch bei Hofe aufgeführt, darunter 1629 das mythologisch-pastorale Drama *La selva sin amor*, das heute als erste spanische Oper betrachtet wird. Doch nicht nur das Theater war LOPE DE VEGAS Domäne. Mit gleichem Erfolg verfasste er lyrische Texte, Epen, Romane. Auf weitere wichtige Werke LOPES wird an den entsprechenden Stellen hingewiesen.

Weitere Werke

Criado de Val (1981); Diago/Ferrer (1991); Díez Borque (1996); Fries (1977); Lázaro Carreter (1966); Müllei-Bochat (1975); Eberhard Müller-Bochat in Pörtl (1985); Roloff/Wentzlaff-Eggebert (1988); Rozas (1990); Varey (1987).

Literatur

4 Theorie des Theaters

Unter aristotelischem Einfluss veröffentlichte ALONSO LÓPEZ PINCIANO (1547–1627) 1596 sein Dialogtraktat *Filosofía antigua poética*. LÓPEZ PINCIANO zieht die Tragödie den anderen Gattungen vor. Er spricht sich noch streng gegen eine Mischung von Tragödie und Komödie aus, wie sie zur Zeit des Erscheinens seines Traktats bereits praktiziert wurde. In anderer Hinsicht löste sich LÓPEZ PINCIANO dagegen von seinem aristotelischen Vorbild, so

ALONSO LÓPEZ PINCIANO

z. B. wenn er sich gegen die Einhaltung der drei Einheiten (Raum, Zeit, Handlung) ausspricht.

Dramentheoretische Äußerungen zur *comedia*

Neben LOPE DE VEGA in seinem *Arte nuevo de hacer comedias* äußerten sich auch andere Autoren und Kritiker zur *comedia*. LUIS ALFONSO DE CARVALLO erhebt in seinem Traktat *El cisne de Apolo* (1602) die *comedia* zur führenden literarischen Gattung. JUAN DE LA CUEVA fordert – ähnlich wie LOPE – in seinem *Ejemplar poético o arte poética española* (1606) eine Loslösung von antiken Vorschriften. Er sprach sich für ein gemischtes Personal auf der Bühne aus und für die Verwendung antiker und spanisch-nationaler Stoffe. Die Einhaltung der aristotelischen Vorschriften befürworteten dagegen die Verfechter der in der *Poetik* aufgestellten Normen, wie z. B. FRANCISCO CASCALES (1564–1642) in seinen *Tablas poéticas* (1617). Scharfe Attacken auf LOPE DE VEGA und die *comedia nueva* finden sich in CRISTÓBAL SUÁREZ DE FIGUEROAS (1571–1644) *El Passagero*, wo vier Reisende in Dialogform spanische Belange, darunter auch das Theaterwesen, diskutieren.

Moralistische Attacken gegen die *comedia*

Von religiöser Seite wurde das Theater seit jeher kritisiert. Das Leben der Schauspieler, mehr noch der Schauspielerinnen, das Präsentieren von Fiktionen und vor allem der Aspekt der Unterhaltung schien den christlichen Kritikern nicht vereinbar mit katholischen Prinzipien. Eine ausführliche Darlegung der verschiedenen Kritikpunkte findet sich im *Tratado de los espectáculos* (1609) des Jesuiten und Historiographen JUAN DE MARIANA (1535/36–1624). Doch auch andere klerikale Kritiker verwiesen auf die Gefahren einer amoralischen Unterwanderung der Gesellschaft durch das Theater, darunter u. a. JERÓNIMO DE LA CRUZ. Diese Attacken liefern dem heutigen Leser eine gute Beschreibung der wesentlichen Charakteristika des damaligen Theaters, wenngleich aus katholisch-moralistischer Perspektive.

Literatur

Arellano (1995); Blue (1996); Diago/Ferrer (1991).

5 MIGUEL DE CERVANTES

Dramen

Angesichts des Triumphs der *comedia nueva* und des großen Erfolgs seines Konkurrenten LOPE DE VEGA kehrte MIGUEL DE CERVANTES (s. Autorenporträt S. 135ff.), nach einer ersten Schaffensperiode von dramatischen Texten, von denen uns nur *El trato de Argel* und *El cerco de Numancia* erhalten sind, dem Theater zunächst den Rücken. 1615 allerdings veröffentlichte er den Sammelband *Ocho comedias y ocho entremeses nuevos, nunca representados.* Aufgrund der Übermacht der *comedias* LOPEscher Prägung hatten die Dramen von CERVANTES keine Chance, aufgeführt zu werden.

Dabei sind seine Theaterstücke mehr der neuen Dramenform verpflichtet, als der Autor im Vorwort seiner Ausgabe, in dem er sich von der *comedia nueva* weitgehend distanziert, vermuten lässt. Im Gegensatz zu LOPE DE VEGA konzentriert sich CERVANTES jedoch weniger auf die Handlung und die Intrige als vielmehr auf die Figurenführung und -charakterisierung. CERVANTES wagt formelle Experimente, die Struktur seiner *comedias* ist kompliziert, und insgesamt sind Form und Inhalt anspruchsvoller als in der *comedia nueva*. Thematisch nimmt CERVANTES Anleihen bei seinen *Novelas ejemplares*. So widmen sich einige der Dramen der Christen- und Maurenproblematik, zwei stellen eine dem *pícaro* (Schelm) verwandte Figur in den Mittelpunkt der Handlung, während außerdem das pastorale Milieu und die Liebesthematik verhandelt werden.

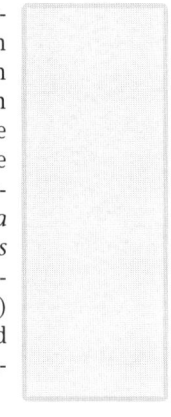

Das *entremés* des *Siglo de Oro* findet bei CERVANTES seine vollendete Form. Während es sich bei der Mehrzahl der Zwischenstücke um einfachen Klamauk handelte, versieht CERVANTES seine *entremeses* mit einer ausgefeilten Struktur und einer anspruchsvollen Handlung, die trotz komischer Grundtendenz ernsthafte Kritik satirisch darbietet. So z. B. in *El retablo de las maravillas*, wo auf witzige Weise der Unsinn des Prinzips der *limpieza de sangre* demonstriert wird. Das wohl bekannteste Zwischenstück von CERVANTES, *La cueva de Salamanca*, ist ein gutes Beispiel für die ausgefeilte Personendarstellung, die auch die übrigen Dramen von CERVANTES kennzeichnet und die sich abhebt von der plakativen und oft formelhaften Präsentation von Figuren im Theater der Vertreter der *comedia nueva*.

Entremeses

Asensio (1965); Canavaggio (1977); García Martín (1980); Bernhard König in Roloff/Wentzlaff-Eggebert (1988); Eberhard Müller-Bochat in Pörtl (1985); Strosetzki (1991b).

Literatur

4 Die Generation von LOPE DE VEGA

1 TIRSO DE MOLINA

Als GABRIEL TÉLLEZ wurde TIRSO DE MOLINA wahrscheinlich 1580 oder 1581 geboren. 1601 trat er in den Mercedarierorden in Guadalajara ein und studierte in den folgenden Jahren Theologie. 1610–1615 hielt sich der Mönch in Toledo auf, wo er offensichtlich mit dem Verfassen von *comedias* begann. Ein Jahr später wurde er von seinem Orden für drei Jahre nach Santo Domingo geschickt. Nach seiner Rückkehr hielt er sich in Madrid auf, der Stadt, in der er vor allem in den Jahren 1620 bis 1625 mit seinen *comedias* große Erfolge feierte. 1625 traf ihn das Verbot seines

Biographie

Ordens, profane *comedias* zu schreiben, ein Verbot, das Tirso de Molina jedoch nicht befolgte. Er wurde allerdings aus Madrid verbannt und nach Trujillo geschickt, wo er bald zum Ordensvorsteher ernannt wurde. 1629–1632 lebte er in Salamanca und Toledo, um dann wieder nach Madrid zurückzukehren. Sein Orden ernannte ihn zum Chronisten und erteilte ihm den Auftrag, die Geschichte seines Ordens zu verfassen. Eine Anklage wegen angeblicher Beleidigung des Graf-Herzogs von Olivares führte zu einer Verurteilung Tirso de Molinas. Die folgenden Jahre verbrachte der Mönch in Cuenca und Soria, bis er dann 1648 im Kloster von Almazán starb, wahrscheinlich an der Pest.

Theater

Von den 300 *comedias* und 100 *autos sacramentales*, die Tirso de Molina verfasst haben will, sind heute 80 Theaterstücke und sechs *autos* erhalten. Der Mönch übernahm die Konzeption Lope de Vegas und orientierte sich an dessen Theaterpraxis, wenngleich seine *comedias* ausgearbeiteter und aufwendiger strukturiert erscheinen. Auffallend an Tirsos Theaterschaffen ist die elaborierte, experimentierfreudige Sprache seiner Personen. Besonders hervorzuheben sind ferner die Frauenfiguren der *comedias* von Tirso de Molina, die häufig einen aktiven Part übernehmen, bisweilen als Männer verkleidet.

El burlador de Sevilla

Als berühmtestes Drama Tirso de Molinas gilt auch heute noch *El burlador de Sevilla y convidado de piedra*, das vor 1620 verfasst wurde und als erste Version des Don Juan-Stoffes zu betrachten ist. Allerdings wird seit einiger Zeit die Autorschaft Tirsos zunehmend angezweifelt und das Theaterstück dem Sevillaner Autor und Direktor einer Schauspieltruppe Andrés de Claramonte (1580?–1626) zugeschrieben, wobei der letzte Beweis hierfür noch nicht erbracht zu sein scheint.

Der Frauenverführer Don Juan lebt ausschweifend und unbekümmert. Auf die Vorhaltungen seines Dieners und anderer Personen, die ihn vor Gottes Strafen warnen wollen, antwortet er stereotyp: „Tan largo me lo fiáis". Zwar glaubt er an Gott, ist jedoch der Meinung, er könne auch später noch bereuen und Gottes Gnade empfangen. Als eine Verführung fehlschlägt, tötet Don Juan den herbeieilenden Vater, den Komtur Gonzalo de Ulloa. Später begegnet er am Grabmal des Getöteten dessen steinerner Statue, die er zum Mahl einlädt. Der steinerne Gast erscheint, und als Don Juan die Einladung Gonzalo de Ulloas an dessen Grabmal erwidert, wird er von diesem in die Hölle gezogen.

Die religiöse Thematik dürfte der Hauptgrund sein, warum man nach wie vor an die Autorschaft Tirso de Molinas glaubt. Die *comedia* war der Ausgangspunkt für Theaterstücke von Molière, E.T.A. Hoffmann, Zorrilla u. a., außerdem für Mozarts Oper *Don Giovanni*.

Dietrich Briesemeister in Pörtl (1985); Florit Durán (1986); Silvia Gonzalvo in Roloff/Wentzlaff-Eggebert (1988); Kennedy (1983); Rodríguez López-Vázquez (1987); Sullivan (1981).

Literatur

2 Juan Ruiz de Alarcón y Mendoza

Juan Ruiz de Alarcón y Mendoza wurde um 1581 in der Hauptstadt von Mexiko geboren. Dort begann er nach seiner schulischen Ausbildung mit einem Jurastudium, das er ab 1600 in Salamanca und Sevilla fortsetzte und abschloss. Nach seiner Rückkehr nach Mexiko bewarb er sich mehrfach um einen juristischen Lehrstuhl, jedoch ohne Erfolg. 1614 ließ sich Alarcón endgültig in Madrid nieder, wo er sich mit eigenen Produktionen am rührigen Theaterleben der Stadt beteiligte, die mit Erfolg aufgeführt wurden. Aufgrund seiner Herkunft und wohl auch wegen seines auffälligen Äußeren – er war verwachsen, klein und rothaarig – fand Alarcón keine gesellschaftliche Anerkennung und wurde bald zum beliebten Ziel des Spotts seiner Dichterkollegen. Das Scheitern der 1623 geplanten Aufführung des einzigen religiösen Theaterstücks Alarcóns, *El Anticristo*, dürfte auf ein Stinkbombenattentat seiner Dichterrivalen zurückzuführen sein. Lediglich mit Tirso de Molina verband Alarcón eine Freundschaft. Das eigentliche berufliche Ziel Alarcóns war jedoch ein Posten in der Kolonialverwaltung, der ihm schließlich 1626 im Indienrat zugesprochen wurde. Nach Erhalt dieses Postens beendete Alarcón seine schriftstellerische Tätigkeit. Er erledigte nur noch die Herausgabe seiner *comedias*, 1628 in einem ersten Teil, dem 1634 ein zweiter folgte. 1639 starb Juan Ruiz de Alarcón y Mendoza in Madrid.

Biographie

24 *comedias* sind von Juan Ruiz de Alarcón y Mendoza erhalten, eine hat er zusammen mit anderen Autoren verfasst, und bei einigen ist die Autorschaft nicht erwiesen. Obwohl Alarcón trotz seiner Außenseiterrolle zum Kreis um Lope de Vega gehörte und auch von der *comedia nueva* geprägt war, unterscheiden sich seine Werke doch wesentlich von den anderen *comedias* der Epoche. Alarcón setzt weniger auf die spektakuläre und schnelle Handlung, denn auf eine psychologisch fundierte, ausgearbeitete Figurendarstellung. So handelt es sich bei seinem wenig umfangreichen Werk um elaborierte Charakterkomödien, wie sie sich vor allem im späteren französischen Theater finden. Es mag daher kaum verwundern, dass Alarcóns Dramen zu Vorbildern für Corneille wurden. Darüber hinaus erweist sich der aus den Kolonien stammende Autor in seinen Theaterstücken, denen weitgehend der nahezu obligatorische religiöse Hintergrund fehlt, als Sit-

Werk

tenkritiker. Sein Anliegen ist moralistischer Natur, und so prangert er Vergehen wie das Lügen oder die bewusste Täuschung an. Im Gegensatz zu seinen Zeitgenossen etablierte ALARCÓN in seinen Werken einen abgewandelten Ehrbegriff, der vorrangig auf Vernunft und guten Taten basierte, weniger auf dem öffentlichen Ansehen. Auffällig sind seine Attacken auf Vertreter des Adels.

Die Lüge ist der Defekt von Don García in ALARCÓNs wohl bekanntester *comedia, La verdad sospechosa.* Der Protagonist verstrickt sich in einem selbst gewobenen Netz aus Lügen, das am Ende dazu führt, dass er die falsche Dame ehelicht. In *Las paredes oyen* stehen sich der gutaussehende Don Mendo und der hässliche Don Juan als Rivalen gegenüber, die beide um die Witwe Doña Ana werben. Diese entscheidet sich für den charakterlich integren Juan und gegen den lästernden Verleumder Mendo.

Literatur	Dietrich Briesemeister in Pörtl (1985); Claydon (1970); King (1989); Leone Halpern (1993); Poesse (1972).

3 Weitere Autoren

GUILLÉN DE CASTRO Y BELLVÍS	Der adlige Kavalleriehauptmann und Ritter des Santiago-Ordens GUILLÉN DE CASTRO Y BELLVÍS (1569–1631) aus Valencia versuchte sich zunächst als Verfasser von Tragödien, ehe er sich dann mit großem Publikumserfolg der *comedia nueva* zuwandte. 1619 ließ sich CASTRO in Madrid nieder, was einen nachhaltigen Einfluss auf das einst blühende Theaterleben in Valencia haben sollte. Die Dramen CASTROS basieren, soweit es sich nicht um *comedias* über Ehekonflikte handelt, auf bekannten Quellen. Hierzu gehören seine berühmtesten Werke, die beiden Dramen *Las mocedades del Cid* und *Las hazañas del Cid* (beide 1618), die auf dem epischen Stoff der historischen Figur von RODRIGO DÍAZ beruhen. CASTROS Dramen sollten wenig später CORNEILLE zu seinem *Cid* inspirieren. Andere *comedias* CASTROS entlehnen ihren Stoff mythologischen Quellen oder der Narrativik von CERVANTES. Auf Kosten einer schnellen und spannenden Handlung konzentriert sich CASTRO mehr als LOPE DE VEGA auf den individuellen Konflikt, dem seine Charaktere ausgesetzt sind. So stehen in seinen Cid-Dramen nicht die historischen Ereignisse im Vordergrund, zentral erscheint vielmehr der Konflikt des Cid zwischen Liebe und Ehre.
ANTONIO MIRA DE AMESCUA	Der Priester ANTONIO MIRA DE AMESCUA (1574?–1644) aus Guadix (Granada) widmete sich intensiv seinem literarischen Theaterschaffen und verbrachte viel Zeit in Madrid, wo seine *comedias* mit großem Erfolg aufgeführt wurden, er außerdem als offizieller Zensor tätig war. Sein Theater ist voller Effekte und Episoden. Ein Teil seiner *comedias* basiert auf historischen Stoffen. Außerge-

wöhnlich sind seine Frauenfiguren, so z. B. in *No hay burlas con las mujeres o Casarse y vengarse*, wo die Protagonistin, als sie von ihrem eifersüchtigen Geliebten geschlagen wird, diesen tötet. Bekannt wurde Mira de Amescua vor allem mit seinem Heiligendrama *El esclavo del demonio* aus dem Jahr 1612, einer frühen Version der Faustthematik. Die *comedia* basiert auf einer portugiesischen Legende und erzählt die Geschichte des Geistlichen Gil, der dem Teufel für die Liebe eines Mädchens seine Seele verspricht. Nach einer komplizierten Handlung wird Gil, der seine Taten bereut, jedoch von seinem Schutzengel vor dem Teufel gerettet.

Ebenfalls ein Freund von Lope de Vega war Luis Vélez de Guevara y Dueñas (1579–1644), ein Edelmann und Soldat aus Ecija, der trotz seiner jüdischen Abstammung als Günstling des Graf-Herzogs von Olivares verschiedene Posten am Hof bekleidete. Von ungefähr 400 geistlichen und weltlichen *comedias* sind ca. 80 erhalten. Vélez de Guevara, bekannt vor allem für seinen Roman *El diablo cojuelo*, hatte eine Vorliebe für historische Stoffe, für die ihm Romanzen als Quellen dienten. Seine *comedias* leben von der schnellen Handlung. Sie sind laut und voller Bühneneffekte. Vélez de Guevara hat wesentlich zur Entwicklung der Bühnentechnik in den *corrales* beigetragen. Seine bekannteste *comedia* ist *Reinar después de morir*, eine Verarbeitung des Stoffs der Inês de Castro, die heimlich den portugiesischen Thronfolger Pedro heiratete und daraufhin getötet wurde. Die Sprache der gut strukturierten *comedia* ist lyrisch, voller Symbolik und Zeichen.

Luis Vélez de Guevara y Dueñas

Der Geistliche Luis Quiñones de Benavente (1589?–1651) aus Toledo schrieb ausschließlich *entremeses*, wobei die Anzahl seiner Werke auf 600 bis 900 veranschlagt wird. Sein Schaffen unterscheidet sich jedoch vom anderen „Meister" dieses Genres, Miguel de Cervantes. Nicht die ernsthafte Gesellschaftskritik war Quiñones de Benaventes Anliegen, sondern der schnelle Spaß der Farce, die spontane beißende Satire, die alles und jeden verspottet und durch den Kakao zieht. Dafür präsentierte der Autor auf der Bühne Streiche und Gaunereien, karikierte soziale Typen, stellte Laster bloß, verspottete Moden, Sitten und Gebräuche. Er schuf die Figur des Juan Rana, des komischen Tölpels. Vor allem zielten die *entremeses* von Quiñones auf eine „Parodie der Werte und Gestalten der Comedia" (M. Tietz), die sie höhnisch karikierten.

Luis Quiñones de Benavente

Arellano (1995); Asensio (1965); Jesús Cañedo in Pörtl (1985); Dietz (1974); García Lorenzo (1976); Peale (1983).

Literatur

5 Religiöses Theater: das *auto sacramental*

Gegenstand   *Autos sacramentales* sind Fronleichnamsspiele. Die aus einem Akt bestehenden religiösen Dramen wurden im Spanien des *Siglo de Oro* an Fronleichnam aufgeführt, dem katholischen Fest, das am Donnerstag nach Trinitatis (Dreifaltigkeitsfest) die Eucharistie und die Transsubstantiation (Brot und Wein werden Christi Leib und Blut) feiert. Die Inhalte der Fronleichnamsspiele waren religiöser Art, mit einem engen Bezug zur Heilsgeschichte und zur Eucharistie, dem *asunto* (Gegenstand). Die *argumentos* (Handlungen) der *autos sacramentales* waren verschieden. Sie präsentierten Szenen aus der Bibel, historische Ereignisse mit religiösem Bezug oder auch aktuelle theologische Debatten um Dogmen in Form von Allegorien. In der Mitte des 16. Jhs. nahm der allegorische Gehalt merklich zu. Die *autos sacramentales* erfüllten dabei eine didaktische Funktion. Sie wollten durch Visualisierung den Gläubigen in seinem Glauben bestärken, wobei sie hierzu weniger den Verstand als eher die Emotionen ansprachen. Gleichzeitig dienten die *autos sacramentales* an Fronleichnam repräsentativen Zwecken. Die von den Städten finanzierten Aufführungen waren Manifestationen des „richtigen" Glaubens und der Macht der katholischen Kirche. Den Gläubigen dienten sie zur Bestätigung ihres Glaubens, während sie die Anders- und Ungläubigen dagegen in Unruhe versetzen sollten.

Die Nähe der *autos sacramentales* zur *comedia* ist offensichtlich. Die Fronleichnamsspiele wurden von den gleichen Schauspieltruppen aufgeführt, die in den *corrales* Dramen präsentierten. Und auch die Autoren waren die gleichen. Nahezu alle Autoren von *comedias* verfassten zusätzlich *autos sacramentales*. Auch hier ragt wieder LOPE DE VEGA hervor, von den angeblich 400 *autos sacramentales*, die er geschaffen haben will, sind ca. 42 erhalten. Den Höhepunkt sollte das Genre aber mit PEDRO CALDERÓN DE LA BARCA erleben. Während für LOPE DE VEGA die Fronleichnamsspiele *comedias* waren, die die Eucharistie feierten, wurden sie bei CALDERÓN zu „sermones puestos en verso".

Historische Entwicklung des *auto sacramental*   Das Fronleichnamsfest wurde 1264 von Papst URBAN IV. eingeführt, zur Feier der Transsubstantiation. Wichtiger Bestandteil des Festes war eine Prozession. Obwohl über die frühen Prozessionen wenig bekannt ist, wissen wir heute, dass dabei in der ersten Hälfte des 15. Jhs. in Spanien von Menschen nachgestellte Bilder religiösen Inhalts auf Karren mitgezogen wurden. Diese *tableaux vivants* entwickelten sich allmählich zu kurzen Spielen und kleinen szenischen Darbietungen, die seit Beginn des 16. Jhs. *autos* genannt wurden. Über diese *autos* ist nur wenig bekannt, und abgesehen vom oben erwähnten *Códice de Autos viejos* ist kaum etwas erhalten. Die noch ziemlich kurzen Stücke waren integriert in ein Festprogramm mit weiteren Tableaux, Musikern und mitgeführten Figuren. Die *autos* standen in thematischer Verbindung mit dem Gedanken der Erlösung der Menschheit durch Christus.

Ab ca. 1550 begannen sich dann die mit der Eucharistie eng verbundenen *autos sacramentales* zu entwickeln, parallel zur Produktion von *comedias* in den *corrales*. Die Etablierung des *auto sacramental* ist auch zu sehen als eine Folge der Auswirkungen des Tridentinischen Konzils und der Gegenreformation auf das geistliche Leben in Spanien. Der allegorische Gehalt der Fronleichnamsspiele nahm insgesamt zu, auch wenn sich dann unter CALDERÓN eine Mischform aus allegorischer und mimetischer Präsentation etablierte. Während in den frühen Formen der *autos sacramentales* das Wesen der Eucharistie innerhalb der Handlung erklärt bzw. visuell dargestellt wird, ist später der ganze Text als ein Zeichen zur Erklärung der Eucharistie zu betrachten, weswegen J. Küpper folgerichtig von einer „Subsumierung von ‘Geschichten’ jedweder Provenienz unter die eine und stets identische Botschaft" spricht.

Auf-
führungs-
situation

Die Festlichkeiten zu Fronleichnam hatten Volksfestcharakter. Am Vormittag des Festtags fand nach einem Gottesdienst die Prozession statt, die die geweihte Hostie in einer Monstranz mitführte. Zur Prozession gehörten Musiker und Wagen mit Tableaux und Figuren, darunter die *tarasca*, eine feuerspeiende Riesenschlange. Während der Festlichkeiten wurden zwei *autos sacramentales* mehrmals aufgeführt, entweder auf den mitgeführten *carros* oder auf am Prozessionsweg errichteten einfachen Bühnen. Bei den *carros* handelte es sich um von Ochsen gezogene Karren, die mit Kulissen versehen waren. Mehrere zusammengestellte Karren dienten als Bühne, wobei die Aufbauten und die Maschinerie vor allem im 17. Jh. oft sehr aufwändig waren. Die Entwicklung der Bühnenmaschinerie der *autos sacramentales* ist parallel zu der der *corrales* und der Palastbühne zu sehen.

Die Aufführungen der *autos sacramentales* waren begleitet von *loas*, von *entremeses*, Tanz, Musik und bisweilen auch Ballettaufführungen. Die Vorstellungen der Fronleichnamsspiele waren erklärte Höhepunkte des spanischen Theaterjahrs. Sie stellten die anderen szenischen Präsentationen der Kirche, die Oster- und Weihnachtsspiele, eindeutig in den Schatten. Nur die besten Schauspieltruppen wurden engagiert.

Autos sacra-
mentales vor
CALDERÓN

Da die Präsentation von *autos sacramentales* mit einem besonderen Prestige verbunden war, gab es kaum einen bedeutenden Theaterautor, der sich nicht in dem Genre versucht hätte. Allerdings lieferten weder TIRSO DE MOLINA noch MIRA DE AMESCUA oder sogar LOPE DE VEGA Meisterwerke. Zwar ragen die *autos sacra-*

mentales von LOPE DE VEGA durch ihren lyrischen Gehalt und die poetische Sprache heraus, im allgemeinen wird bei LOPE jedoch die wenig überzeugende Handhabung der Allegorie bemängelt. Großen Zuspruch zu ihrer Zeit fanden die *autos sacramentales* von JOSÉ DE VALDIVIELSO (1560?–1638), einem Priester aus Toledo und Freund von LOPE DE VEGA und CERVANTES, der neben lyrischen Texten ausschließlich *autos sacramentales* und *comedias divinas* verfasste. VALDIVIELSO, von Bruce Wardropper als „escritor ascético" bezeichnet, schuf volkstümliche Fronleichnamsspiele, wobei der stringente und effektvolle Gebrauch der Allegorie aus der Produktion seiner Zeitgenossen herausragt.

CALDERÓN Ihren unbestrittenen Höhepunkt erlebte die Gattung der *autos sacramentales* jedoch unter PEDRO CALDERÓN DE LA BARCA. Dessen Handhabung des Genres soll im nächsten Kapitel besprochen werden (S. 76/77).

Literatur Flecniakoska (1961); Fothergill-Payne (1977); Gabriel González in Pörtl (1985); Küpper (1990); Poppenberg (2002); Shergold (1967); Varey (1987); Wardropper (1967).

6 Das Hoftheater

PHILIPP IV. Aufführungen bei Hofe blicken auf eine lange Tradition zurück. Sie basieren auf den Turnieren und Maskenspielen des Mittelalters. Im 16. Jh. etablierte sich in Spanien allmählich eine höfische Festkultur, mit Umzügen, Triumphbögen und Festlichkeiten anlässlich besonderer Ereignisse. Bisweilen gehörte zu diesen Festlichkeiten auch die Aufführung einer *comedia*. Als 1598 PHILIPP III. den spanischen Thron bestieg, kam es zu einer Erweiterung des höfischen Festlebens. Einen Höhepunkt erlebte die höfische Festkultur allerdings dann unter PHILIPP IV. Er war ein Theaternarr, und so etablierte sich unter seiner Herrschaft das höfische Fest, in dessen Mittelpunkt eine Theatervorstellung stand, die *fiesta mitológica*. Es war erklärtes Ziel des Günstlings PHILIPPS IV., des GRAF-HERZOGS VON OLIVARES, den König als politisches und künstlerisches Zentrum zu präsentieren. Mit einem enormen finanziellen Aufwand wurden die Künste gefördert. Die höfische Festkultur war ein wichtiger Bestandteil der Repräsentation des Königs, dessen Prunk und herausragende Persönlichkeit auf diese Weise dem In- und Ausland demonstriert werden sollten, um Macht und Größe Spaniens darzulegen, die längst nicht mehr bestanden. Symbol dieser Art von Repräsentation wurde der Palast des Buen Retiro mit einem eigenen Hoftheater.

Bei den *fiestas mitológicas* handelte es sich um groß angelegte Festlichkeiten mit Musik und Tanz, in deren Mittelpunkt die Aufführung einer *comedia* mythologischen Inhalts stand. Diese höfischen Festspiele wurden zu gegebenen Anlässen, wie z. B. dem Geburtstag eines Mitglieds des Königshauses, einer Hochzeit oder einer Geburt, veranstaltet. Ähnlich den italienischen Opern der Zeit waren die *fiestas* Gesamtkunstwerke, die mehrere Sinne berührten. Neben Musik und Tanz waren vor allem die kunstvoll gestalteten Kulissen von Bedeutung. Eine komplizierte Bühnenmaschinerie, spektakuläre Lichteffekte, das Feuerwerk am Ende der Festlichkeit hatten den gleichen Stellenwert wie der Inhalt der *comedia mitológica*.

Fiesta mito-lógica

Die mythologische Grundstruktur der Theaterstücke, die neben den mythologischen Figuren auch das für die *comedia* übliche Personal einbezogen (z. B. den *gracioso*), diente der Verherrlichung des Herrschers, der in Analogie zur präsentierten Götterwelt gesetzt wurde. Das Ziel der barocken Bühnenfeste, die sich weitgehend an der Struktur der *comedia* orientierten, war, den König und die Monarchie zu feiern und zu legitimieren. Diese politische Dimension und die enge Verflechtung des Inhalts mit dem konkreten Anlass waren die Gründe, warum die literaturwissenschaftliche Forschung das Genre lange Zeit nicht beachtet hat.

Die ersten *comedias mitológicas,* die am Hof von PHILIPP IV. aufgeführt wurden – Werke von LOPE DE VEGA, ANTONIO HURTADO DE MENDOZA (1586–1644) und dem CONDE DE VILLAMEDIANA (1582–1622) –, wurden zum Teil von Mitgliedern des Hofes gespielt. Bald jedoch engagierte der Hof professionelle Schauspieltruppen. Seinen Höhepunkt sollte das neu geschaffene Genre dann unter CALDERÓN erfahren, dem mit den *fiestas mitológicas* eine Synthese aus *comedia*, früherem Hoftheater und der italienischen Oper gelang.

Die Hofbühnen hatten gegenüber den Bühnen der *corrales* erweiterte Möglichkeiten. Die Theater verfügten über Perspektivbühnen mit großartigen Kulissen. Bühnenbild und -maschinerie waren von herausragender Bedeutung. Vor allem aus Italien wurden bekannte Bühnentechniker und Architekten, unter ihnen der berühmte COSME LOTTI, an den spanischen Hof berufen, um eine komplizierte Bühnenmaschinerie zu konstruieren, die den heutigen Möglichkeiten kaum nachstand. Die Aufführungen waren – vor allem in der Anfangszeit – teilweise so auf das spezielle Bühnenspektakel ausgerichtet, dass z. B. LOPE DE VEGA bei der Präsentation von *La selva sin amor* monierte, sein Text käme gegenüber den Spezialeffekten und der Bühnenmaschinerie kaum zur Geltung.

Hofbühne

Aufführungen

Die Aufführungen der *fiestas mitológicas* waren an einen konkreten Anlass gebunden und zunächst ausschließlich für den König und seinen Hofstaat bestimmt. Die *comedias mitológicas* waren begleitet von den üblichen Kleinformen, wie *loas* und *entremeses*. Wichtige Bestandteile der Festdarbietungen waren Musik und Tanz, darüber hinaus am Ende der Feier ein Feuerwerk. Neben den *fiestas mitológicas* wurden auf den Hofbühnen auch *comedias* aufgeführt.

Im Laufe der Zeit waren die Vorstellungen nicht mehr dem Hof vorbehalten, sondern wurden für ein zahlendes städtisches Publikum wiederholt, um zumindest einen Teil der enormen Kosten der Palastbühnen zu reduzieren. Dieses Verfahren führte dann im Laufe der zweiten Hälfte des 17. Jhs. zu einem allmählichen Niedergang der *corrales*. Das Publikum gewöhnte sich an die aufwändigen und prachtvollen Inszenierungen der Hofbühnen und war mit dem einfachen Rahmen der *corrales* nicht mehr zufrieden. Gleichzeitig waren die professionellen Schauspieltruppen zunehmend dazu verpflichtet, bei Hof zu spielen, so dass sie ihre Engagements in den populären Theatern vernachlässigen mussten.

Zarzuela

Bei den *zarzuelas* des 17. Jhs. handelte es sich um eine vereinfachte Form des mythologischen Festspiels. Benannt wurden diese aus zwei Akten bestehenden Singspiele nach ihrem ersten Aufführungsort, dem *palacio de la Zarzuela,* einem kleinen Jagdschloss mit Aufführungsmöglichkeit außerhalb Madrids. Die *zarzuela* präsentierte in der Regel eine Liebesgeschichte im Schäfermilieu mit komischem Einschlag. Zwar gehörten auch mythologische Figuren zu ihrem Personal, jedoch ohne dazugehörige ausgearbeitete mythologische Handlung. Auch war kein Bezug zum Königshaus gegeben. Ähnlich der Operette sollte die *zarzuela* vorrangig der leichten Unterhaltung dienen, so dass Shergolds Bezeichnung der *zarzuela* als „light operetta, or musical comedy" zutrifft. Es ist nicht immer einfach, eine *zarzuela* von einer *comedia* bzw. einer *fiesta mitológica* zu unterscheiden, zumal die zeitgenössischen Bezeichnungen der Theaterstücke variieren. CALDERÓN gilt heute als der Begründer der *zarzuela*, auch wenn das Genre seinen eigentlichen Höhepunkt im Spanien und Lateinamerika des 19. und 20. Jhs. erlebte und in den Augen mancher Kritiker nur für diesen Zeitraum besteht.

Literatur

Aubrun (1966); Brown/Elliott (1980); Neumeister (1978); O'Connor (1988); Rich Greer (1991); San Miguel (1987); Shergold (1967); Stein (1993).

Neben LOPE DE VEGA ist PEDRO CALDERÓN DE LA BARCA der **Würdigung**
bekannteste Theaterautor des *Siglo de Oro*. Im Gegensatz zu LOPE
nimmt sich dessen Produktion jedoch eher bescheiden aus: 120
comedias, 80 *autos sacramentales* und 20 *fiestas mitológicas*, neben
zahlreichen Stücken des *teatro breve*. Obwohl CALDERÓNS Theaterschaffen ganz wesentlich von LOPE geprägt ist, unterscheiden sich
seine Werke vom Aktionstheater seines Vorgängers. CALDERÓN liefert ein „Theater der Reflexion" (M. Tietz), mit didaktischem und
philosophischem Anspruch. Seine eher zu Tragik und Ernst ten-
dierenden Theaterstücke greifen drängende Fragen der menschlichen Existenz auf. CALDERÓNS christliche Weltsicht ist eng mit dem
Dogma der Gegenreformation verbunden. Der Moralist CALDERÓN
ist einem konservativen Denken verpflichtet, das sich in seinem
Theaterschaffen manifestiert. Dennoch sind seine Werke nicht als
konformistisch zu bezeichnen. Vielmehr kennzeichnet sie eine
Vielschichtigkeit, die eine eindeutige Interpretation kaum zulässt.

CALDERÓNS direkter Nachruhm war beständiger als der LOPE DE
VEGAS. Die Werke CALDERÓNS wurden bis Ende des 18. Jhs. re-
gelmäßig aufgeführt. Mit besonderem Enthusiasmus wurde
CALDERÓN von der deutschen Romantik verehrt.

Am 17. Januar 1600 wurde CALDERÓN in Madrid geboren. Sein **Biographie**
Vater war königlicher Beamter und entstammte dem niederen
Adel. Seine Schulbildung erhielt CALDERÓN bei den Jesuiten.
Anschließend studierte er in Alcalá de Henares und Salamanca
Jura und Theologie. In den 20er Jahren begann CALDERÓN mit
dem Verfassen von *comedias*. 1628 wurde er am Hof PHILIPPS IV.
zum offiziellen Hofdichter und Leiter des Hoftheaters ernannt.
1636 erschienen zwei Bände mit seinen Werken. Als Ritter des San-
tiago-Ordens nahm CALDERÓN wenig später an Kämpfen gegen
Katalonien teil. Nach einer Verwundung verließ er das Militär. Da
die Theater in den Jahren 1644–1649 aufgrund offizieller Trauer
geschlossen waren, trat CALDERÓN in den Dienst des HERZOGS VON
ALBA. 1651 wurde der Dichter zum Priester geweiht. Über die
Gründe zu diesem Schritt wird spekuliert, wobei sie eventuell in
Verbindung stehen mit dem Tod seiner (vermuteten) Geliebten
und des gemeinsamen Sohns. Da die Kirche ähnlich wie bei TIRSO
DE MOLINA auch bei CALDERÓN das Verfassen weltlicher *comedias*
monierte, beschloss dieser, fortan nur noch *autos sacramentales*
und *fiestas mitológicas* zu schreiben. 1653 ging CALDERÓN als
Kaplan nach Toledo. Zehn Jahre später kehrte er nach Madrid und
in die Dienste PHILIPPS IV. zurück. In den folgenden Jahren erschienen drei weitere Bände seiner *comedias* und eine Sammlung mit
autos sacramentales. Am 25. Mai 1681 starb CALDERÓN an einem

Pfingstsonntag. Sein Begräbnis war eine gut besuchte Gedenkfeier für einen hochverehrten und bereits zu seiner Zeit berühmten Autoren.

Comedias

CALDERÓNs Schaffen basiert auf der von LOPE DE VEGA entscheidend geprägten *comedia*. Allerdings gehört CALDERÓN bereits einer anderen Epoche an, in der das Theater der *corrales* zugunsten des Hoftheaters an Bedeutung verliert. CALDERÓNs Dramen sind inhaltlich wie strukturell ausgefeilter als die seiner Vorgänger. Handlung wie Charaktere sind elaboriert und wohl überlegt gestaltet, ebenso die Sprache der Figuren. Bei einigen der Dramen CALDERÓNs handelt es sich um *refundiciones*.

CALDERÓN hat komische und tragische *comedias* verfasst. Auch wenn sie heute weniger bekannt sind, entstammen seiner Feder doch zahlreiche *comedias de capa y espada*, die zu ihrer Zeit sehr erfolgreich aufgeführt wurden. In diesen komischen *comedias* ebenso wie in den *comedias palaciegas*, deren Handlung an ausländischen Höfen spielt, dominiert die Liebesintrige. CALDERÓN hat dabei die Intrigen- und Verwechslungsspiele LOPEscher Prägung auf besondere Weise perfektioniert.

Bekannt sind heute vor allem die tragischen und religiösen Dramen CALDERÓNs, die – oft mit philosophischen Fragen durchsetzt – die Nichtigkeit der weltlichen Liebe demonstrieren und die bedingungslose Hingabe zu Gott preisen. Zu den tragischen *comedias* gehören auch CALDERÓNs Ehrendramen, die mit besonderer Intensität die Ehrverpflichtungen des Adels bis zur letzten Konsequenz porträtieren.

La vida es sueño

Bei diesem „drama filosófico" aus den Jahren 1634/1635 handelt es sich nicht nur um das bekannteste Theaterstück CALDERÓNs, sondern um eines der bekanntesten Werke des *Siglo de Oro*, das auch heute noch auf den Bühnen der Welt zur Aufführung gelangt.

Der polnische König Basilio lässt seinen Sohn Segismundo in einem Turm eingesperrt aufwachsen, nachdem ihm ein Horoskop prophezeit hatte, Segismundo werde als Tyrann regieren. Rosaura, die als Mann verkleidet ihren Liebhaber Astolfo sucht, entdeckt Segismundos Geheimnis und wird von dessen Wächter Clotaldo verhaftet, der in ihr seine Tochter erkennt. Als der König Segismundo probeweise regieren lässt, erfüllt sein Sohn die Prophezeiung: Er verhält sich herrschsüchtig und kann seine Leidenschaften nicht zügeln. Segismundo wird zurück in seinen Turm gebracht, wo Clotaldo ihn glauben lässt, das Erlebte sei lediglich ein Traum gewesen. Nach einem Volksaufstand wird Segismundo als rechtmäßiger König eingesetzt. Er verzeiht seinem Vater und verzichtet auf die begehrte Rosaura, die ihren Liebhaber Astolfo heiraten kann. Segismundo hat seine Lektion gelernt und wird ein guter Herrscher.

Das christlich-moralische Lehrstück spielt mit den beiden Größen Wirklichkeit und Traum und exemplifiziert auf diese Weise meisterhaft die barocke Thematik des *desengaño*. Der religiöse Gehalt der *comedia* zielt auf das richtige Handeln des Menschen ab, für den es gilt, seine Leidenschaften zu bezwingen und sich mit seinem freien Willen *(libre albedrío)* für das Gute zu entscheiden. Herausragend ist die Figur des *gracioso*, der nahezu tragisch endet. Das an Metaphern und Symbolen reichhaltige Theaterstück enthält mehrere ergreifende lyrische Monologe, vor allem Segismundos.

Die *comedia de capa y espada* aus dem Jahr 1629, bei der es sich um eine *refundición* eines heute verlorenen Dramas von TIRSO DE MOLINA handelt, erzählt die übliche Geschichte um Liebeshändel, Verwechslung und Täuschung, die schließlich zu *happy-end* und Hochzeit führt. Die Witwe Doña Angela verliebt sich in Don Manuel, als sie allein spazierengeht. Don Manuel wird von einem Bruder Angelas als Freund erkannt und betritt als Gast das Haus der Familie. Er wohnt Tür an Tür mit Doña Angela, die über einen drehbaren Schrank sein Zimmer betreten kann. Durch heimliche Botschaften und Geschenke erobert Angela Manuels Herz, der erst allmählich über Verwechslungen und Missgeschicke die Dame entdeckt und sie schließlich heiratet. Auch die in leichtem Ton verfasste *comedia* berührt die Thematik des *desengaño*: Täuschung und Blendung der Streiche Angelas lassen die anderen Figuren an der Wirklichkeit zweifeln.

La dama duende

Diese *comedia* aus dem Jahr 1635 gehört zu den Ehrendramen CALDERÓNS. Der Adlige Don Alfonso Gutierre glaubt, dass seine Frau Doña Mencía ihn mit dem Halbbruder des Königs Don Enrique betrügt. Obwohl es letztendlich keinen Beweis dafür gibt und Doña Mencía Don Enrique schriftlich auffordert, sie nicht mehr zu besuchen, befiehlt Alfonso einem Arzt, seiner Gattin die Adern zu öffnen, damit sie verblute. Der König bestätigt die Richtigkeit des Handelns Alfonso Gutierres und veranlasst dessen Hochzeit mit einer anderen Frau.

El médico de su honra

Tatsächlich hatte nach damaligem spanischem Recht der betrogene Ehemann die Möglichkeit, seine Ehefrau und den vermeintlichen Liebhaber zu töten, wobei der bloße Verdacht der Untreue genügte. CALDERÓN greift somit in seinen Ehrendramen einen gesellschaftlichen Extremfall der Ehrenthematik auf. Für den Adligen war die Rache die einzige Möglichkeit, seine Ehre zu retten. Für CALDERÓN war die Ehre einer der bedeutendsten irdischen Werte der göttlichen Ordnung. Die moderne Literaturwissenschaft hat mehrfach den Versuch unternommen, in die Ehrendramen CALDERÓNS eine Kritik am Ehrbegriff und Subversivität hineinzulesen, ein Versuch, der jedoch im spekulativen Bereich zu verbleiben hat.

Fiestas mito-lógicas	Zwanzig mythologische Festspiele sind von CALDERÓN erhalten. Während es sich bei den ersten Aufführungen noch um wenig ausgefeilte Festdramen mit traditioneller Musik handelte, entwickelten sich die Festspiele CALDERÓNS nach 1650 zu perfekten und prunkvoll inszenierten Gesamtkunstwerken. Diese waren eng an den Anlass gebunden, den es zu feiern galt, und huldigten uneingeschränkt dem Hof und dem Herrscher, indem die präsentierte Götterwelt als Analogie auf das Königshaus dargeboten wurde.

Als Prototyp des mythologischen Festspiels wird heute CALDERÓNS *La fiera, el rayo y la piedra* betrachtet, das 1652 im Theater des Buen Retiro, dem Coliseo, aufgeführt wurde. CALDERÓN beendete seinen Zyklus der *fiestas mitológicas* mit *La estatua de Prometeo*, das 1670 zur Aufführung gelangte.

Autos sacra-mentales	Über einen Zeitraum von mehr als dreißig Jahren lieferte ausschließlich CALDERÓN die beiden *autos sacramentales,* die alljährlich in Madrid zu Fronleichnam aufgeführt wurden. Dabei war der Autor nicht nur für den Text, sondern auch für die Dramaturgie zuständig. Obwohl die Aufführungen für den einfachen Gläubigen gedacht waren, der über keine tiefer gehenden theologischen Kenntnisse verfügte, behandelten die *autos sacramentales* doch aktuelle theologische Fragen und waren zudem in einer schwierigen Sprache abgefasst. Wenngleich eine „gelungene Mischung aus Theologie und Poesie" (M. Tietz), weist die Kompliziertheit von Gegenstand und Sprache doch darauf hin, dass es CALDERÓN nicht allein um ein verbales Erklären der Eucharistie ging. Von Bedeutung war der Aspekt der Visualisierung, mit dessen Hilfe CALDERÓN beim Publikum eine emotionale Akzeptanz und Staunen hervorzurufen vermochte. Die Handlungen der *autos sacramentales* basieren auf verschiedenen Quellen, wie Episoden aus dem Alten und Neuen Testament, der spanischen Geschichte und der antiken Mythologie. Die Handlungsführung ist jeweils eingebettet in die Präsentation eines theologischen Sachverhalts, der wiederum am Ende des Einakters zur Eucharistie führt. Dabei bieten Rhetorik, Beweisführung und die Verknüpfungsweisen der verschiedenen Bereiche theologisch-didaktische Meisterwerke, bei denen aufgrund der aufwändigen Aufführungen zur damaligen Zeit auch das Auge nicht zu kurz kam.

El gran teatro del mundo	Das bekannteste *auto sacramental* CALDERÓNS wird auch heute noch aufgeführt. Der Gedanke der Welt als Theater war eine beliebte Metapher des Barock, die auf antiken Vorstellungen basierte. Der Autor – Gott – verteilt die Rollen an die Schauspieler: König, Reicher, Bauer, Schönheit, Klugheit, Armer, Kind. Von der Welt erhalten die Akteure die für ihre Rolle notwendigen Requisiten. Zwei Türen, die Wiege und das Grab, kennzeichnen den Lebensweg. Am Ende werden die Personen zur Rechenschaft

Das Theater des *Siglo de Oro*

gezogen. Gott erscheint mit Kelch und Hostie und erklärt, dass nur der Arme und die Klugheit sich bewährt haben. Der Reiche wird verdammt, während die anderen, voll Reue über ihr schlechtes Leben, ins Fegefeuer kommen.

CALDERÓN hat in seinem *auto sacramental* die damals aktuelle Diskussion um die göttliche Gnade und den freien menschlichen Willen exemplifiziert. Die Menschen sind frei, ihr Leben gut oder schlecht zu gestalten. Die Gnade Gottes kommt aber nur dem zuteil, der seine Untaten bereut.

Bryans (1977); Manfred Engelbert in Pörtl (1985); Flasche (1971); Friedrich (1966); Neumeister (1978); Regalado (1995); Rich Greer (1991); Rivera de Rosales (1998); Roloff/Wentzlaff-Eggebert (1988); San Miguel (1987); Stein (1993); Strosetzki (2001); Varey (1987).

Literatur

7 Die Generation von CALDERÓN DE LA BARCA

Der Santiago-Ritter FRANCISCO DE ROJAS ZORRILLA (1607–1648), der sich nach einem Jurastudium in Toledo und Salamanca dauerhaft in Madrid niederließ, war einer der bedeutendsten Epigonen CALDERÓNS. Seine bisweilen bizarren *comedias*, die zum Teil auf Schaureffekten basierten, stellten verstärkt die Charaktere in den Mittelpunkt. Einige dieser *comedias de figurón* wurden Vorbilder für bekannte Theaterstücke der französischen Klassik. ROJAS ZORRILLA widmete sich in seinen Dramen der Thematik der Ehre, wie z. B. in seiner bekanntesten *comedia Del rey abajo, ninguno* (1640), wo der Protagonist, ein adliger Ehrenmann, zwischen Rache zur Wiederherstellung seiner verloren geglaubten Ehre und Vasallentreue schwankt. In anderen Dramen hat der Autor jedoch die strengen Konventionen der Ehrenthematik abgeändert und den Frauen einen aktiveren Part zugestanden, so z. B. in *Cada cual lo que le toca*.

FRANCISCO DE ROJAS ZORRILLA

Der Geistliche AGUSTÍN DE MORETO Y CABAÑA (1618–1669), der die meiste Zeit seines Lebens in Toledo verbrachte, verfasste neben verschiedenen Kleinformen des Theaters *comedias religiosas,* historische *comedias* und *comedias de figurón*, eine Gattung, die er meisterhaft verfeinerte. Bei den meisten Werken des Autors, dem wenig Einfallsreichtum und Innovation bescheinigt wird, handelte es sich um *refundiciones*. Trotzdem gilt MORETOS bekannteste *comedia, El lindo don Diego,* als eine der gelungensten Typenkomödien. Im Zentrum der Handlung steht Don Diego, ein eitler Schwerenöter, dessen Scheitern als Persiflage auf Don Juan voller Spott und Ironie geschildert wird. Sein größter Widersacher ist dabei sein eigener Diener, der *gracioso* Mosquito. *El desdén con el desdén*

AGUSTÍN DE MORETO Y CABAÑA

präsentiert die bereits bei LOPE DE VEGA beliebte Figur der *mujer esquiva* (spröde Frau), die von einem Verehrer mit vorgetäuschter Gleichgültigkeit erobert wird.

FRANCISCO ANTONIO DE BANCES Y LÓPEZ CANDAMO

FRANCISCO ANTONIO DE BANCES Y LÓPEZ CANDAMO (1662–1704) war als offizieller Dramaturg des Königs am Hofe KARLS II. angestellt. Er vertrat das Theaterschaffen in seiner ganzen damaligen Breite: die Gattungen des *teatro breve, autos sacramentales, zarzuelas, comedias*. Seine *comedias* sind religiöser, historischer und mythologischer Art. BANCES CANDAMO orientierte sich vornehmlich an CALDERÓN, dessen *La vida es sueño* er mit seinem *La piedra filosofal* fortsetzte. Seine historischen Dramen waren mit politischen Ratschlägen an KARL II. verbunden, was den Autor allerdings die Gunst des Königs kostete. Aus BANCES CANDAMOS Feder stammt das letzte zeitgenössische Traktat über die *comedia* mit dem Titel *Teatro de los Teatros de los pasados y presentes siglos*, eine Verteidigungsschrift des Theaters. BANCES CANDAMO gilt als letzter Autor des Theaters des *Siglo de Oro*.

Ausklang

Nach CALDERÓN, dem letzten Höhepunkt des spanischen Theaters der Epoche, hatte die Dramatik des *Siglo de Oro* keine neuen Impulse mehr erhalten. Die folgenden Autoren verfuhren epigonal, ohne Innovation, Kritik oder Infragestellung des Bestehenden. Vielmehr trat eine Banalisierung der Vorbilder ein, mit verstärktem Augenmerk auf der Unterhaltungsfunktion. Das Interesse an den *corrales* hatte längst nachgelassen, und infolge des Spanischen Erbfolgekriegs wurden auch die Palastbühnen geschlossen. Damit endet eine Epoche, die ein blühendes Theaterleben kennzeichnete, das alle Schichten ansprach und viele Autoren hervorbrachte, darunter mit LOPE DE VEGA und CALDERÓN zwei literarische Genies, deren Werke in die Weltliteratur eingehen sollten.

Literatur

Arellano (1995); Casa (1966); Ann L. MacKenzie in Pörtl (1985); MacKenzie (1994).

KAPITEL Die Lyrik des *Siglo de Oro*

1 Die Ursprünge der spanischen Lyrik

Mittelalter

An anfänglicher Lyrik der Iberischen Halbinsel sind spanisch-arabische *jarchas*, *cantigas de amigo* in galicisch-portugiesischer Sprache und kastilische *villancicos* erhalten. Alle drei Gedichtarten, die *jarchas* aus Andalusien, die als älteste Dichtung Spaniens gelten und aufs 11. Jh. datiert werden, die später belegten *cantigas de amigo* aus dem Norden Spaniens und die erst im 15. Jh. schriftlich fixierten *villancicos* entstammen der vorhöfischen Kultur und sind thematisch verwandt. Es handelt sich hierbei jeweils um Liebesklagen unverheirateter Mädchen, die von ihren Sehnsüchten berichten.

Die folgende höfische Troubadourlyrik wurde nicht in kastilischer Sprache verfasst. Kultursprache des Mittelalters war das Galicisch-Portugiesische, und so dichteten und sangen auch kastilische Troubadours in dieser Sprache ihre *cantigas de amor*. Weniger bedeutend waren nicht gesungene, sondern lediglich für den Vortrag bestimmte höfische *decires* zu ernsthaften Themen. Gleichzeitig entwickelte sich, ebenfalls von der provenzalischen Minnelyrik beeinflusst, eine katalanische höfische Lyrik. Eine späthöfische Lyrik in kastilischer Sprache entstand erst zu Beginn des 15. Jhs.

Gegen Ende des Mittelalters sollte sich in kastilischer Sprache zudem eine volkstümliche Lyrik etablieren, die Romanzen. Der Ursprung dieser populären Dichtung ist nicht vollends geklärt, man vermutet jedoch, dass sich einzelne Episoden der großen Epen des Mittelalters in einer mündlichen gesungenen Tradition weiterentwickelten, bis sie dann im 15. und 16. Jh. schriftlich fixiert wurden. Die Entstehung der Romanzen wird auf die zweite Hälfte des 14. Jhs. datiert.

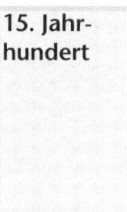

15. Jahrhundert

Im 15. Jh. blieben die Formen der höfischen Lyrik erhalten, wenngleich sie sich nun zunächst in galicisch-kastilischer, dann in rein kastilischer Sprache fanden. Es waren die Lieder der Troubadours, die eine idealisierte und unerreichbare Frau besangen. Allerdings hatten die Liebesklagen ihre Ernsthaftigkeit verloren, und zunehmend wurde der Gegenstand der Liebeslyrik parodiert. Gleichzeitig erfuhr die Dichtung eine thematische Erweiterung. Zur Liebesthematik der *canciones* und *villancicos* gesellten sich Dichtungen satirischer und moralistischer Art *(decires)*.

An den spanischen Höfen des 15. Jhs., vor allem am Hof der KATHOLISCHEN KÖNIGE, wurde die spätmittelalterliche höfische Lyriktradition besonders gepflegt. Mit dieser gesellschaftlichen Aufwertung der Literatur und Lyrik einher ging ein neues Selbstverständnis der Dichter, die zunehmend hinter ihren Werken hervortraten. Es war die Zeit, in der sich allmählich Dichterpersönlichkeiten herausbildeten. JUAN DE MENA, JORGE MANRIQUE, der MARQUÉS DE SANTILLANA und JUAN DEL ENCINA, der auch für das Theater eine bedeutende Rolle spielte, gehören zu den wichtigsten Lyrikern der Epoche.

Während die volkstümliche Romanzendichtung im 15. Jh. zunächst als Kultur des einfachen Volkes ein wenig geachtetes Genre darstellte, änderte sich das zur Regierungszeit der KATHOLISCHEN KÖNIGE. Die formal einfach strukturierten Gedichte, die vornehmlich von den Kämpfen der Spanier gegen die Mauren berichten, wurden in die offizielle Gesangskultur am spanischen Hof aufgenommen. Erstaunlicherweise finden sich erst gegen Ende des 15. Jhs., als die bis dahin zumeist gesungene Lyrik zunehmend in ihrer schriftlichen Form an Bedeutung gewann, Ansätze einer religiös inspirierten Dichtung, die sich dann allerdings im 16. und 17. Jh. umso gewichtiger etablieren sollte.

Cancioneros

Die höfischen ebenso wie die volkstümlichen Gedichte wurden der Nachwelt in sogenannten *cancioneros* überliefert, Sammelbänden, die das lyrische Liedgut einer Epoche vereinten. Neben dem *cancionero colectivo*, den ein Sammler nach bestimmten Kriterien zusammenstellte, bestand als *cancionero individual* ein Sammelwerk, das das lyrische Schaffen eines Dichters dokumentierte. Der Übergang vom Galicisch-Portugiesischen zum Kastilischen lässt sich für die Lyrik gut im *Cancionero de Baena* nachlesen, dem Sammelwerk von JUAN ALFONSO DE BAENA, das als erstes kastilische Gedichte aufnahm. Der Sammler, *converso* und Schreiber am Hof von König JOHANN II. VON KASTILIEN, vereinte in dem Werk die Lyrik der Jahre 1370 bis 1445, wobei die volkstümlichen Gesänge noch kaum Beachtung fanden. Dies änderte sich in den folgenden *cancioneros*, die neben höfischen *canciones* und *decires* auch volkstümliche Formen enthielten. Ein Höhepunkt der lyrischen Sammelwerke war der *Cancionero general de Hernando de Castillo* aus dem Jahr 1511, der eindrucksvoll die lyrische Produktion des 15. Jhs. dokumentiert und während des 16. Jhs. mehrfach neu aufgelegt wurde.

Der Einfluss aus Italien

Im 15. Jh. macht sich zunehmend der Einfluss aus Italien bemerkbar. Auch in Spanien wurden die Werke DANTES und PETRARCAS rezipiert. Die kastilischen Autoren wandten sich allmählich den aus Italien kommenden neuen Formen und Themen zu. ÍÑIGO LÓPEZ DE MENDOZA, MARQUÉS DE SANTILLANA (1398–1458) bemühte sich

als erster um eine Anwendung der neuen italienischen Gedicht-
formen. Mit seinem übrigen Werk noch ganz den mittelalterlichen
Traditionen verbunden, verfasste er petrarkistische Sonette.

Alvar (1970); Blecua (1975); Boase (1978); Menéndez Pelayo
(1911–16); Rico (1990).  **Literatur**

② Der Petrarkismus

1 Die Erneuerung der spanischen Lyrik

Der spanische Dichter JUAN BOSCÁN (1487/92?–1542) wollte mit **Gründungs-**
einer wahrscheinlich erdachten Episode selbst den Beginn der **mythos**
neuen, von Italien beeinflussten Epoche der spanischen Lyrik fest-
legen. In einem Brief an eine befreundete Herzogin berichtet der
in Diensten des HERZOGS VON ALBA stehende Dichter von seiner
Begegnung mit dem Humanisten ANDREA NAVAGERO, dem vene-
zianischen Gesandten am spanischen Kaiserhof, anlässlich der
Hochzeitsfeierlichkeiten zur Eheschließung KARLS V. mit ISABELLA
VON PORTUGAL 1526. Bei dieser Begegnung habe ihm NAVAGERO,
der selbst neulateinische Gedichte verfasste, geraten, sich in seiner Dichtung am petrarkistischen Stil zu orientieren und sich in
den neuen italienischen Formen zu versuchen. Tatsächlich war
PETRARCA jedoch schon im 15. Jh. in Spanien rezipiert worden.
Bereits seit dieser Zeit waren die Berührungspunkte zwischen Spanien und Italien vielfältig. Nicht nur, dass Sizilien und Neapel ara-
gonesische Kolonien waren. Viele Spanier hielten sich zeitweilig
in Italien auf, sei es als Soldaten, zu Studienzwecken oder an den
Höfen. Gleichzeitig waren italienische Künstler, Gelehrte und
Geschäftsleute in Spanien tätig.

Die traditionelle spanische Lyrik bevorzugte den Achtsilber als **Neue**
Metrum, vor allem für die volkstümliche Dichtung, während der **Formen**
Zwölfsilber seltener und nur für gehobene Themen benutzt wurde.
Eine Neuerung war demnach die Verwendung des Elfsilbers als
Versmaß, der hinsichtlich der Betonung neue Gestaltungsmög-
lichkeiten zuließ. Neben der Metrik betrafen die Neuerungen auch
die Strophenform. Vor allem das Sonett petrarkistischer Art etablierte sich im 16. Jh. Aber auch die ebenfalls elfsilbige Kanzone
geht auf PETRARCA zurück und fand ihren Weg in die spanische
Lyrik der Epoche. Weitere Neuerungen waren die *lira*, eine Abfolge
von Elf- und Fünfsilbern in fünf Zeilen, die *silva*, eine reihenartige
Gedichtform ohne Stropheneinteilung in Elf- und Siebensilbern,
und die elfsilbige Terzine, die auf DANTE zurückzuführen ist. Die
ebenfalls zu der Zeit in Spanien heimisch gewordene elfsilbige
octava real dagegen basiert auf ARIOST.

Neue Themen	Analog zu den neuen Formen sollten sich in der Lyrik neue Themen etablieren. Auch hier kam PETRARCA der größte Einfluss zu. Zwar weist dessen Liebeskonzeption durchaus gemeinsame Züge mit der späthöfischen Liebesdichtung auf: In beiden Fällen ist die verehrte Geliebte fern, bleibt die Liebe unerfüllt und die Angebetete wird idealisiert. Allerdings verliert sich in der petrarkistischen Liebesdichtung die im Mittelalter übliche formelhafte spielerische Verehrung und weicht der Illusion wahren Empfindens. Auch wenn sich die petrarkistischen Liebessituationen durchaus ähneln, vermitteln sie doch den Eindruck echten Gefühls, das in den Gedichten zumeist einen autobiographischen Hintergrund vermuten lässt. Dieser Eindruck der wahren Empfindung wird verstärkt durch die bewusst schlicht und natürlich gehaltene Sprache, die im Kontrast steht zu den konzeptionistischen Spitzfindigkeiten und Sprachspielen der späthöfischen Liebeslyrik. Gleichzeitig findet – ebenfalls durch italienische Vermittlung – das neuplatonische Liebesideal Eingang in die spanische Lyrik. Hier gilt die Vorstellung, dass irdische Schönheit und Liebe den Weg zu Wahrheit und Erkenntnis weisen. Dabei spielt zunehmend auch das Naturerleben eine Rolle. Ein weiterer thematischer Schwerpunkt, der aus Italien kommend die spanische Lyrik des 16. Jhs. beeinflussen sollte, war die Bukolik. In stilisierter Landschaft klagen Hirten über ihre unerfüllte Liebe. Die bevorzugte Gedichtform war hier die Ekloge, die auf Vorlagen VERGILS zurückzuführen ist.
Auseinandersetzung mit der Antike	Ein wesentlicher Aspekt der Renaissancedichtung ist die Rezeption und Adaptation antiker Formen und Themen. Für den damaligen Dichter war eine umfassende Bildung unerlässlich. Denn obwohl in der Liebeslyrik der Eindruck einer wahren Empfindung simuliert wurde, basierte die Dichtung vornehmlich auf der Auseinandersetzung mit der Antike. Das Prinzip der *imitatio* führte zur Etablierung antiker Gedichtformen, wie der Ode, der Ekloge, der Elegie und der Epistel. Verschiedene Motive entstammten antiken Vorlagen. Und die griechischen und römischen Mythologien dienten während des gesamten *Siglo de Oro* als unerschöpfliche Quellen zur thematischen Anregung, wobei sich OVIDS *Metamorphosen* einer besonderen Beliebtheit erfreuten.
Literatur	Alonso (1950); Baehr (1962); Fucilla (1960); Lapesa (1985); Manero Sorolla (1987,1990); Prieto (1984-87).

⌗ Autorenporträt GARCILASO DE LA VEGA

Obwohl GARCILASO DE LA VEGAS Werke nur einen schmalen Band füllen, gilt er doch als einer der bekanntesten und angesehensten Lyriker der gesamten spanischen Literatur. Als Verfasser einer italianisierenden und antikisierenden Dichtung schuf er ein Werk von derartiger Perfektion, dass behauptet wurde, es übertreffe bisweilen seine italienischen oder antiken Vorbilder. Vor allem GARCILASO verdankte die unter italienischem Einfluss entstandene spanische Lyrik der Epoche ihren Erfolg. Obwohl der Autor sehr jung verstarb, war sein Ruf als „príncipe de los poetas" bereits zu Lebzeiten legendär. Sein Werk wurde zum Ausgangspunkt für einen großen Teil der Lyrik des *Siglo de Oro*.

Würdigung

GARCILASO DE LA VEGA (1501?–1536) verkörperte das Ideal des Hofmanns der Renaissance, die Verbindung von *armas* (Waffen) und *letras* (Dichtkunst). In Toledo als Sohn einer Familie des Hochadels geboren, wurde er am Hof erzogen, wo er eine humanistische Bildung erhielt. Lange Jahre in Kriegsdiensten führten ihn an verschiedene militärische Schauplätze Europas. GARCILASO war am Niederschlagen des Aufstands der *comuneros* beteiligt, erhielt verschiedene militärische Auszeichnungen und wurde als Ritter in den Santiagoorden aufgenommen. 1525 heiratete GARCILASO ELENA DE ZÚÑIGA. Kurz darauf verliebte er sich jedoch in die portugiesische Hofdame ISABEL FREYRE, die an den spanischen Hof gekommen war. Zwar blieb diese Liebe unerfüllt, dennoch wurde ISABEL offensichtlich GARCILASOS Muse und die angebetete Dame seiner Dichtung. Garcilaso war viele Jahre lang eng mit dem Dichter JUAN BOSCÁN befreundet, den er in Italien kennen gelernt hatte und mit dem ihn gleiche literarische Interessen verbanden. Er hielt sich oft in Italien auf, wo er den Kontakt zu den wichtigsten italienischen Literaten pflegte. 1536, während der Invasion Frankreichs, starb GARCILASO DE LA VEGA mit 35 Jahren in Nizza an den Folgen einer Kopfverletzung, die er sich bei einem Sturmangriff auf Muy in der Provence zugezogen hatte.

Biographie

Das erhaltene Werk GARCILASO DE LA VEGAS umfasst acht *coplas*, 40 Sonette, vier Kanzonen, eine Ode, zwei Elegien, eine Epistel und einige lateinische Gedichte. Zu GARCILASOS Lebzeiten wurde keines seiner Gedichte veröffentlicht. Diese kursierten lediglich im Freundeskreis. JUAN BOSCÁN nahm, als er die Veröffentlichung seiner eigenen lyrischen Werke vorbereitete, die ihm zugänglichen Gedichte GARCILASOS auf. *Las obras de Boscán y algunas de Garcilaso de la Vega* wurde 1543 von BOSCÁNS Witwe in Barcelona herausgegeben, ein Jahr nach BOSCÁNS und sieben Jahre nach GARCILASOS Tod. Der Lyrikband, zum Zeitpunkt der Veröffentlichung

Das Werk GARCILASOS und seine Edition

erstes Sammelwerk der neuen italianisierenden Dichtung, wurde ein großer Erfolg und erfuhr mehrere Neuauflagen. Als den Herausgebern klar wurde, dass sich GARCILASOS Werke besser ohne BOSCÁNS Gedichte verkaufen würden, kam es 1569 in Salamanca zur ersten Ausgabe der Gedichte GARCILASOS. Diese Ausgabe wurde 1574 und 1577 von dem humanistischen Gelehrten FRANCISCO SÁNCHEZ DE LAS BROZAS (1523–1601), genannt „El Brocense", kommentiert und um einige Texte GARCILASOS erweitert neu herausgegeben.

Sonette und Kanzonen

Lediglich bei den *coplas* GARCILASOS handelt es sich um Dichtung im traditionellen Stil der *cancioneros*. Auch einige der frühen Sonette weisen noch traditionelle Wortspiele auf. Die restliche Dichtung ist jedoch den neuen italienischen und den antiken Formen und Themen nachgebildet, wobei Eleganz des Stils und Leichtigkeit der Sprache ein hohes Maß an Perfektion erreichen. In seinen Sonetten und Kanzonen widmet sich GARCILASO DE LA VEGA nahezu ausschließlich der Liebesthematik. Dabei orientiert er sich an dem von PETRARCA vorgegebenen Themenkatalog: der Beschreibung der Schönheit der Dame, die gepriesen wird; der Klage über die unerfüllte Liebe; der Anrufung der Natur zum Trost. Neben Anleihen an den neuplatonischen Liebesdiskurs finden sich in GARCILASOS Sonetten auch antike Motive, wie das des *carpe diem* (Genieße den Tag). Dieses liegt dem wohl bekanntesten Gedicht des Dichters zugrunde, dem Sonett XXIII („En tanto que de rosa y d'azucena"). Hier schwingt in den Terzetten das Thema der Vergänglichkeit und des Todes mit, so wie auch in anderen Gedichten GARCILASOS der Tod eine Thematisierung findet, sei es als erhoffte Erlösung des über seine unerfüllte Liebe Klagenden, sei es aus konkretem Anlass angesichts des Todes eines Freundes.

Der autobiographische Aspekt der Dichtung GARCILASOS

Die Kritik hat sich immer für den autobiographischen Aspekt im Werk GARCILASOS interessiert, der gleichermaßen als Neuerung gegenüber der traditionellen Dichtung galt. Trotzdem sind die Gedichte nicht, wie später dann in der Romantik, aus dem Wunsch entstanden, Erlebtes zu kommentieren. Insgesamt wird heute der autobiographische Gehalt der Dichtung GARCILASOS angezweifelt. Weiterhin war die intertextuelle Referenz von vorrangiger Bedeutung. *Imitatio* (Nachahmung) und *aemulatio* (Überbietung) der italienischen und antiken Autoren waren die Prinzipien der neuen Renaissancelyrik. Dass dabei gleichermaßen Autobiographisches verarbeitet wurde bzw. die Illusion des authentisch Erlebten geschaffen wurde, ist zweitrangig, auch wenn es sich bei dieser veränderten Position des Dichters zum Gegenstand seiner Dichtung durchaus um ein wichtiges Spezifikum der (spanischen) Renaissancelyrik handelt.

Ein Höhepunkt im Schaffen des Dichters waren seine Eklogen. Im Gegensatz zu den Eklogen JUAN DEL ENCINAS, die als Vorformen des spanischen Theaters der Epoche gelten, dominiert in den Eklogen GARCILASOS der lyrische Gehalt. GARCILASO orientierte sich dabei an der bukolischen Dichtung von THEOKRIT, VERGIL und SANNAZARO. Auf vielfältige Weise thematisiert der Dichter in seinen Eklogen den Gegensatz zwischen Leben und Kunst, zwischen Natur und Ästhetik. So sollen die Liebesklagen der Hirten in der ersten Ekloge der Zerstreuung des Vizekönigs PEDRO VON TOLEDO dienen, dem das Gedicht gewidmet ist, sie verweisen aber gleichzeitig auf das Leid des unglücklich Liebenden, bei dem es sich wiederum um die Figur des Autors handeln könnte. Komplizierter angelegt ist diese gegensätzliche Struktur in GARCILASOS dritter Ekloge, wo Nymphen des Tajo Teppiche weben, auf denen Tragödien der klassischen Mythologie dargestellt sind. Diesen Tragödien gleichgestellt ist eine tragische Geschichte aus dem Hirtenmilieu, die wiederum autobiographischer Natur zu sein scheint.

Eklogen

Schnell wurde GARCILASO DE LA VEGA selbst zum Klassiker. Dazu trugen die gelehrten Kommentare des Humanisten SÁNCHEZ DE LAS BROZAS in seinen Ausgaben der Werke GARCILASOS aus den Jahren 1574 und 1577 bei. Bereits 1580 erfolgte eine weitere Ausgabe des Werks GARCILASOS durch den Sevillaner Dichter FERNANDO DE HERRERA, der die Gedichte mit Anmerkungen und einem umfangreichen poetologischen Kommentar versah, der gleichermaßen als theoretische Schrift zur neuen spanischen Lyrik der Epoche gilt.

Kommentare

Alonso (1950); Cruz (1988); García de la Concha (1986); Heiple (1994); Lapesa (1985); Manero Sorolla (1987,1990); Prieto (1984–87); Rivers (1974).

Literatur

2 Weitere italianisierende Dichter der Epoche

Mit dem von ihm selbst in Umlauf gebrachten oben erwähnten Gründungsmythos sollte JUAN BOSCÁN, der katalanische Bürgersohn mit humanistischer Bildung und adligen Ambitionen, der die kastilische Sprache pflegte, seine Rolle bei der Erneuerung der spanischen Lyrik und der Hinwendung zu italienischen Formen und Themen selbst bestimmen. Er war der Vermittler, der sich zwar auch in den neuen Formen versuchte, vor allem aber den Freund GARCILASO zur Beschäftigung mit der italienischen Lyrik anregte. Auch wenn BOSCÁN als der hauptsächliche Begründer der italianisierenden Dichtung gelten mag, so tritt sein eigenes Werk dabei doch hinter das von GARCILASO geschaffene Meisterwerk zurück.

JUAN BOSCÁN

Das Werk **Boscáns**	Die frühen Werke Boscáns sind noch ganz dem traditionellen Stil der *cancioneros* verpflichtet und nachhaltig von dem katalanischen Dichter Ausiàs March (1395?–1462?) beeinflusst. In der Folgezeit verfasste Boscán Sonette, Kanzonen, Terzinen und Episteln nach italienischen und antiken Vorbildern. Sein Werk wurde wiederholt als wenig gelungen bezeichnet, was u. a. mit Stilbrüchen, mangelnder Eleganz und rhythmischen Unregelmäßigkeiten begründet wurde. Eine Besonderheit stellen seine vornehmlich an Horaz orientierten Episteln dar, denen Boscán eine moralisierend-christliche Thematik unterlegte. Boscán war auch als Übersetzer tätig: 1534 publizierte er die spanische Übersetzung von Baldassare Castigliones *Il libro del cortegiano*, eines klassischen Fürstenspiegels der Epoche.
Gutierre de Cetina	Der Sevillaner Gutierre de Cetina (1520–1557?), Soldat und Hofdichter mit humanistischer Bildung und weitreichenden Kontakten zu Italien, war literarisch sehr aktiv. Er übersetzte verschiedene Texte aus dem Italienischen. In seiner Dichtertätigkeit widmete sich Cetina den neuen Formen der italienisch inspirierten Dichtungen und verfasste vor allem Sonette, aber auch Kanzonen, Terzette, Episteln und Madrigale. Sein bekanntester Text ist das petrarkistische Madrigal „Ojos claros, serenos", das Cetina im freien Reim mit alternierenden Elf- und Siebensilbern verfasste und mit dem er großen Erfolg hatte. Die Dichtung Cetinas demonstriert deutlich, dass trotz aller Hinwendung zu neuen italienischen und antiken Formen doch auch die traditionelle Literatur der *cancioneros* im 16. Jh. noch Einfluss ausübte.
Hernando de Acuña	Ein weiterer „Dichtersoldat" war Hernando de Acuña (1520?–1580?), der sich an verschiedenen militärischen Schauplätzen Europas und Afrikas aufhielt. Acuña ist vornehmlich von Petrarca beeinflusst, in dessen Stil er Sonette, Kanzonen, Eklogen und Madrigale verfasste. Herausragend sind seine Sonette. Sein berühmtestes Sonett ist patriotischer Natur und dem spanischen König gewidmet: „Al Rey Nuestro Señor". Der jeweilige Schlussvers der Quartette: „un monarca, un imperio, y una espada" wurde zum Schlüsselvers der Epoche, zum legitimatorischen Bekenntnis der imperialen Politik des spanischen Königshauses.
Literatur	Armisén (1982); Cruz (1988); Fucilla (1960); Lapesa (1985); Manero Sorolla (1987,1990); Prieto (1984-87).

3 Gegner der Erneuerung der spanischen Lyrik

CRISTÓBAL DE CASTILLEJO (1490?–1550), Kleriker und lange Zeit Sekretär am Habsburger Hof in Wien, wandte sich in seiner satirischen Schrift in Versen *Reprensión contra los poetas españoles que escriben en verso italiano* gegen den Einfluss der italienischen Lyrik auf die spanische und gegen die *poetas italianizantes*, die als Ketzer wohl besser der Inquisition zu übergeben wären. CASTILLEJO hoffte offensichtlich auf eine Erneuerung des traditionellen Metrums der spanischen Lyrik, des Achtsilbers, in dem er selbst Liebes- und religiöse Gedichte verfasste. Insgesamt scheint ihn jedoch vorrangig die hohe Wertschätzung gestört zu haben, die der Lyrik in der Nachfolge von GARCILASO DE LA VEGA plötzlich zukam. Die Warnungen und Vorbehalte CASTILLEJOS blieben weitgehend ungehört, zumal seine *Reprensión* erst 1573 publiziert wurde. Da hatten sich die Neuerungen der Lyrik in Spanien längst etabliert. Nicht vergessen werden sollte in diesem Zusammenhang erneut, dass während des gesamten 16. Jhs. in Spanien sich auch die traditionelle Literatur der *cancioneros* beim Publikum noch einer großen Beliebtheit erfreute.

CRISTÓBAL DE CASTILLEJO

Prieto (1984-87).

Literatur

3 Dichterschulen der zweiten Hälfte des 16. Jahrhunderts

1 Die Schule von Sevilla

Sevilla erlebte seinen Aufschwung im 16. Jh. durch die Eroberungen in Amerika und den kurz darauf einsetzenden Amerikahandel. Als wichtigste Hafenstadt Spaniens erfuhr Sevilla auch einen kulturellen Aufschwung. Zahlreiche Humanisten und Dichter lebten in der Stadt. Kulturelles Zentrum der Dichtkunst war der Hof des GRAFEN VON GELVES, eines bedeutenden Mäzens seiner Zeit.

Sevilla

FERNANDO DE HERRERA (1534–1597) gilt als der herausragendste Vertreter der Sevillaner Dichterschule, einer Gruppe von Dichtern am Hof des GRAFEN VON GELVES. Während sich sein Frühwerk noch an den traditionellen spanischen Metren orientierte, galt HERRERAS Hauptinteresse den italianisierenden und antikisierenden Formen und Themen, wobei er sich jedoch nicht auf die Liebesthematik beschränkte, sondern auch religiöse und historische Schwerpunkte setzte. So ist eine Kanzone der Schlacht von Lepanto gewidmet. HERRERA, der aufgrund seiner poetischen Begabung noch zu Lebzeiten den Beinamen „El Divino" erhielt, entfernte sich jedoch von der Schlichtheit und sprachlichen Eleganz seines Vorbilds GARCILASO. Sein Ziel hieß eher *aemulatio* denn *imitatio*,

FERNANDO DE HERRERA

und er schien mit den italienischen und antiken Vorlagen eher in Wettstreit zu geraten, als dass er sie nachahmte. Die Sprache seiner Dichtung ist erhaben und erlesen. Er bediente sich einer ausgefeilten Rhetorik, die komplizierte Metaphern, Hyperbata und Antithesen bevorzugte, was ihm von der Kritik den Vorwurf der Übertreibung einbrachte. Während der Dichter viel Mühe für den lexikalischen Dekor aufwendet, bleibt die Syntax einfach und traditionell. Hier scheint HERRERA noch keine Experimente zu wagen. Dennoch bereitet der Dichter mit seiner hochrhetorischen Kunstsprache den Weg für die Barocklyrik späterer Jahre.

Poetik HERRERAS

Der von FERNANDO DE HERRERA 1580 veröffentlichte Kommentar zu GARCILASOS Werken, *Anotaciones a las obras de Garcilaso*, wurde die bedeutendste Poetik der Dichtkunst des 16. Jhs. Darin findet sich nicht nur eine Theorie der neuen metrischen Formen, die zum Teil auf J. C. SCALIGERS *Poetices libri septem* (1561) Bezug nimmt. HERRERA spricht sich gegen eine bloße Imitation des Neuen aus. Grundlegendes Prinzip der Dichtkunst sollte die Klarheit des Stils sein, die er hermetischen Wortwendungen vorziehe, wenngleich diese bisweilen aufgrund der Gelehrsamkeit des Dichters und der Angemessenheit an den Gegenstand notwendig wären. Als weitere Prinzipien der gehobenen Kunstsprache nennt HERRERA *grandeza* (Größe) und *gravedad* (Würde). Insgesamt betrachtete HERRERA seine programmatischen Vorschläge jedoch eher als Empfehlungen denn als feststehende Regeln.

Weitere Autoren

Zur Sevillaner Dichterschule werden FRANCISCO DE RIOJA (1583–1659), JUAN DE ARGUIJO (1560–1623) und BALTASAR DEL ALCÁZAR (1530–1606) gezählt, die jedoch alle im Schatten der Figur HERRERAS standen. ARGUIJO war berühmt für seine Sonette voller lehrhafter klassischer Anspielungen. Das Werk von ALCÁZAR, der Soldat und Verwalter des Schlosses von Gelves war, ragt heraus. Er verfasste vor allem kleine lustige und satirische Gedichte über die Begebenheiten des alltäglichen Lebens, denen jeglicher Tiefgang abgeht. Der etwas später geborene RIOJA steht nicht nur zeitlich dem Barock näher als die anderen Dichter der Sevillaner Schule.

Wenngleich diese Dichter HERRERA verehrten und sein Werk schätzten, so folgten sie doch nicht einheitlich seinen Vorgaben. Vielmehr findet sich bisweilen Kritik gegenüber dem übertrieben rhetorischen Stil HERRERAS, wie sie z. B. RIOJA äußert. Das literarische Erbe HERRERAS sollte dann LUIS BARAHONA DE SOTO (1548–1595) antreten, dem eine Symbiose aus GARCILASOS Eleganz und Anmut und HERRERAS würdevollem überladenem Stil gelang. Die Autorschaft der Werke BARAHONA DE SOTOS ist bisher nicht vollends geklärt. Neben Gedichten in traditionellen Metren verfasste der Dichter, der gleichzeitig ein berühmter Arzt war,

Sonette, Elegien und Eklogen und unterhielt Kontakt zu den wichtigsten Lyrikern der Epoche.

Fucilla (1960); López Bueno (1987); Macrí (1972); Prieto (1984–1987); Vázquez (1983).

Literatur

2 Die Schule von Salamanca

Salamanca genoss in Spanien als Stadt mit der ältesten Universität des Landes seit jeher ein hohes Ansehen. Die Stadt galt immer als Ort der Gelehrten und der Wissenschaften. Und auch die Poesie nahm in Salamanca in gebildeten Kreisen und an der Universität einen hohen Stellenwert ein. Der bereits erwähnte FRANCISCO SÁNCHEZ DE LAS BROZAS, Kommentator der Verse GARCILASOS, lehrte in Salamanca an der Universität, ebenso wie FRAY LUIS DE LEÓN, der Hauptvertreter der Salmantiner Dichterschule.

Salamanca

Gegen manieristischen Stil und übertriebene Rhetorik der Schule von Sevilla wandten sich die Vertreter der Dichterschule von Salamanca, zu deren führender Figur die Literaturwissenschaft FRAY LUIS DE LEÓN bestimmte. LUIS DE LEÓN (1527–1591), Professor der Theologie in Salamanca, Humanist, Geistlicher des Augustinerordens und Dichter, war außerordentlich gebildet und sowohl des Griechischen als auch des Hebräischen kundig. Eine Übersetzung des *Hohelieds* direkt aus dem hebräischen Urtext brachte ihm eine Denunziation vor der Inquisition ein, in deren Gefängnissen er fünf Jahre verbrachte. Der eigentliche Grund für die Denunziation wird im Neid der Universitätskollegen gesehen, in der Gegnerschaft der anklagenden Dominikaner, außerdem stand LEÓN im Verdacht, ein *judaizante* zu sein. Nach seiner Entlassung 1577 wurde LEÓN vollständig rehabilitiert und erhielt seine Ämter zurück. Neben seinem lyrischen Werk verfasste der Dichter religiöse und moralische Traktate, Kommentare zu biblischen und lateinischen klassischen Texten und Übersetzungen.

LUIS DE LEÓN

Die Gedichte von LUIS DE LEÓN wurden erst 1631 von FRANCISCO DE QUEVEDO herausgegeben, dem sie als Argument in seiner literarischen Auseinandersetzung mit LUIS DE GÓNGORA dienen sollten. Die Ausgabe ist fehlerhaft und enthält nur wenige Texte. Da eine von LEÓN selbst angefertigte Ausgabe seines lyrischen Werks nie veröffentlicht wurde und inzwischen als verloren gilt, sind uns heute nur 23 authentische Gedichte des Autors bekannt. Die Autorschaft weiterer Gedichte ist umstritten.

Das lyrische Werk

Die Hälfte des lyrischen Werks LEÓNs, das in einer betont schlichten Sprache gehalten und wesentlich von GARCILASO beeinflusst ist, widmet sich der religiösen Thematik. Darin vereinen sich

Anleihen an biblische Stoffe und die lateinische Klassik mit einem christlichen Neoplatonismus und mystisch-philosophischen Anklängen. LEÓN bevorzugte die Form der *lira*, eine von GARCILASO geschaffene Odenart HORAZscher Prägung. Insgesamt ist die HORAZrezeption manifest, wobei LUIS DE LEÓN die übernommenen Motive christlich anreichert, wie z. B. den Topos *Beatus ille qui procul negotiis* (Glücklich, wer fern den Geschäften) aus der bekannten Ode „La vida retirada". Trotz des klassischen Bezugs argumentiert LEÓN modern und verbindet seine Gedichte mit der spanischen Realität seiner Tage (so auch in der Ode „A Felipe Ruiz"). HORAZ nachgebildet ist auch die Ode „Profecía del Tajo" über die mythisch-nationale Vergangenheit des Gotenkönigs RODRIGO, der für die Invasion der Araber auf der Iberischen Halbinsel verantwortlich gemacht wird.

FRANCISCO DE ALDANA

Der in Italien geborene und dort lange Zeit lebende FRANCISCO DE ALDANA (1537–1578) ist neben LUIS DE LEÓN die herausragende Figur der Salmantiner Dichterschule. In seinem knappen Werk vereinigen sich verschiedene Strömungen und Themen der spanischen Renaissancelyrik, und so gilt ALDANA heute als letzter Höhepunkt der Renaissancedichtung vor dem Barockzeitalter. ALDANAS Werk war über Jahrhunderte nahezu vergessen und wurde erst im 20. Jh. wieder gebührend rezipiert. Zum weitgehenden Vergessen beigetragen hat sicherlich die Tatsache, dass nur ca. 44 Sonette, 20 Texte in Oktaven, sechs *coplas*, vier Kanzonen und sechs Episteln von ALDANA erhalten sind, herausgegeben in einer mangelhaften Edition des Bruders COSME DE ALDANA. Eine Vielzahl von Gedichten ALDANAS scheint verloren.

Ein Großteil seiner Sonette sind Liebesgedichte, wobei die konkrete Erotik der lyrischen Sprache überrascht. ALDANA beschreibt realistisch die Sinnenfreuden und löst sich somit eindeutig vom höfischen Liebesideal und auch vom Petrarkismus. Weitgehend gewahrt bleiben neuplatonische Vorstellungen, die sich jedoch mehr in den religiösen Dichtungen der späteren Jahre finden. Hier kommen auch Anklänge an die Mystik auf, wie z. B. in ALDANAS bekanntem Gedicht „Carta para Arias Montano", wo das Leben in Kontemplation und die Erkenntnis Gottes gepriesen werden. ALDANA orientierte sich in seiner Dichtung vornehmlich an OVID, VERGIL, HORAZ und den zeitgenössischen italienischen Dichtern (z. B. SANNAZARO, ARIOST). Der Soldat ALDANA lernte viele Schlachtfelder Europas kennen und starb schließlich mit 41 Jahren in Marokko an der Seite des legendären portugiesischen Königs SEBASTIAN. In einigen nationalhistorischen Gedichten pries der Dichter das spanische Imperium, wie z. B. in „Al Rey Don Felipe, Nuestro Señor". Gleichzeitig verfasste er jedoch auch Gedichte, die den Krieg thematisieren und die damit verbundene Erkenntnis der Vergänglichkeit alles Irdischen.

Zum Salmantiner Dichterkreis werden ferner FRANCISCO DE MEDRANO (1570?–1607) und FRANCISCO DE LA TORRE (1554?-?) gezählt. MEDRANO, Jesuit, der seinen Orden verließ, verfasste vor allem Liebesgedichte, wobei er sich vornehmlich an HORAZ orientierte. Sein Werk, das erst nach seinem Tod publiziert wurde, enthält auch Elegien und Gedichte religiösen Inhalts mit mystischen Anleihen. Von FRANCISCO DE LA TORRE sind kaum seine Lebensdaten bekannt. Es wird vermutet, dass er Soldat und Priester war und einige Jahre in Italien verbrachte. Seine Werke wurden wie die LUIS DE LEÓNS von QUEVEDO herausgegeben. Diese sind von GARCILASO und HORAZ inspiriert. Auffallend sind DE LA TORRES Nachtgedichte, voll melancholischer Stimmung, die romantische Positionen vorwegzunehmen scheinen. Der Dichter war bekannt für seinen metrischen Variationsreichtum.

Weitere Autoren

Alonso (1950); Blanco Sánchez (1982); Fernández Álvarez (1991); Prieto (1984-87).

Literatur

4 Die mystische Dichtung

Lyrik zu religiösen Themen wurde von fast allen spanischen Dichtern der Renaissance verfasst. Eine Sonderform stellt die mystische Dichtung dar, die ausnahmslos von tief religiösen Vertretern der geistlichen Orden stammt. Die mystische Religiosität sucht den Anblick Gottes und seine Verschmelzung mit ihm. Der Weg zu Gott erfolgt in der mystischen Vorstellung auf mehreren Stufen: Durch Askese und Gebet wird die Seele auf den Anblick Gottes vorbereitet und gereinigt *(purgatio)*. Die folgende Stufe erlaubt die Wahrnehmung der Nähe Gottes *(illuminatio)* und kann dann in kurzen ausgesuchten Augenblicken zur Vereinigung mit Gott *(unio mystica)* führen, was sich in Ekstase und Visionen manifestiert. Diese Erfahrung der Vereinigung mit Gott wird literarisch beschrieben und auch in lyrischer Form verarbeitet. Die Autoren benutzten dabei eine betont einfache Sprache, der eine didaktische Komponente inhärent war. Der Mystizismus wurde von der katholischen Kirche gerade im 16. Jh. gefördert, um außerkatholischen spirituellen Bewegungen zu begegnen bzw. deren Entstehen zu verhindern. Auffällig sind in der mystischen Lyrik die erotischen Anklänge: Gott wird zum ersehnten Geliebten. Die mystische Dichtung der Epoche steht in der Tradition des *Hohelieds*.

Mystik

JUAN DE YEPES Y ALVAREZ (1542–1591) aus Avila entstammte dem niederen Adel und trat schon jung in den Karmeliterorden ein. Nach einem Theologiestudium in Salamanca, wo er auch von LUIS DE LEÓN unterrichtet wurde, vertrat JUAN DE LA CRUZ unter dem

JUAN DE LA CRUZ

Einfluss von TERESA DE AVILA die Reformbewegung des Ordens, die eine strengere Ordensrichtung vorsah. Dies brachte ihm die Gegnerschaft der reformunwilligen Kreise des Ordens ein, die ihn in Toledo neun Monate in einem Kerker festhielten. Während dieser Zeit begann JUAN DE LA CRUZ mit dem Abfassen seiner bedeutendsten lyrischen Werke. Nach der Flucht aus dem Gefängnis war der Dichtermönch weiterhin in der Reformbewegung tätig und gründete verschiedene neue Klöster, denen er teilweise als Abt vorstand. JUAN DE LA CRUZ starb 1591 in Úbeda, wurde 1675 seliggesprochen und 1726 heiliggesprochen.

Das lyrische Werk von JUAN DE LA CRUZ

Die lyrische Dichtung von JUAN DE LA CRUZ, postum zunächst außerhalb Spaniens erschienen, besteht vornehmlich aus drei Werken: dem „Cántico espiritual", einem am *Hohelied* orientierten Gesang zwischen Seele und Christus, und den beiden Oden „Llama de amor viva" und „Noche escura del alma". In allen drei Gedichten schildert der Autor seinen Weg zu Gott und den Höhepunkt der Vereinigung. „Cántico espiritual" ist ein Wechselgesang zwischen Braut (Seele) und Bräutigam (Christus). Die Braut sucht den Geliebten, um sich mit ihm zu vereinen. Dabei werden die oben erwähnten drei Stufen des mystischen Wegs zu Gott beschrieben. „Noche escura del alma", eine *lira*, benennt mit „Nacht" den Vorgang der Entleerung der Seele, die sich von allem Irdischen befreit, um Gott aufnehmen zu können. „Llama de amor viva" dagegen verzichtet auf eine Beschreibung des Wegs zu Gott. In Ausrufen und mit einer bildreichen Sprache wird direkt die Verschmelzung der Seele mit Gott evoziert.

JUAN DE LA CRUZ vereint in seiner mystischen Lyrik die petrarkistische Tradition der Liebeslyrik, die Erotik des *Hohelieds* und der antiken Dichtung mit der neuplatonischen Liebestheorie. In einfacher Sprache, mit ungewöhnlicher Metaphorik und einem ansonsten geringen rhetorischen Aufwand gelingt es ihm, sehr persönliche religiöse Empfindungen in Worte zu fassen, das eigentlich Unbenennbare zu benennen. Zu allen drei Dichtungen liegen ausführliche Kommentare vor, um die der Dichter gebeten worden war und die den lyrischen Text erläutern sollen (s. S. 149/150). Dass es sich schließlich um wenig mehr als gelehrte Paraphrasen der Gedichte handelt, teilweise mit konkreten Anweisungen für den Weg zu Gott versehen, dürfte wohl daran liegen, dass sich die Sprache dem mystischen Empfinden nur annähern kann, ohne die Möglichkeit, es genau zu erläutern.

Weitere mystische Lyrik

Auch andere Geistliche der Epoche schilderten ihre mystischen Erlebnisse in lyrischer Form, darunter TERESA DE AVILA, deren bedeutenderes Prosawerk an anderer Stelle besprochen wird (s. S. 149). Über Spanien hinaus bekannt wurde das anonyme Sonett „Soneto a Cristo crucificado", das erstmalig 1628 erschien, jedoch vermutlich aus früherer Zeit stammt. Sprache und Inhalt erinnern an die mystische Lyrik von JUAN DE LA CRUZ. Das Gedicht ist eine schlichte und ergreifende Liebeserklärung an Christus, der mit seiner Kreuzigung die Menschheit erlöste.

Alonso (1950); Brenan (1973); Fernández Leborans (1978); Prieto (1984-87); Thompson (1977).

5 Romanzen

Bei der populären Volksdichtung der Romanzen handelt es sich um narrativ-lyrische Gedichte beliebiger Länge in Achtsilbern mit Assonanzen bei den Versen der geraden Zahlen. Die Romanzen waren für den gesungenen Vortrag bestimmt und wurden zunächst mündlich von *juglares* (Spielleuten) überliefert, bevor sie sich zu Volksliedern entwickelten, die zum Teil heute noch in Spanien populär sind. Ab dem 15. Jh. wurden die Texte schriftlich fixiert. Von Spanien aus verbreiteten sich die Romanzen in die gesamte spanischsprachige Welt, z. B. nach Amerika, oder an den Orten, an denen sich die aus Spanien vertriebenen Juden niederließen.

Gegenstand

Die Entstehung der spanischen Romanzen war lange Zeit umstritten. Der Streitpunkt war dabei die Frage, ob die Romanzen auf epischen Quellen basierten oder ob sie selbst Quellen für die späteren Epen darstellten. Langjährige Forschungen, vor allem von Ramón Menéndez Pidal, haben zu der heute gültigen Annahme geführt, dass sich die Romanzen aus Epenfragmenten entwickelten, in denen Ereignisse besungen wurden, die das Publikum besonders interessierten. Zunächst von umherziehenden Spielleuten auf Marktplätzen vorgetragen, gingen die Romanzen bald in die populäre Volkskultur ein.

Ursprung

Auf 1421 datiert die erste schriftliche Fixierung einer spanischen Romanze. Ab 1506 wurden einzelne Romanzentexte auf *pliegos sueltos* (fliegenden Blättern) gedruckt. Obwohl die Gattung von den höfischen Autoren wenig geachtet wurde, fanden Romanzen zunehmend Eingang in die *cancioneros*. So finden sich Beispiele von Romanzen im *Cancionero general* von 1511. Ab 1530 wurden eigene Romanzensammlungen veröffentlicht, sogenannte *romanceros*. Die wichtigsten der Epoche sind die *Silva de varios romances* aus Zaragoza (1550/51) und Sammlungen von LORENZO DE SEPÚLVEDA (1551) und JUAN TIMONEDA (1573).

Editionen

Basierend auf einer Einteilung von Marcelino Menéndez Pelayo werden die Romanzen, die bis ca. 1550 entstanden (*romancero viejo*), nach Themen unterschieden und klassifiziert. Ein großer Teil der Romanzen widmete sich Aspekten der Geschichte Spani-

Klassifizierung nach Themen

ens. Dazu gehören vor allem die *romances épicos-nacionales,* die Episoden und Gestalten der mittelalterlichen Geschichte präsentieren, allen voran den CID, König RODRIGO u. a. Die *romances fronterizos* (Romanzen aus den Grenzgebieten) thematisieren die *Reconquista* und die Verschiebungen der Grenzen zwischen Christen und Arabern. Maurische Romanzen *(romances moriscos)* schildern die Belange der arabischen Bevölkerung Spaniens, wobei die positive Darstellung der Mauren aus christlicher Perspektive überrascht. Eine weitere Gruppe von Romanzen übernahm Themen der französischen *Chansons de geste* um den karolingischen und bretonischen Sagenkreis. Auf eindeutig fiktionalen Quellen beruhen dagegen die *romances de invención* oder *romances novelescos.* So bildeten sich Romanzen um literarische Werke, z. B. zu Episoden aus dem Ritterroman *Amadís de Gaula.* Darüber hinaus entstanden eine Reihe von Romanzen sowohl narrativer als auch lyrischer Art über Liebesgeschichten, aber auch über die verschiedensten anderen Begebenheiten.

| Kunst-romanzen | Dem *romancero nuevo* bzw. *artístico* zugerechnet werden die ab der Mitte des 16. Jhs. entstehenden Kunstromanzen. Diese werden nicht mehr mündlich überliefert, sondern von zeitgenössischen Autoren nach dem Vorbild der „alten" Romanzen geschaffen. Die wichtigsten Autoren der Epoche, wie LOPE DE VEGA, GÓNGORA u. a., schrieben Romanzen. Dabei wird das thematische Repertoire erweitert. Doch auch die Form verändert sich allmählich. So finden sich im 17. Jh. Romanzen mit Vollreimen, in Elfsilbern oder in Vierzeiler gegliedert. Eine große Bedeutung hatten sowohl die traditionellen wie die Kunstromanzen für das spanische Theater des *Siglo de Oro.* Sie dienten diesem nicht nur als Quelle der Inspiration. Manche Teile der dramatischen Texte sind selbst in Romanzenform verfasst, und es gibt einige *comedias,* die vornehmlich auf integrierten Romanzen basieren. |

| Literatur | Alvar (1970); Baehr (1962); Díaz Roig (1977); Menéndez Pidal (1957,1973); Prieto (1984–87). |

6 Die Lyrik des Barock

1 Barocke Formen und Themen

| Neuerun-gen | Die Epoche des Barock, deren Beginn in der spanischen Lyrik für die letzten beiden Jahrzehnte des 16. Jhs. veranschlagt wird, bedeutete keinen Neuanfang. Vielmehr wurden die Formen und Traditionen der Renaissance übernommen. Aufgrund einer veränderten Weltsicht und einer daraus resultierenden neuen Ästhetik wurden jedoch die Ideale und Traditionen der Renaissance all- |

mählich aufgehoben bzw. umgedeutet. Die Dichter verfolgten nun andere Ziele: Nicht mehr *imitatio* von Natur und literarischen Vorbildern war angesagt, sondern *creatio*, das geniale Schaffen von Neuem. Erstmalig sind dichterische Originalität und Kreativität im modernen Sinn gefragt. Der Übergang von Renaissance zu Barock erfolgte jedoch allmählich, und die Grenzen zwischen den beiden Epochen und verschiedenen Stilen sind durchaus fließend, oft auch nicht eindeutig. Die spanische Barocklyrik des *Siglo de Oro* ist eng mit drei bedeutenden Dichterpersönlichkeiten verbunden: LOPE DE VEGA, LUIS DE GÓNGORA und FRANCISCO DE QUEVEDO.

Sprache

Bestimmendes Element der barocken Lyrik ist eine artifizielle, komplizierte und hochrhetorische Sprache, die sich bewusst von der Alltagssprache absetzt. Die Tatsache, dass sie bisweilen ans Unverständliche grenzt, hat ihr den Vorwurf der *oscuridad* (Dunkelheit) eingebracht. Die Sprache des Barock ist jedoch bewusst elitär nur für eine eingeweihte Minderheit geschaffen. Wichtigste rhetorische Figuren sind die Metapher und die Antithese. Auch die Syntax wurde willentlich verändert, wobei die rhetorische Figur des Hyperbaton häufige Anwendung fand. In manchen extremen Ausformungen wurde die hermetische Sprache zum Selbstzweck und löste sich weitgehend vom Inhalt des Gesagten, der zweitrangig wurde.

Kulteranismus und Konzeptismus

Lange Zeit dienten die beiden Begriffe zur Bezeichnung zweier gegensätzlicher Stilarten des Barock, wobei der Kulteranismus mit GÓNGORAS Dichtung gleichgesetzt wurde und der Konzeptismus mit QUEVEDOS. Die neuere Forschung hat jedoch erkannt, dass es sich bei den beiden Bezeichnungen für Schreibweisen nicht um einen oppositionellen Bezug und schon gar nicht um die Bestimmung zweier gegensätzlicher Schulen handelt. Hierfür ist den beiden Begriffen ein zu großer Bereich gemeinsam. Kulteranismus *(culteranismo,* bisweilen auch *cultismo)* bezeichnet den artifiziellen und hochrhetorischen Sprachstil des Barock, der auf einer extremen Metaphorik, Neologismen, einer komplizierten Syntax, Anspielungen auf kaum bekannte Mythen und anderen Verfahren zur Verklausulierung der Sprache basiert. Der Konzeptismus wiederum benennt die Technik der Schaffung von *conceptos* (ital. *concetti*), die Beziehungen zwischen Objekten scharfsinnig und originell erfinden und formulieren. Hier dominieren die Metapher und die Antithese neben anderen rhetorischen Figuren. BALTASAR GRACIÁN hat mit seinem Werk *Agudeza y arte de ingenio* (1648) später die Theorie zum Konzeptismus geliefert.

Eine Gegnerschaft bestand jedoch zwischen den Anhängern des *culteranismo* (Hauptvertreter GÓNGORA) und den Vertretern eines klar verständlichen klassischen Stils, den *claros* (QUEVEDO, LOPE DE VEGA u. a.).

Motive und Themen	*Desengaño* (Ent-Täuschung) war das dominante Prinzip der neuen Weltsicht, das als Motiv in der Lyrik einen zentralen Stellenwert einnahm, ebenso wie die Vorstellung der *vanitas vanitatum*, der Eitelkeit der Welt. Die Auseinandersetzung mit der Vergänglichkeit der Welt und dem Erkennen von Schein und Illusion führte zu neuen Themen in der Lyrik: Tod, Leben, Traum, Vergänglichkeit. Oft wurden dabei nach dem Prinzip der *discordia concors* Gegensätze behandelt und konstruiert. Der weitgehend festgelegte Themenkatalog der Renaissance wurde erheblich erweitert. So dominiert in den Sonetten nicht mehr unbedingt die Liebesthematik. Auch die Romanzen wurden mit vollständig neuen Inhalten versehen. Zwar war insgesamt die Thematik der Liebe weiterhin aktuell, allerdings in einer wesentlich entidealisierten Form.
Satire und Parodie	Auffällig ist in der Barocklyrik deren Hang zu Satire und Parodie. Vor allem QUEVEDO hat eine große Anzahl von parodistischen Gedichten verfasst, in denen er vornehmlich die Ideale der Renaissance satirisch entlarvt. Die Bandbreite der parodistisch behandelten Themen ist groß und reicht von der misogynen Lyrik gegen Frauen, von der Verhöhnung gewisser Charakterschwächen über die Anklage der spanischen Gesellschaft hin zur Verspottung unliebsamer Dichterkollegen. Die Literaturfehden der Zeit wurden berühmt, und vor allem GÓNGORA und QUEVEDO lieferten sich ausschweifende Wortgefechte. Zugleich gilt es zu beachten, dass die satirische Anklage zumeist eng mit einem Anliegen moralistischer Art verbunden ist.
Literatur	Buck (1972); Egido (1990); Entrambasaguas (1974); Maravall (1975,1980); Neumeister (1984); Sarduy (1987); Schulte (1969); Terry (1993).

2 LOPE DE VEGA

Das lyrische Werk LOPE DE VEGAS	Wie beim Theater besticht auch in der Lyrik die Fülle des Werks LOPE DE VEGAS (s. Autorenporträt S. 58ff.). Der Dichter hat Hunderte von lyrischen Werken geschaffen und sich dabei ganz augenscheinlich in allen nur erdenklichen Gattungen versucht. Viele seiner Gedichte finden sich in Prosawerken, darüber hinaus sind sie ein bedeutender Bestandteil seines Theaters. Bis heute hat die literaturwissenschaftliche Forschung diesem umfangreichen lyrischen Werk jedoch nur wenig Beachtung geschenkt.
	An LOPE DE VEGAS Gedichten lässt sich sehr gut die stilistische Entwicklung der Epoche und somit auch der Übergang von Renaissance zu Barock ablesen. Sein Frühwerk ist eindeutig petrarkistisch und an GARCILASO und HERRERA orientiert. Erst 1602 erschienen erste Gedichte LOPES in einer Sammlung von 200 Sonetten, die

zwei Jahre später in einer Publikation um Gedichte anderer italianisierender Gattungen erweitert wurde. 1614 folgte eine Ausgabe von *Rimas sacras*, religiöser Dichtung. Wichtig in LOPE DE VEGAS lyrischem Schaffen sind die unzähligen Gedichte volkstümlichen Charakters, Romanzen, Lieder, *villancicos* usw., die zum Teil Eingang in Sammelbände, wie z. B. den *Romancero general* von 1600 fanden, zum Teil in LOPES *comedias* vorgetragen und gesungen wurden.

Neben dieser populären Lyrik finden sich jedoch auch anspruchsvolle, von GÓNGORA beeinflusste barocke Gedichte. Hierzu gehören die Werke der Sammlung *La Filomena* aus dem Jahr 1621, ebenso wie die drei Jahre später veröffentlichte Sammlung *La Circe*, die beide jeweils mythologische Langgedichte im kulteranistischen Stil enthalten. LOPE DE VEGA, zunächst für kurze Zeit Bewunderer, dann erklärter Gegner von GÓNGORA, öffnete sich barocken Themen und Formen, auch der Parodie und der Burleske, wenngleich seine Sprache immer verständlich blieb und er die *oscuridad* GÓNGORAS mit Nachdruck ablehnte. LOPE DE VEGA schrieb schnell und viel, war zudem stets um Popularität bemüht. Bereits seine Arbeitsweise, aber auch sein Anspruch, zu gefallen und zu unterhalten, hätten das Verfassen allzu verklausulierter ausgefeilter Gedichte unmöglich gemacht.

Das lyrische Werk LOPE DE VEGAS, das mit dem Sammelwerk *Rimas humanas y divinas* aus dem Jahr 1634 die letzte Publikation zu Lebzeiten des Autors erfuhr, trägt – wie LOPES Gesamtwerk auch – eine Vielzahl von Facetten, was eine einheitliche Beschreibung erschwert. Gemeinsam ist diesem lyrischen Werk jedoch, bei aller Vielfalt und Verschiedenheit der Genres, die stets meisterhafte Ausgestaltung und eine beeindruckende Authentizität in Ton und Gefühl, die nahezu jedes seiner Gedichte kennzeichnen.

Sonette

Ca. 1500 Sonette sind heute von LOPE DE VEGA bekannt, wobei ungefähr 1000 aus *comedias* stammen. Darunter finden sich Sonette, die zu den bekanntesten der Epoche zählen, wie z. B. „Belleza singular, ingenio raro", ein Liebesgedicht an Lucinda, oder das barocke „El humo que formó cuerpo fingido" aus späteren Jahren. Vorrangiges Thema der Sonette LOPES ist die Liebe, teilweise mit persönlich gefärbten Nuancen und autobiographischen Einlagen. Doch auch andere Themen werden in Sonettform behandelt: historische, religiöse, mythologische, außerdem ist ein bedeutender Teil der Gelegenheitsdichtung und der Panegyrik LOPES in Sonettform verfasst. Die Sonette seiner *Rimas humanas y divinas* von 1634 dagegen sind vorrangig burlesk, voller Spott und Satire.

Romanzen

LOPE DE VEGA gilt als einer der bedeutendsten Vertreter der Kunstromanze. Gerade die Romanzen sollten in seinem Theater eine wichtige Rolle spielen. Doch auch in anonymen *romanceros* finden sich Gedichte, die inzwischen Lope de Vega zugeschrieben werden. Häufig sind – vor allem aus der frühen Zeit – Romanzen zur Schäfer- und Maurenthematik. Hierzu gehört die überaus populäre Romanze „Mira, Zaide, que te aviso", die Liebesklage einer maurischen Prinzessin. Der *romancero morisco* Lopes wird heute als autobiographische Anspielung auf seine unglückliche Liebesaffäre mit Elena Osorio verstanden, die Lope die Verbannung einbrachte. Eine berühmte Romanze aus Lopes spätem Schaffen ist „A mis soledades voy" aus dem Lesedrama *La Dorotea*, eine parodistische und ironisierte Auseinandersetzung mit dem Horazschen Topos des *Beatus ille qui procul negotiis* (Glücklich, wer fern den Geschäften).

Literatur Alonso (1950); Fries (1977); Lázaro Carreter (1966); Scheid (1966); Terry (1993).

🔲 Autorenporträt Luis de Góngora y Argote

Würdigung Góngora, „einer der innovativsten Sprachschöpfer aller Zeiten" (Georges Güntert), gilt als Hauptvertreter des barocken Kulteranismus. Der Dichter entwickelte einen eigenen besonderen Sprachstil und führte damit die spanische Sprache zu ihren Höhepunkten der Artifizialität und rhetorischen Komplexität. Hinter seiner Kunst, deren ästhetischer Anspruch die *poesía pura* war, verbarg sich jedoch auch eine besondere Lebenshaltung und ein eigenes Weltbild, das die Autonomie der Kunst proklamierte und diese als Alternative zur realen Welt verstand, die aber nur einer elitären Gruppe zugänglich war. Von seinen Befürwortern sehr verehrt, von seinen Gegnern mit dem Vorwurf der *oscuridad* umso heftiger attackiert, sollte Góngoras Lyrik nachhaltig die Produktion seiner und die der nächsten Dichtergenerationen beeinflussen. Gegen Ende des 18. Jhs. geriet die Dichtung Góngoras in Vergessenheit und wurde erst wieder im 20. Jh. entdeckt, als die Generation von 1927 (u. a. Federico García Lorca, Jorge Guillén, Vicente Aleixandre) den 300. Todestag des Dichters feierte und sich dabei selbst als innovative und experimentelle Dichtergruppe präsentierte.

Biographie Luis de Góngora y Argote (1561–1627), Sohn einer adligen Familie aus Córdoba, studierte Jura in Salamanca, verließ die Universität jedoch ohne Abschluss, dafür mit einem schlechten Ruf und vielen Schulden. Durch Vermittlung seines einflussreichen Vaters erhielt er eine Pfründe an der Kathedrale von Córdoba. Wahrscheinlich aufgrund seines lasterhaften Lebens wurde er von der Kirche an verschiedene Orte Spaniens geschickt, wo er jeweils für kurze Zeit tätig war. 1612 wurde er durch die Vermittlung seines Gönners, des Günstlings HERZOG VON LERMA, Kaplan am Hof von PHILIPP III. in Madrid. Einzelheiten über sein Leben in den verschiedenen Städten sind nicht bekannt. Gegen 1580 hatte GÓNGORA angefangen, Verse zu verfassen. Nach dem Sturz des HERZOGS VON LERMA 1618 kehrte GÓNGORA nach Córdoba zurück. Der bereits in jungen Jahren an Arteriosklerose Leidende starb 1627 an den Folgen eines Schlaganfalls. Neben seinem lyrischen Werk hinterließ GÓNGORA zwei Dramen und Briefe. Unvollendet blieben die *Soledades* und ein *Panegírico al duque de Lerma*.

Das lyrische Werk GÓNGORAS

169 Sonette, 94 Romanzen und 59 *letrillas* sind von GÓNGORA erhalten, darüber hinaus fast 200 Gedichte, die ihm zugeschrieben werden. Außerdem verfasste der Autor drei lyrische Langtexte und zahlreiche Gedichte anderer Gattungsformen. Im Frühwerk noch vom petrarkistischen Stil und vor allem von HERRERA beeinflusst, entwickelte GÓNGORA bald seine eigene barocke Schreibweise. Seine hochrhetorische Dichtung orientierte sich semantisch und syntaktisch an der von GÓNGORA hochgelobten lateinischen Sprache. Die Kompliziertheit des Ausdrucks sollte den Leser zum Mitdenken anregen. Trotz des elitären Anspruchs und des Vorwurfs der *oscuridad* waren die Werke GÓNGORAS erstaunlich populär. Die frühe Literaturwissenschaft unterschied im Werk GÓNGORAS zwei Epochen, eine frühe klare und eine spätere dunkle. Diese Polarisierung war jedoch nicht aufrechtzuerhalten, ebenso wenig wie die, die das Werk des Dichters in eine gehobene und eine volkstümliche Ausrichtung einteilen möchte. GÓNGORAS gesamter Lyrik liegt die gleiche Konzeption von Ästhetik und Dichtung zugrunde. Bedeutender erscheint der Kontrast zwischen der ernsthaften Literatur und der komischen, der Parodie und Burleske.

Editionen

GÓNGORAS Werk wurde zu seinen Lebzeiten nicht gedruckt. Die Gedichte zirkulierten in Manuskripten und *pliegos sueltos*, Romanzen und *letrillas* zum Teil mündlich. Einige seiner Gedichte wurden in die bedeutendsten Anthologien der Epoche aufgenommen. Die meisten seiner Werke erfuhren jedoch erst postum eine Veröffentlichung. Moderne Editionen haben sich mit der Tatsache abzufinden, dass die Autorschaft vieler GÓNGORA zugeschriebener Gedichte nicht erwiesen ist. Verlässlichste Textgrundlage scheint die Handschrift von Chacón aus dem Jahr 1628 zu sein, da GÓNGORA an ihrer Erstellung noch beteiligt war.

Sonette

GÓNGORAS Sonettdichtung orientierte sich zunächst an den Themen der petrarkistischen Liebeslyrik, erweiterte diese dann jedoch bald durch andere Aspekte der Liebesthematik, wie z. B. die Warnung vor den Gefahren der Liebe. *Desengaño* und Vergänglichkeit finden sich häufig thematisiert, bisweilen in unmittelbarer Nähe zu hoffnungsvoller Sinnenfreude und der Aufforderung zum Genuss. Doch auch andere Inhalte werden in Sonettform präsentiert, wobei die thematische Vielfalt erstaunt. Während die religiöse Lyrik als Auftragsarbeit der Kirche von geringer Bedeutung ist, nehmen die panegyrischen Sonette, mit denen sich der Dichter Einfluss und finanzielle Unterstützung zu erschreiben erhoffte, eine wichtige Stellung im Gesamtwerk GÓNGORAS ein. Ab 1588 wurden die Sonette des Dichters zunehmend parodistisch und satirisch. GÓNGORA attackierte damit die ihm feindlich gesinnten Dichterkollegen und prangerte Missstände des Hoflebens und der spanischen Gesellschaft an.

Romanzen

GÓNGORA gilt als einer der bedeutendsten Dichter von Kunstromanzen des 17. Jhs. Er veränderte die traditionelle Form durch die Einführung der Reimassonanz, eine Einteilung in Quartette und die zeitweilige Aufnahme eines Refrains. GÓNGORA schrieb auch *romancillos*, sechssilbige Romanzen. Traditionell präsentiert sich die idealisierte Liebe noch in den Schäfer- und Fischerromanzen. Auch in den anderen Romanzen ist die Liebe von Bedeutung, sei es, dass sie ernsthaft-petrarkistisch, als Liebesklage der Frauen oder moralistisch-warnend formuliert wird. Eine Entidealisierung der Liebesthematik findet sich dann in seinen parodistischen und komischen Romanzen. Den Höhepunkt dieser burlesken Romanzendichtung stellt die lange Romanze „Fábula de Píramo y Tisbe" dar, die den Mythos parodiert, das petrarkistische Liebeskonzept entlarvt und dabei gleichzeitig eine Parodie auf GÓNGORAS eigenen kulteranen Stil liefert, wie er ihn in seinen großen Dichtungen pflegte.

Letrillas

Bei der *letrilla*, einer Gedichtform, die GÓNGORA besonders für seine satirische Dichtung schätzte, handelt es sich um eine Weiterentwicklung der traditionellen Formen von *villancico* und *zéjel*. Die Verse sind sechs- oder achtsilbig, mit Reim und einem Refrain, der das Thema kurz benennt oder bereits ironisch-distanziert präsentiert. Neben religiösen *letrillas* sind vor allem satirische erhalten, die Schwachpunkte der spanischen Gesellschaft aufdecken. Eine Klassifizierung der *letrillas* scheint ebenso schwierig wie eine politische Verortung: Die Gedichte sind zum Teil systemkritisch, zum Teil aber auch regierungskonform.

Fábula de Polifemo y Galatea

Das 1612 entstandene lange mythologische Gedicht in elfsilbigen Oktaven *Fábula de Polifemo y Galatea* basiert auf der Ausformung des Mythos in OVIDS *Metamorphosen*. Der Zyklop Polifemo verliebt sich in die Nymphe Galatea und tötet deren Geliebten Acis. Die Götter verwandeln den Toten in einen Bach. Bedeutend ist die eindrucksvolle sprachliche Ausgestaltung des Werks, die auf dem Kontrast zwischen der schönen Nymphe, Steigerung des Schönheitsideals der Renaissance, und dem schrecklich anzuschauenden Zyklopen, dessen monströse Ungeheuerlichkeit mit Wortgewalt veranschaulicht wird, basiert. Mit diesem Gedicht, das zwar höchst kompliziert, aber nicht unverständlich ist, gelingt GÓNGORA mit Hilfe eines kunstvoll angelegten rhetorischen Apparats (vor allem Metaphern, Neologismen, Hyperbata) eine innovative Sprachschöpfung, die zugleich einen der Höhepunkte in GÓNGORAS Werk selbst, aber auch des spanischen Barock insgesamt darstellt.

Ein weiterer Höhepunkt barocker Sprachgestaltung und kulteraner Lyrik sind die in den Jahren 1613/1614 entstandenen *Soledades*, ein unvollendet gebliebener lyrischer Langtext GÓNGORAS. Von den offensichtlich vier geplanten Teilen wurde nur der erste fertig gestellt, der zweite unvollendet hinterlassen, während Teil 3 und 4 fehlen. Das Gedicht ist in *silvas amorfas* verfasst, unterschiedlich langen Versen ohne Stropheneinteilung. Das lyrische Werk schildert die Wanderung eines schiffbrüchigen Jünglings (Peregrino), der von der Liebe enttäuscht wurde, zu in einer arkadischen Landschaft lebenden Hirten und zur Hochzeitsgesellschaft eines Bergvolks. In der zweiten *soledad* begegnet der Peregrino Fischern, mit denen zusammen er im weiteren Verlauf seiner Wanderung einen Marmorpalast entdeckt, aus dem eine Jagdgesellschaft auszieht. Sowohl die Semantik als auch die Syntax des lyrischen Werks bieten Außergewöhnliches. Mit überbordender Metaphorik benennt GÓNGORA die Wanderung des Peregrino und das von ihm Geschaute, das der realen Welt seltsam entrückt erscheint und eine eigene Welt kreiert. Der komplexen Bildersprache entspricht eine nicht minder kunstvolle Struktur. GÓNGORA schafft mit den *Soledades* ein lyrisches Gebilde, das trotz seiner hermetischen Extravaganz eine ästhetische und stimmungsvolle Klarheit vermittelt. Seine bewusst angelegte Mehrdeutigkeit hat die Literaturwissenschaft bis heute beschäftigt.

Soledades

Alonso (1950,1967); Baehr (1962); Entrambasaguas (1975); Jammes (1987); Molho (1977); Müller (1963); Orozco Díaz (1984); Sánchez Robayna (1993); Schulte (1969); Terry (1993).

Literatur

3 Die Auseinandersetzung mit dem Werk GÓNGORAS

Das Zirkulieren der Werke GÓNGORAS führte zu einer heftigen Auseinandersetzung über seine Dichtkunst, die sich zu einem Literaturstreit ausweitete. Berühmt wurden die Schmähgedichte von LOPE DE VEGA und FRANCISCO DE QUEVEDO auf GÓNGORA, vor allem in der späteren Phase des Dichters, Attacken, die von GÓNGORA auch erwidert wurden. Von QUEVEDO liegen zwei Satiren

Die Gegner GÓNGORAS

gegen GÓNGORA vor, *La culta latiniparla* und *Aguja de navegar cultos. Con la receta para hacer soledades en un día.* Die Angriffe wurden dabei zum Teil sehr persönlich geführt. Seriöser war die Polemik von JUAN MARTÍNEZ DE JÁUREGUI (1583–1641), der in seinem *Discurso poético* und in seinem *Antídoto contra la pestilente poesía de las Soledades* (beide 1624) GÓNGORAS „dunklen" Sprachstil kritisiert und für eine Aufwertung des Inhalts gegenüber der Sprache plädiert. Wie die meisten Gegner GÓNGORAS ist auch JÁUREGUI nachhaltig von dem Dichter beeinflusst und beginnt kurz nach der Veröffentlichung seiner Polemik selbst im kulteranen Stil zu schreiben.

GÓNGORAS Verteidiger

GÓNGORA verteidigte sich nicht nur selbst gegen Attacken und Vorwürfe, er erhielt auch Unterstützung von anderen Autoren, die ihn und sein Werk schätzten. Der Kleriker PEDRO DÍAZ DE RIBAS verfasste *Discursos apologéticos por el estilo del Polifemo y Soledades*, ein gelehrtes Werk, in dem der Autor die häufigsten Angriffe auf GÓNGORAS Sprachstil entkräftet. Verteidigt wurde GÓNGORAS Lyrik auch von JOSÉ GARCÍA SALCEDO CORONEL (?–1651) in seinen Kommentaren zum Werk des Dichters. Und im Vizekönigtum Perú verfasste der Priester und Dichter JUAN DE ESPINOSA MEDRANO Jahre später einen *Apologético en favor de don Luis de Góngora, príncipe de los poetas líricos de España* (1662), das erste literaturwissenschaftliche Traktat der hispanoamerikanischen Kolonialliteratur.

Die dichterische Nachfolge GÓNGORAS

Neben den Verteidigern GÓNGORAS gab es auch eine Reihe von Autoren, die die dichterische Nachfolge des Autors antraten. Einer von ihnen ist PEDRO SOTO DE ROJAS (1585?–1658). Der Priester aus Granada verfasste neben Gedichten im kulteranen Stil einen lyrischen Langtext, *Los rayos de Faetón* (1628), und eine an GÓNGORAS Sprachstil orientierte Beschreibung seines eigenen Gartens in Granada, der im andalusisch-arabischen Stil angelegt war („Paraíso cerrado para muchos, jardines abiertos para pocos"). Von JUAN DE TASSIS Y PERALTA, CONDE DE VILLAMEDIANA (1582–1622) sind politische Satiren und Liebessonette erhalten. Bekannt wurde er vor allem durch sein abenteuerliches Leben, das er zum Teil in italienischer Verbannung verbrachte. An GÓNGORA orientiert sind vornehmlich seine mythologischen langen Gedichte, wie die *Fábula de Faetón, Apolo y Dafne* u. a. Sonette und Romanzen im gongorinischen Stil sind von GABRIEL BOCÁNGEL Y UNZUETA (1608?–1658?) erhalten, einem Bibliothekar am Hof in Madrid. LUIS CARRILLO DE SOTOMAYOR (1581?–1610) verfasste an GÓNGORA ausgerichtete Sonette und Romanzen und eine *Fábula de Acis y Galatea*, die jedoch qualitativ an GÓNGORAS *Polifemo* nicht heranreichte.

Von besonderer Bedeutung sollte der Einfluss GÓNGORAS für die Barocklyrik des kolonialen Hispanoamerika sein, wo der Dichter mit einiger Verspätung rezipiert wurde. Die mexikanische Nonne SOR JUANA INÉS DE LA CRUZ (1651–1695) bezieht sich in ihrer Dichtung ausdrücklich auf GÓNGORA, den sie auf verschiedene Weise zitiert. Ihre Themen sind die des spanischen Barock, auch wenn sie in ihren *redondillas* bisweilen die Perspektive der Frau einnimmt. GÓNGORAS *Soledades* nachempfunden ist SOR JUANAS Langgedicht *Primero sueño* (1685), dessen Titel im Zusatz auf die Nachahmung GÓNGORAS verweist. Auch in SOR JUANAS Gedicht geht es um Faetón, jedoch ist der Mythos nur Ausgangspunkt für eine sehr moderne Auseinandersetzung mit dem Wissen der Zeit und dem Wunsch nach Wissen. SOR JUANA, die bereits in jungen Jahren bekannt war für ihren Wissensdrang und ihre Intellektualität, die jedoch von der kirchlichen Obrigkeit gezwungen wurde, ihre wissenschaftlichen Tätigkeiten einzustellen, bleibt mit ihrem Gedicht eigentlich nur noch der äußeren Form des Barock verbunden, während die Thematik hier bereits aufklärerische Positionen vorwegzunehmen scheint.

Martínez Arancón (1978); Orozco Díaz (1973); Paz (1982); Peña (1992a,1995); Terry (1993). **Literatur**

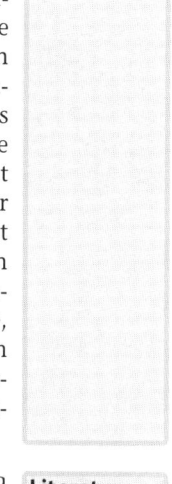 **Autorenporträt** FRANCISCO DE QUEVEDO Y VILLEGAS

QUEVEDOS Werk kennzeichnet die Vielfalt. Der Autor, den FEDERICO GARCÍA LORCA als den interessantesten Dichter Spaniens bezeichnete, hat nicht nur ein sehr umfangreiches lyrisches Œuvre verfasst, sondern auch politische Schriften und Traktate, philosophische Lehrschriften, Übersetzungen, eine lange Moralsatire, ein Drama, *entremeses* und einen Schelmenroman. Darüber hinaus ist ein ausgedehnter Briefwechsel erhalten. Der Autor, der GÓNGORA mit Vehemenz attackierte, war selbst von dem Dichter aus Córdoba beeinflusst und stand ihm in seinem Schaffen gar nicht so fern. Grundlegend verschieden waren jedoch die Dichtungskonzeption und das Weltbild der beiden Autoren. Während GÓNGORA in seiner Poesie die Welt bewusst ausschloss, sozusagen eine künstliche Gegenwelt schuf, hatte QUEVEDO – wie so viele Satiriker – einen moralistischen Anspruch. Er, konservativer und pessimistischer Realist, kannte die Welt und versuchte ihr ein – oft satirisches – Denkmal zu setzen. So wurde er zum Kommentator der Dekadenz und des allmählichen Niedergangs des ehemaligen Weltreichs Spanien, dessen glorreicher Vergangenheit er nachtrauerte und deren Wiederherstellung er sich erträumte. Während QUEVEDOS Burlesken bei seinen Zeitgenossen äußerst beliebt waren – einige der *jácaras* wurden populäres Allgemeingut –, wurden die metaphysischen Texte, aber auch die Liebeslyrik in ihrer Bedeutung erst im 20. Jh. richtig wahrgenommen. **Würdigung**

Biographie	Francisco de Quevedo y Villegas (1580–1645) entstammte einer Adelsfamilie mit Beziehungen zum Königshaus. Seine Eltern starben früh, woraufhin Quevedo von Jesuiten erzogen wurde. Er erhielt eine humanistische Ausbildung in Alcalá de Henares, der sich ein Theologiestudium in Valladolid anschloss. Zu dieser Zeit begann Quevedo mit seiner dichterischen Tätigkeit. Seine politische Karriere war eng mit seinem damaligen Gönner, dem Herzog von Osuna verbunden, der ihn nach Italien an den vizeköniglichen Hof brachte, wo der Autor als hoher Beamter tätig war. Während dieser Zeit reiste Quevedo auch in verschiedenen diplomatischen Missionen. Der Sturz des Herzogs von Osuna führte den Dichter in zeitweilige Verbannung. 1632 wurde er dennoch Sekretär von Philipp IV., und es schien, dass er zum engen Kreis um den Günstling des Königs, des Graf-Herzogs von Olivares gehörte. Quevedo trat jedoch bald in Kontakt zu oppositionellen Aristokratengruppen und fiel beim König und bei Olivares in Ungnade, wofür auch seine politischen Schriften gegen Olivares und die Regierung verantwortlich waren. Eine offensichtlich von Olivares initiierte Intrige führte Quevedo für mehrere Jahre ins Gefängnis, wobei die Anklage der „schweren Verfehlungen" nie präzisiert wurde. Erst 1643 nach dem Sturz von Olivares konnte der Dichter das Gefängnis verlassen. Physisch und psychisch durch die Kerkerhaft geschwächt, zog sich Quevedo auf seinen Besitz zurück, wo er 1645 starb.
Das lyrische Werk Quevedos	Das lyrische Werk Quevedos präsentiert die gleiche Themenvielfalt wie das restliche Schaffen des Autors. Quevedo verfasste Gedichte religiösen, moralphilosophischen, politischen und satirisch-burlesken Inhalts, außerdem Liebesgedichte. Sein lyrisches Schaffen ist äußerst umfangreich: So liegen ca. 500 Sonette von ihm vor. Quevedos konzeptistische Technik basiert auf der Antithese und dem Wortspiel, das wiederum die Mehrdeutigkeit voraussetzt. Die von Góngora überstrapazierte Metaphorik tritt zurück, ebenso wie die Neologismen. Beeindruckend ist Quevedos Ideenreichtum, vor allem wenn es um das Spiel mit semantischer Mehrdeutigkeit geht. Zu seiner Zeit wenig beachtet war die ernsthafte Liebeslyrik, zumeist Sonette, die das Liebesthema traditionell petrarkistisch oder barock behandeln. Als perfektes Gedicht gilt hier „Amor constante más allá de la muerte", von Dámaso Alonso als bestes Liebessonett der spanischen Sprache bezeichnet. Es endet mit der bewegenden Schlusszeile „polvo serán, mas polvo enamorado", womit der Autor Bezug nimmt auf eine ähnliche Schlusszeile in einem berühmten Sonett von Góngora, dessen pessimistischen Ausklang Quevedo abzuändern scheint. Häufig ist in der Liebeslyrik die Thematisierung von Vergänglichkeit und Nichtigkeit der

Welt *(desengaño)*, ein Thema, das nahezu die gesamte Dichtung QUEVEDOS durchzieht. Eine besondere Ausprägung erfährt diese Thematik, die bei QUEVEDO vor allem auf SENECA und der christlichen Moralphilosophie basiert, in den philosophischen Gedichten. In der politischen Lyrik wiederum ist es die Vergänglichkeit des Imperiums Spaniens, der Niedergang eines einstigen Weltreichs, den QUEVEDO beschreibt.

Satirisch-burleske Lyrik

Großen Anklang fanden bereits bei seinen Zeitgenossen QUEVEDOS satirisch-burleske Gedichte, für die der Dichter neben der Sonettform eher die populären Genres wählte, wie Romanze, *letrilla* oder *jácara*. Auffällig ist bei den Burlesken die Stilmischung: QUEVEDO schreckt auch nicht vor den ärgsten Vulgarismen zurück, die er eng mit der gehobenen Sprache verbindet. Mit seinen satirischen Gedichten karikierte der Autor die spanische Gesellschaft, quer durch alle Stände, menschliche Schwächen und Typen. Auch die Mythen, traditionsreicher literarischer Gegenstand, waren verstärkt Angriffspunkt seiner burlesken Attacken, wie z. B. in den beiden Sonetten „A Apolo siguiendo a Dafne" und „A Dafne, huyendo de Apolo". Besonders beliebte Angriffsobjekte QUEVEDOS waren die Frauen, die in der Regel wenig vorteilhaft präsentiert wurden, wie z. B. in „A una mujer flaca", „Mujer puntiaguda con enaguas". Misogyne Passagen finden sich in QUEVEDOS Liebeslyrik. Auch der Hof und einflussreiche Persönlichkeiten blieben von QUEVEDOS Attacken nicht verschont. Eine Reihe von satirischen Gedichten ist Angriffen auf die Person GÓNGORAS gewidmet, die zumeist sehr persönlich und beleidigend geführt werden, wie z. B. in dem antisemitischen Sonett „Quevedo contra Góngora", wo der Vorwurf auf der angeblich jüdischen Abstammung GÓNGORAS basiert.

Editionen

Von QUEVEDOS lyrischen Werken wurden zu Lebzeiten nur einige Gedichte in Anthologien gedruckt. Postum erschien 1648 eine erste Sammlung von lyrischen Texten QUEVEDOS, *El Parnasso español, monte en dos cumbres dividido, con las nueve musas castellanas*, herausgegeben von einem Freund des Dichters. Diese Sammlung wurde ergänzt durch eine zweite Ausgabe 1670 von einem Neffen QUEVEDOS, *Las tres musas últimas castellanas. Segunda cumbre del Parnasso español*. Beide Ausgaben sind nicht zuverlässig, da sie apokryphes Material enthalten, zudem auch nicht alle bekannten lyrischen Texte QUEVEDOS. Die erste zuverlässige kritische Ausgabe des lyrischen Oeuvres QUEVEDOS legte José Manuel Blecua in den Jahren 1969-81 vor.

Literatur

Alonso (1950); Arellano (1984); Chevalier (1992); Crosby (1967); Gómez-Quintero (1978); Molho (1977); Schulte (1969); Sobejano (1978); Terry (1993).

Die Brüder ARGENSOLA	Von gongorinischem Einfluss weitgehend unberührt standen verschiedene Dichter im Schatten der drei großen Figuren des spanischen Barock. Hierzu gehören die Brüder LUPERCIO LEONARDO DE ARGENSOLA (1559–1613) und BARTOLOMÉ LEONARDO DE ARGENSOLA (1562–1631) aus Aragón. Beide verfassten Sonette und andere klassisch orientierte Gedichtformen, wobei BARTOLOMÉS Dichtung weniger streng und ernst erscheint. LUPERCIO war Staatssekretär am Hof des spanischen Vizekönigs in Neapel, BARTOLOMÉ Geistlicher in Madrid, Neapel und Zaragoza. BARTOLOMÉ widmete sich auch religiösen und philosophischen Themen.
ESTEBAN MANUEL DE VILLEGAS	Ebenfalls aus Aragón stammte ESTEBAN MANUEL DE VILLEGAS (1589–1669), Humanist und königlicher Schatzmeister, der eine große Bandbreite an klassischen Formen beherrschte. Seine Oden, Kanzonen, Sonette und Elegien orientieren sich an HORAZ, ANAKREON, EPIKUR u. a. Sie wurden 1618 von VILLEGAS unter dem Titel *Eróticas o amatorias* veröffentlicht.
FRANCISCO DE BORJA Y ARAGÓN, PRÍNCIPE DE ESQUILACHE	FRANCISCO DE BORJA Y ARAGÓN (1577?–1658), in den Jahren 1615 bis 1621 Vizekönig in Peru, war eng mit den Brüdern ARGENSOLA befreundet, die ihn auch literarisch beeinflussten. Seine Sonette und Kanzonen sind streng klassisch ausgerichtet. Obwohl er sich gegen GÓNGORAS Lyrik aussprach, sind seine Romanzen und *letrillas* zu populären Themen doch vom Stil GÓNGORAS berührt.
Ausklang	GÓNGORA, LOPE DE VEGA und QUEVEDO sind die Höhepunkte der spanischen Barocklyrik und setzen gleichzeitig einen Schlusspunkt unter diese schöpferisch innovative Epoche. Die Nachfolge scheint in erster Linie mit der Rezeption vor allem GÓNGORAS beschäftigt, und ein Aufkommen neuer Impulse und Ideen war offensichtlich nicht möglich. So nimmt es nicht wunder, dass die zweite Hälfte des 17. Jhs. in Spanien selbst keine bedeutenden Dichter mehr hervorbringt. Neue Impulse waren erst wieder im folgenden Jh. zu erwarten, obgleich man sich auch zu dieser Zeit zunächst noch intensiv mit dem Erbe des Barock, mit den Werken QUEVEDOS und GÓNGORAS auseinanderzusetzen hatte.
Literatur	Terry (1993).

5

KAPITEL Das Epos des *Siglo de Oro*

1 *Épica culta*

Vorge-schichte

Das Epos erfuhr im spanischen Mittelalter, in der Zeit vom 11. bis zum 14. Jh., eine Blütezeit. Zwar ist nur der Text eines altspanischen Epos der Epoche erhalten, des *Cantar de Mío Cid*, über Chroniken konnte jedoch die Existenz weiterer altspanischer Epen erschlossen werden. Außerdem sind zwei Epenfragmente bekannt, der *Cantar de Roncesvalles* und der *Cantar de Rodrigo*. Thematisch sind diese *cantares de gesta* (Heldenlieder) zwischen Historie und Mythos anzusiedeln. Abgesehen vom *Cantar de Roncesvalles*, der dem karolingischen Sagenkreis und dem Rolandslied nachempfunden ist, basieren die Stoffe der altspanischen Epen auf der spanischen Geschichte des Mittelalters, sind jedoch zu weiten Teilen mit fiktionalen Einlagen angereichert. Von Bedeutung ist, dass weniger die Kämpfe zwischen Christen und Arabern thematisiert werden als vielmehr innerchristliche Konflikte zwischen Lehnsherrn und Vasallen. Die Epen wurden von *juglares* (Spielleuten) vorgetragen. Ihr Ursprung ist nach wie vor ungeklärt, wobei sich die Literaturwissenschaft nicht einig ist, ob zuerst eine mündliche Tradition oder die schriftliche Version bestand. Fest steht auf jeden Fall, dass die Stoffe der altspanischen Epen in die Romanzen eingingen, die zum Teil bis heute lebendiges Kulturgut sind. Auch in der Form ähneln die Romanzen den altspanischen Epen, die das 16silbige Versmaß mit Zäsur bevorzugten, zudem die Assonanz kannten.

Épica culta

Mit der Rückbesinnung auf die Antike während der Renaissance begann man zunächst in Italien mit dem Verfassen von Epen, die sich an antiken Vorbildern orientierten. Allerdings bedeuteten die italienischen Epen keinen Bruch mit den mittelalterlichen Vorlagen, die weiterhin berücksichtigt wurden. Zwar verschoben sich in der frühen Neuzeit die Akzentuierungen, die Verbindung von historischem Geschehen und phantastischer Handlung blieb jedoch erhalten. Vermehrt trugen ästhetische Ansprüche dann zu einer Fiktionalisierung bei. So entstanden Texte wie BOIARDOS *Orlando innamorato*, ARIOSTS *Orlando furioso* oder TORQUATO TASSOS *Gerusalemme liberata*.

Durch italienischen Einfluss wurden auch in Spanien Epen geschrieben, wenngleich die spanische Produktion qualitativ stets im Schatten der italienischen blieb. Neben den italienischen dienten den spanischen Autoren antike Epen als Vorlage, vor allem

VERGILS *Äneis* und LUKANS *Pharsalia*. Die Werke der spanischen *épica culta* unterschieden sich in Stoff und Form von den mittelalterlichen Epen *(épica popular)*. Eine mögliche Integration einzelner Bestandteile der traditionellen mittelalterlichen Epik in die spanischen Epen des 16. und 17. Jhs., eventuell über Vermittlung der Romanzen, wurde von der Forschung bislang nicht ausreichend untersucht. Erwiesen ist dagegen der Einfluss einzelner Werke anderer Genres des 14. und 15. Jhs. Die Mehrzahl der spanischen Epen der Epoche des *Siglo de Oro* widmet sich religiösen Themen. Häufig werden historische Ereignisse, darunter auch aktuelle, behandelt. Andere Epen wiederum wählen Sujets rein fiktionaler Art. Gängiges Metrum aller Epen der Epoche war die *octava real*.

Bedeutung der Epik im *Siglo de Oro*

Das Epos war während des gesamten *Siglo de Oro* eine hoch angesehene Gattung. Nicht nur im *Don Quijote* von CERVANTES werden vier spanische Epen des *Siglo de Oro* lobend erwähnt, wenn der Pfarrer und der Barbier einzig diese vier Texte vor der Bücherverbrennung bewahren. In den meisten Poetiken des *Siglo de Oro* wird das Epos als erhabenste und angesehenste Gattung der Epoche gepriesen, wie z. B. in ALONSO LÓPEZ PINCIANOS *Philosophía antigua poética*. Zudem war das Genre beim Lesepublikum äußerst beliebt, das die Narration in Versen schätzte. Dennoch handelte es sich bei den epischen Texten um Auslaufmodelle, deren narrative Funktion zunehmend von Romanen und Erzählungen abgelöst wurde.

Stellenwert heute

In der heutigen hispanistischen Literaturwissenschaft finden die Epen des *Siglo de Oro* kaum Beachtung. Von wenigen Ausnahmen abgesehen, werden diese Texte heute weder in Literaturgeschichten, noch in Sammelbänden oder Nachschlagewerken erwähnt, geschweige denn ausführlich behandelt. Nur von sehr wenigen dieser Werke liegen moderne Texteditionen oder kritische Ausgaben vor. Die Gründe für die heutige Geringschätzung des Genres liegen zum einen in den Texten selbst, die zumeist wenig originell vornehmlich italienische Vorbilder kopieren. Sicher hat auch die ablehnende Haltung der Hispanistik vor allem des 19. Jhs. eine Aufnahme der epischen Texte in den Kanon weitgehend verhindert.

Literatur

Chevalier (1972,1976); Menéndez Pidal (1992); Mettmann (1978); Pierce (1961); Pollmann (1966); Simson (2002).

2 Historische Epen

Inhalte

Historische Themen waren bei den Autoren von Epen im *Siglo de Oro* sehr beliebt, handelte es sich hierbei doch um den Stoff, für den sich die Form des Epos hervorragend eignete, auch wenn die Schilderungen mit fiktionalen Elementen angereichert wurden.

Die Auswahl der Themen ist dabei breit gefächert. Von römischer Geschichte reicht sie bis ins 16. Jh. zur Schlacht von Lepanto und zu den Auseinandersetzungen der spanischen Krone mit den Niederlanden. Die Kämpfe der *Reconquista* wurden ebenso episch bearbeitet wie spanische Eroberungen in Afrika. Eine Reihe von epischen Texten widmete sich den Eroberungen der Spanier in Amerika. Offensichtlich galten die Epen für die Autoren des *Siglo de Oro* als geeignete Gattung zur Präsentation glorreicher Ereignisse der spanischen Geschichte. Oftmals dienten die epischen Texte auch panegyrischen Zwecken.

1 Epen über Amerika

1569 veröffentlichte der Hofmann ALONSO DE ERCILLA Y ZÚÑIGA (1533–1594) den ersten Teil seiner *Araucana*, eines Epos, das die Kämpfe spanischer Truppen gegen die aufständischen Araukaner im Süden Chiles zum Gegenstand hat. ERCILLA hatte selbst an diesen Kämpfen teilgenommen, musste jedoch nach einem Konflikt mit dem Eroberer GARCÍA HURTADO DE MENDOZA den Schauplatz verlassen. 1578 veröffentlichte ERCILLA den zweiten Teil des Epos, 1589 den dritten. In elfsilbigen Oktaven verfasst, unterschied sich das Werk wesentlich von den in der Epoche bekannten antiken und italienischen Vorlagen. Bedeutendster Unterschied zur bisherigen Epentradition war die Tatsache, dass aktuelle Geschichte präsentiert wurde, zum Teil sogar vom Autor selbst Erlebtes. Auffällig war die wenig positive Darstellung der Spanier, die im Gegensatz zur heroisch präsentierten Seite des (unterlegenen) Gegners stand. ERCILLA schrieb sein Epos als panegyrisches Werk für den König und betonte seine eigenen Verdienste bei den Kämpfen. Der Höfling erhoffte sich dadurch ideelle wie materielle Anerkennung. Im zweiten, vermehrt noch im dritten Teil der *Araucana* ist eine zunehmende Fiktionalisierung zu vermerken, die auf eine verstärkte Orientierung des Autors an literarischen Vorlagen zurückzuführen ist. Die *Araucana* wurde ein großer Erfolg. Davon zeugen nicht nur verschiedene Ausgaben, sondern auch die Tatsache, dass der Stoff von anderen literarischen Gattungen (Romanzen, Theater) aufgenommen wurde und dass es diesem Epos gelang, ein eigenes Subgenre der Epenproduktion zu begründen.

La Araucana von ALONSO DE ERCILLA Y ZÚÑIGA

In der Nachfolge ERCILLAS entstand eine Reihe von Epen zu amerikanischen Themen. Dabei handelt es sich zum einen um Werke von berufsmäßigen Autoren, wie z. B. LOPE DE VEGA, die die Eroberungen der Spanier in Amerika und verwandte Themen bearbeiteten. In größerer Anzahl wurden Amerika-Epen allerdings von Augenzeugen verfasst, zumeist ungebildeten Soldaten, Mönchen,

Amerika-Epen

Abenteurern, die nach dem Vorbild ERCILLAS ihre eigenen Erlebnisse präsentierten. Ihre Intention galt der Information, zumeist erhofften sie sich jedoch mit diesen Berichten, für die sie das angesehenste literarische Genre wählten, staatliche Anerkennung und materielle Zuwendungen. Qualität und Beschaffenheit dieser Texte sind höchst unterschiedlich. Während sich die Epen der professionellen Autoren an antike und italienische Vorbilder hielten, unterscheiden sich die der Augenzeugen bisweilen nur durch die Versform von Prosaberichten. Gemeinsam ist allen Texten die Aktualität der historischen Thematik. In den Epen der Augenzeugen dominiert die persönliche Perspektive. Hier tritt der Erzähler nicht, wie im traditionellen Epos üblich, hinter dem Gegenstand zurück, sondern ist am Geschehen beteiligt. Von der Kritik wurden die historischen Amerika-Epen von Anfang an heftig kritisiert, und es gab Diskussionen vor allem über die Gattungszugehörigkeit.

JUAN DE CASTELLANOS, *Elegías de varones ilustres*

1589 wurde ein erster Teil der *Elegías de varones ilustres de Indias* des Abenteurers, Soldaten und Priesters JUAN DE CASTELLANOS (1522–1607) veröffentlicht. Der Autor hatte das umfangreiche Werk (ca. 150 000 Verse) zunächst in Prosa verfasst und später in mühevoller Kleinarbeit in Gedichtform gebracht. Das Epos behandelt die Geschichte der ersten spanischen Eroberungen in Amerika im karibischen Raum und auf dem Festland, die Ereignisse um FRANCIS DRAKE und die Geschichte des Vizekönigreichs Granada (Kolumbien und Venezuela). Der Text enthält eine Vielzahl an Informationen über lokale Ereignisse, Schlachtberichte und Naturbeschreibungen, darüber hinaus aber auch phantastische Geschichten, Gerüchte, Anekdoten. Obwohl CASTELLANOS mehr als ERCILLA als Augenzeuge weitgehend hinter seinem Gegenstand zurücktritt, wurden sowohl der literarische Wert als auch die Gattungszugehörigkeit angezweifelt.

Hispanoamerikanische Kolonialautoren

Auch die in den Kolonien geborenen und aufgewachsenen Autoren widmeten sich der amerikanischen Thematik. Vor allem aus dem kulturellen Zentrum Mexikos sind einige Epen bekannt. Auf konventionelle Art schildert ANTONIO DE SAAVEDRA GUZMÁN die Heldentaten des HERNÁN CORTÉS in seinem 1599 erschienenen *El peregrino indiano*. Nur als Fragment erhalten sind 75 Strophen des *Nuevo mundo y conquista* von FRANCISCO DE TERRAZAS (1525?–1600), eines lyrischen Renaissanceepos über die Eroberung Mexikos. Herausragend ist hier das Epos *La grandeza mexicana* von BERNARDO DE BALBUENA (1562?–1627) aus dem Jahr 1604. BALBUENA, in Spanien geboren, jedoch schon als Kind nach Mexiko ausgewandert, Geistlicher und späterer Bischof von Puerto Rico, beschreibt auf annähernd barocke Weise in neun Gesängen in Terzinen Landschaft und Kultur Mexikos.

Doch auch die araukanische Thematik wurde von Kolonialschriftstellern aufgegriffen. Bekannt wurde vor allem Pedro de Oñas (1570–1645?) *Arauco domado*, ein Epos in 19 Gesängen, das als Lobgedicht auf den spanischen Eroberer García Hurtado de Mendoza, den Ercilla in seiner *Araucana* wenig vorteilhaft präsentierte, vermutlich eine Auftragsarbeit der Familie des Eroberers war.

Alvar (1972); Avalle-Arce (2000); Chevalier (1972,1976); Held (1983); Íñigo Madrigal (1982); Pardo (1991); Pastor (1983); Peña (1992b); Pierce (1961,1984); Simson (2002); Vega de Febles (1991). | **Literatur**

2 Weitere historische Themen

Der adlige Höfling Luis de Zapata de Chaves (1526?–1595?), der lange Jahre in direkter Umgebung von Philipp II. diente, veröffentlichte 1566 sein panegyrisches Epos *El Carlo famoso*. Chronologisch werden in 50 Gesängen in Oktaven die wichtigsten Ereignisse der Regentschaft Karls V. geschildert: vom Aufstand der *Comuneros* über die Eroberungen Mexikos und Perus bis zu seinem Tod. Die historische Erzählung wurde erweitert durch Berichte über bekannte Familien, Dichter (so z. B. den Tod Garcilaso de la Vegas) und die Aufnahme von Legenden, Fabeln und Allegorien. | **Luis de Zapata, *El Carlo famoso***

Das 1584 veröffentlichte Epos *La Austríada* von Juan Rufo (1547?–1620) – von bescheidener Herkunft, Student, Abenteurer, Spieler, Teilnehmer an der Schlacht von Lepanto – war zu seiner Zeit ein großer Erfolg. Es berichtet von zwei historischen Ereignissen um die Figur von Juan de Austria: dem Aufstand der Morisken in den Alpujarras und der Schlacht von Lepanto. In elfsilbigen Oktaven, jedoch in knapper einfacher Sprache präsentiert Rufo die historischen Geschehnisse, wobei er mit rhetorischen Mitteln sparsam umgeht und auch nur einen minimalen mythologischen Apparat benutzt. | **Juan Rufo, *La Austríada***

Die Glorifizierung Spaniens, das Ersinnen einer ruhmreichen Vergangenheit war das Anliegen Lope de Vegas, als er das Epos *Jerusalén conquistada* verfasste, das 1609 erschien. Lope de Vega (s. Autorenporträt S. 58ff.) erdichtet darin die Teilnahme des kastilischen Königs Alfons VIII. am dritten Kreuzzug an der Seite von Richard Löwenherz. Das Epos steht in der Nachfolge von Tassos *Gerusalemme liberata* und *Gerusalemme conquistata*. Die historischen Grundlagen entnahm der Autor offensichtlich dem anonymen fiktional angereicherten Geschichtswerk *Gran conquista de ultramar* aus dem 13. Jh. | **Lope de Vega, *Jerusalén conquistada***

Das ehrgeizige Projekt LOPE DE VEGAS, der den Werken TASSOS eine spanische Entsprechung zur Seite stellen wollte, fand jedoch keinen Erfolg, wobei vor allem die historische Fiktion der Beteiligung ALFONS VIII. am Kreuzzug Leser wie Kritiker gleichermaßen zu befremden schien.

Literatur

Chevalier (1976); Fries (1977); Güntert (1981); Johnson (1974); Lázaro Carreter (1966); Pierce (1961).

3 Fiktionale Epen

Inhalte

Zwar ist auch diesen Epen eine historische Basis inhärent, ihre Geschichte fußt jedoch mehr im Bereich der Legende, so dass der fiktionale Gehalt eindeutig überwiegt. Diese fiktionalen Epen finden sich im Italien der Renaissance, und ihre Themen wurzeln in den legendären Figuren des Mittelalters. BOIARDOS *Orlando innamorato* und ARIOSTS *Orlando furioso* dürften die beiden wichtigsten Epen dieser Art sein, die den spanischen Autoren als Vorbild dienten. Kennzeichnend ist auch bei den spanischen Werken eine große Fülle an erzählten Nebenhandlungen, die das gesamte fiktionale Repertoire der Epoche zu berücksichtigen schienen: Allegorien, mythologisches Inventar, Fabeln usw.

LOPE DE VEGA, *La hermosura de Angélica*

An ARIOSTS *Orlando furioso* ausgerichtet ist LOPE DE VEGAS *La hermosura de Angélica* aus dem Jahr 1602. LOPE verlegt die Liebesgeschichte um Angélica und Medoro dabei nach Spanien, an einen andalusischen Königshof. In zwanzig Gesängen und ca. 11000 Versen schildert der Autor die Liebe der beiden Protagonisten, die Zerdano zerstört, indem er Angélica raubt. Die Geschichte kommt letztlich zu einem guten Ausgang, wobei LOPE DE VEGA die Haupthandlung mit einer Reihe von zusätzlichen Episoden, Abenteuern, Beschreibungen und Motiven ausschmückte. LOPES Epos kann jedoch, ebensowenig wie LUIS BARAHONA DE SOTO mit seinem Epos *Las lágrimas de Angélica* zu nämlicher Thematik, qualitativ die Vorlage ARIOSTS nicht erreichen.

BERNARDO DE BALBUENA, *El Bernardo o la Victoria de Roncesvalles*

Das Epos von BERNARDO DE BALBUENA aus dem Jahr 1624 handelt von der legendären Figur des Bernardo del Carpio. Der Autor beschreibt in seinem umfangreichen Werk aus 24 Gesängen mit mehr als 5000 elfsilbigen Oktaven die Legenden um Bernardo del Carpio, seine Herkunft, seinen Sieg über die Franzosen bei Roncesvalles, seinen Kampf gegen den König zur Befreiung seines Vaters, seine Verbannung nach Paris. Dieser Haupterzählstrang ist jedoch auf traditionelle Art der Ependichtung angereichert mit eingeschobenen Erzählungen, Legenden, Allegorien, Geschichten aus der Ritterwelt, historischen Ereignissen, darunter auch als Zukunftsvision die Eroberung Mexikos. BALBUENA, der von GÓNGORA beeinflusst war, bedient sich einer reichhaltigen, rhetorischen, poetischen Sprache, so dass F. Pierce das Epos berechtigterweise als „baroque fantasy" bezeichnet.

Eine besondere Variante der fiktionalen Epen zeigt sich im burlesken epischen Gedicht, in der Parodie und Satire. Als „poema joco-serio" bezeichnete LOPE DE VEGA sein burleskes Tierepos aus dem Jahr 1634, das er unter dem Pseudonym TOMÉ DE BURGUILLOS in der Sammlung seiner *Rimas humanas y divinas* veröffentlichte. Das Genre der epischen Tierburleske hatte in der Epoche durchaus Tradition, wie Werke anderer Autoren zeigen, darunter GUTIERRE DE CETINAS *La pulga* oder JOSÉ DE VILLAVICIOSAS (1589–1658) *Mosquea*. In sieben Gesängen in *silvas* erzählt LOPE DE VEGA – in Anlehnung an das Handlungsgerüst der *Ilias* von HOMER – von der Entführung der schönen Katzendame Zapaquilda, die gerade ihren Geliebten Micifuf heiraten wollte, durch dessen Rivalen Marramaquiz. Der Entführer wird verfolgt und getötet, und die Hochzeit kann stattfinden. LOPE DE VEGA präsentierte mit diesem von der Kritik hoch gelobten Werk ein ironisches Bild der spanischen Gesellschaft, indem er Werte wie Liebe und Ehre satirisch verfremdete. Gleichzeitig liefert das auch vom Lesepublikum sehr geschätzte Epos eine Parodie auf GÓNGORAS kulteranistischen Sprachstil.

LOPE DE VEGA, *Gatomaquia*

Blázquez Rodrigo (1995); Chevalier (1972,1976); Íñigo Madrigal (1982); Johnson (1974); Lázaro Carreter (1966); Peña (1992a,b); Pierce (1961); Sabat de Rivers (1992); Van Horne (1940).

Literatur

4 Religiöse Epen

Von den ca. 200 erhaltenen Epen des *Siglo de Oro*, die Pierce anführt, ist die Mehrzahl einer religiösen Thematik gewidmet, vor allem Werke des 17. Jhs. Dies lässt sich leicht durch den zunehmenden Einfluss der Gegenreformation erklären, der auch in anderen Genres zu einer Intensivierung der religiösen Thematik führte. So finden sich zahlreiche Epen zu biblischen Stoffen, Heiligenlegenden und anderen religiösen Themen. Einen großen Einfluss sollten auf diese epischen Gedichte die Werke TASSOS ausüben.

Inhalte

Der Soldat CRISTÓBAL DE VIRUÉS, der an der Schlacht von Lepanto beteiligt war, schrieb Tragödien im klassischen Stil und das Epos *Monserrate*, das 1587 veröffentlicht wurde. Der ersten Ausgabe folgte nach mehreren Neuauflagen 1602 eine zweite überarbeitete Version. Das Epos berichtet von der Legende des Einsiedlers

CRISTÓBAL DE VIRUÉS, *Monserrate*

Juan Garín. Im Mittelpunkt der zwanzig Gesänge im traditionellen Stil stehen die Abenteuer, die Garín auf seiner Reise nach Rom zu bestehen hatte. Eine wichtige Rolle kommt in dem im Zeichen der Gegenreformation stehenden Gedicht dem Teufel zu, der durch Verführungen den Eremiten vom richtigen Weg abzubringen versucht. Die Erzählung ist angereichert durch andere Geschichten, Berichte von Wundern, romantischen Abenteuern und Seestürmen. Das Epos gehört trotz seines schlecht konstruierten Aufbaus zu den qualitativ besten Werken der Epenproduktion des *Siglo de Oro* und erfuhr einen außerordentlichen Erfolg.

DIEGO DE HOJEDA, *La Cristiada*

DIEGO DE HOJEDA (1571?–1615) stammte aus Sevilla. Er ging nach Lima in Peru, wo er 1591 in den Dominikanerorden eintrat. Der Geistliche verfasste wahrscheinlich nur ein einziges Werk, das Epos *La Cristiada*, das 1611 in Sevilla veröffentlicht wurde. Es ist dem Vizekönig von Peru gewidmet und erzählt die Passionsgeschichte: das Leiden Jesu zwischen dem Abendmahl und der Grablegung. HOJEDA orientierte sich dabei nicht nur an TASSOS *Gerusalemme liberata*, sondern vor allem an dem lateinischen Epos *Cristias* (1535) von GIROLAMO VIDA, aber auch an *La Universal Redención* (1584) von FRANCISCO HERNÁNDEZ BLASCO. In zwölf Gesängen in Oktaven konzentriert sich der Autor auf das Hauptgeschehen, ohne größere Digressionen und unter Einbeziehung eines minimalen Apparats an Engeln, Dämonen und Heiligen. Das Werk erfuhr einen außergewöhnlich großen Erfolg, was mit Sicherheit auch auf die sprachliche Ausgestaltung zurückgeführt werden kann. Das Epos erzählt in einfacher, aber trotzdem erhabener, fast feierlicher Sprache, die in jedem Fall dem Inhalt angemessen war. Auch heute noch gilt dieses epische Werk Pierce zufolge als eines der gelungensten religiösen Langgedichte des *Siglo de Oro*.

Literatur

Chevalier (1976); Íñigo Madrigal (1982); Pierce (1961).

KAPITEL 6 Fiktionale Prosa des *Siglo de Oro*

1 Die Vorgeschichte der fiktionalen Prosa. Mittelalter und 15. Jahrhundert

Zu Beginn des 13. Jhs. etablierte sich das Kastilische an den Königshöfen als Verwaltungssprache, ein Prozess, von dem die historischen, juristischen und naturwissenschaftlichen Werke ALFONS DES WEISEN zeugen. Bei den ersten fiktionalen Prosatexten handelt es sich um Übersetzungen narrativer Werke orientalischen Ursprungs aus dem Arabischen und Hebräischen. Der bekannteste dieser Texte dürfte das *Libro de Calila e Dimna* gewesen sein, das ca. 1251 aus dem Arabischen ins Kastilische übertragen wurde. Das Buch war ein Fürstenspiegel, der mit Hilfe von Tiergeschichten didaktisch das korrekte Verhalten des Herrschers präsentierte. Der große Erfolg des Werks scheint verbürgt. Neben weiteren didaktischen Texten wurden auch französische Romane zum Troja-Stoff (13. Jh.) und zur Artussage (14. Jh.) übertragen. Nicht völlig geklärt ist der Ursprung von *Gran conquista de ultramar,* einer Mischung aus Chronik und Roman über die Kreuzzüge aus dem 13. Jh., wobei es sich wahrscheinlich um eine Übersetzung aus dem Französischen handelt.

Übersetzungen

Keine Übersetzungen, sondern eigenständige Texte sind die Werke JUAN MANUELS (1282–1349), eines adligen Hofmanns und Neffen ALFONS DES WEISEN. Sein bedeutendstes Werk, *El Conde Lucanor,* 1335 in endgültiger Fassung fertiggestellt, steht gleichwohl unter dem Einfluss des orientalischen Erzählschrifttums. Als weitere Quellen dienten dem Autor antike Fabeln, mittelalterliche Farcen, Geschichtssammlungen, arabische und spanische historische Überlieferungen. Der Erzählrahmen ist durch ein Wechselgespräch zwischen dem Grafen Lucanor und seinem Berater Patronio gegeben, in dessen Verlauf Patronio dem Grafen moralistische Erzählungen bietet. Das Werk, das als Beginn der spanischen Novellistik gilt, ist noch dem mittelalterlichen Denken verpflichtet, was sich u. a. an der Verschmelzung von Historie und Legende ablesen lässt. Gleichzeitig steht es im Dienst eines zunehmend christlichen Diskurses. Dies zeigt sich vor allem im abschließenden Teil, einem Überblick über die Lehren des Christentums. Die Wirkung des Werks war nachhaltig, vor allem für verschiedene Genres des *Siglo de Oro,* aber auch für die Literatur außerhalb Spaniens.

Erzählungen

Ritter-romane

Übersetzungen und Nachdichtungen lagen im mittelalterlichen Spanien auch von den französischen Ritterromanen des 12. Jhs. vor, so dass die Geschichten des karolingischen und des bretonischen Sagenkreises in Spanien bekannt waren. Eine Urfassung des *Amadís de Gaula*, des berühmtesten Ritterromans Spaniens, wird für das 14. Jh. in spanischer oder portugiesischer Sprache vermutet. Diese Urfassung fand in verschiedenen Schriften Erwähnung. Weitere Versionen des *Amadís* sind für das 14. Jh. in Fragmenten erhalten, während das 15. Jh. keine Bearbeitung des Stoffes kennt, der dann im 16. Jh. zu besonderer Blüte und Bedeutung kommen sollte.

Außerhalb der Tradition der Ritterromane steht die *Corónica del muy esforçado y esclarecido cauallero Zifar*, ein Ritterroman, der um 1300 entstanden ist und der dem Geistlichen FERRANT MARTÍNEZ (vor 1274–1310/13) zugesprochen wird. Das didaktische Werk basiert auf den französischen Ritterromanen des 12. Jhs., gleichzeitig aber auch auf den spanischen Übersetzungen orientalischer Weisheitsliteratur und der Legende des Heiligen Eustachius. Es enthält eine Vielzahl von Bezugspunkten zu den arabischen und jüdischen Kulturen, auch wenn weite Teile christlich-moralistischer Natur sind. Zwar wurde der Roman bis ins 16. Jh. viel gelesen, er scheint jedoch keinen Einfluss auf die spätere Produktion von Ritterromanen gehabt zu haben.

Novela sentimental

Der späthöfischen Kultur verpflichtet ist die *novela sentimental*, von der sich im 15. Jh. ca. zehn Texte finden. Ihr Thema ist die Liebe, die erörtert, reflektiert und beschrieben wird. Sie hat sich jedoch bereits von der herkömmlichen höfischen Liebeskonvention gelöst. Die Liebe der *novela sentimental* beschreibt nicht mehr das höfische Spiel vornehmlich sprachlich vermittelter Liebe, sondern wahre Leidenschaft, wobei zur Veranschaulichung auf Allegorien zurückgegriffen wird. Damit begeht das Genre einen Tabubruch und stellt sich gegen die gängige gesellschaftliche Ordnung, ein Grund, warum die geschilderten Liebesgeschichten nie glücklich enden. Neben französischen Vorbildern waren italienische Werke von Einfluss: DANTE, PICCOLOMINI, BOCCACCIO. Der wichtigste Vertreter dieses Genres ist DIEGO DE SAN PEDRO (1437?–1498) mit seinem *Cárcel de amor*, das 1492 publiziert wurde. Das Werk erfuhr, wie insgesamt die Gattung der *novela sentimental*, einen großen Erfolg und war trotz des Verbots durch die Inquisition und scharfer Attacken von klerikaler Seite in Spanien und anderen Ländern Europas weit verbreitet. Durch seine durchweg positive Präsentation der Frau bezog das Werk zudem Stellung gegen die misogyne Literatur der Epoche, wie sie seit Ende des 13. Jhs. von Frankreich ausgehend zu verzeichnen war. Ein spanisches Beispiel hierfür ist A. MARTÍNEZ DE TOLEDOS (1398–1470?) *El Corbacho o reprobación del amor mundano* aus dem Jahr 1438, ein Prosawerk mit vielen Beispielen und lustigen Szenen, das in der Epoche ebenfalls beliebt war.

Alvar/Gómez Moreno/Gómez Redondo (1991); Durán (1973); Romera Castillo (1980); Rubio Tovar (1982).

Literatur

2 Zur Gattung des Romans

Ähnlich wie das Theater sprach der Roman ein heterogenes Publikum aller Schichten an. Zwar erhöhte sich mit Einführung des Buchdrucks, der eine massenhafte Verbreitung gedruckter Texte erst ermöglichte, auch die Zahl der Lesekundigen. Allerdings belief sich die Quote der Analphabeten für das 16. und 17. Jh. in Spanien noch auf etwa 75-80 Prozent. Trotzdem waren Romane – wie auch andere Texte – mehr Personen und auch den Analphabeten zugänglich, da es nach wie vor üblich war, in großem oder auch kleinerem Kreis vorzulesen.

Publikum

Besonders beliebt waren in der Epoche die Ritter- und Schäferromane, folglich die Genres, die für den heutigen Rezipienten am wenigsten zur qualitativ hochwertigen Romanproduktion der Epoche beitrugen. CERVANTES' *Don Quijote* hingegen, vom heutigen Standpunkt aus gesehen unangefochtener Höhepunkt der spanischen Romankultur, war bei seinen Zeitgenossen nur mäßig gefragt. Die veränderten Lektürevorlieben des Lesepublikums mag auch das Beispiel des Schelmenromans demonstrieren: Während MATEO ALEMÁNS langatmiger moralisierender *Guzmán de Alfarache* heute kaum mehr gelesen wird, gehörte er im *Siglo de Oro* zu den wahren Bestsellern, wohingegen der anonyme *Lazarillo de Tormes* bei den zeitgenössischen Lesern wenig Begeisterung hervorzurufen vermochte.

Die Gattung des Romans sah sich auf besondere Weise Vorbehalten und Attacken, vor allem von klerikaler Seite ausgesetzt. Dabei wurde vor allem der Tatbestand der Fiktion kritisiert, die gleichbedeutend war mit Unwahrheit und Lüge. Besonders attackiert wurden narrative Texte, die keinen didaktischen Anspruch verfolgten, somit nicht der moralischen Erbauung dienten, wie bereits HORAZ dies gefordert hatte, sondern bloß unterhalten wollten. Vor allem die sehr beliebten Ritterromane waren Zielscheibe der Angriffe, aber auch die Schäfer- und Liebesromane fanden keine Gnade vor der harschen Kritik. Neben klerikaler Seite äußerten sich auch eine Reihe von Humanisten, darunter JUAN LUIS VIVES und ANTONIO DE GUEVARA, negativ über das fiktionale Schaffen. Diese Angriffe führten bei den Autoren zu bestimmten Verfahren, mit denen sie die Hauptvorwürfe zu umgehen versuch-

Geringes Ansehen des Genres

ten. Entweder wurden die Texte moralistisch-didaktisch angereichert, oder der Autor versteckte sich hinter der sogenannten Herausgeberfiktion, ein Verfahren, das CERVANTES im *Don Quijote* letztendlich parodieren sollte.

Die Zensurabteilung der Inquisition kontrollierte Romane mit besonderer Strenge. In den Jahren 1625 bis 1634 bestand in Kastilien ein generelles Druckverbot für Romane. Und Romane durften nicht offiziell nach Amerika ausgeführt werden, da man fürchtete, die Bewohner der Kolonialreiche mit derlei Lektüre moralisch zu verderben. Zwar wurde das Verbot vielseitig umgangen, es wird aber dennoch mit verantwortlich sein für das erst sehr späte Erscheinen des Romans in der hispanoamerikanischen Kolonialliteratur.

Während in der ersten Hälfte des 16. Jhs. in Spanien noch ein relativ liberales Klima herrschte, verstärkte sich ab der Mitte des Jhs. die Kontrolle von Inquisition und Zensur, was einherging mit einer rigiden Politik im Namen der Gegenreformation und einem zunehmenden Verschließen Spaniens vor äußeren Einflüssen. Gerade ab dieser Zeit sollte der spanische Roman für ein Jahrhundert seine Blütezeit erleben. Gumbrecht erklärt dies mit dem Bedürfnis nach Evasion, dem in der Literatur vor allem narrative Erzählstrukturen entsprächen.

Literatur Chevalier (1976); Ferreras (1987); Gumbrecht (1990); Ife (1985); Leonard (1992).

3 Ritterromane

Erfolg Die beliebteste Romangattung zur Zeit des *Siglo de Oro* war der Ritterroman. Die narrativen Werke über die wundersamen Abenteuer fahrender Ritter wurden mit großer Begeisterung von einem breit gefächerten Publikum gelesen, auch wenn sich besonders die Schicht der *hidalgos* angesprochen fühlte, die sich durch die Lektüre eine ruhmreiche Vergangenheit imaginierte, die im Gegensatz stand zur Bedeutungslosigkeit und oft auch Mittellosigkeit des Standes in der konkreten Epoche. Zu Recht spricht Neuschäfer von „nostalgischer Evasionsliteratur". Besonders bei den Ritterromanen war es noch üblich, sie vorzulesen, so dass ihre Inhalte einem breiten Publikum bekannt waren. Seinen Höhepunkt sollte das Genre in den Jahren 1508 bis 1550 erfahren.

Charakteristika Die Ritterromane *(novelas de caballería)* erzählen die fiktiven Abenteuer eines fahrenden Ritters, der zusammen mit seinem Schildknappen seiner Dame huldigt und für die Armen und Bedrängten kämpft. Die Erzählung ist verbunden mit dem fiktional-phantastischen Inventar der Märchenwelt: Feen und Zauberer, Drachen, Zwerge, Riesen, Inseln, verwunschene Schlösser. Damit unterscheiden sich diese Romane von biographischer Literatur über das Ritterleben, wie z. B. Berichte über Ritterturniere, und auch von fiktionalen, aber realitätsnahen Romanen über das Ritterleben *(novelas caballerescas)*, die mit den phantasievollen Darstellungen der Ritterromane in der Gunst des Publikums nicht konkurrieren konnten. Die Ritterromane orientierten sich an den Lancelot-, Tristan- und Trojastoffen der französischen Literatur des Mittelalters und am höfischen Roman, von dem sie auch das Liebeskonzept übernahmen. Der bedeutendste Roman der Epoche war der 1508 veröffentlichte *Amadís de Gaula*, der zahlreiche Fortsetzungen und Nachahmungen erfuhr. Gemeinsam ist allen diesen Ritterromanen eine ähnliche Struktur und Thematik und der Einschluss phantastischer Begebenheiten. Zunehmend lässt sich dann in den Fortsetzungen eine allmähliche Verfremdung feststellen, die sowohl das ritterliche Ideal als auch das höfische Liebeskonzept betrifft. Diese Verfremdung erreichte ihren Höhepunkt im *Don Quijote* von CERVANTES, einem Text, der als Parodie auf die Ritterromane ausgewiesen ist.

Los quatro libros del virtuoso cauallero Amadís de Gaula heißt der beliebteste Ritterroman des *Siglo de Oro*, dessen vier Bände die meistgelesenen Romane der Epoche waren. Der Autor ist GARCI RODRÍGUEZ (auch: ORDÓÑEZ) DE MONTALVO (?–1505?), der sich allerdings nur zur Autorschaft des vierten Bands bekannte, während er die ersten drei Bücher nach Manuskriptvorlagen nur umgestaltet haben will. Diese Behauptung mag einleuchten, sind doch aus dem 14. Jh. *Amadís*-Fragmente bekannt, während über eine Urfassung des Romans noch spekuliert wird.

Amadís de Gaula

Die vier Bücher des *Amadís* handeln vom Titelhelden und seiner Verwandtschaft. Als uneheliches Kind in einer Kiste auf einem Fluss ausgesetzt, wird Amadís von einem schottischen Edelmann gerettet und zum Ritter erzogen. Nach ersten Heldentaten erkennen ihn seine Eltern, der König von Gallien und die Prinzessin von England. Amadís sucht und befreit seinen Bruder, den ein Riese entführt hat. In Bedrängnis hilft ihm die gute Fee Urganda la Desconocida. Amadís verliebt sich in Oriana, eine englische Prinzessin, deren Vater sie jedoch anderweitig verheiraten möchte. Aus Liebeskummer wählt Amadís die Einsamkeit, erlebt aber immer wieder verschiedene Abenteuer, wenn er gegen das Böse und gegen Feinde Englands auszieht, teilweise unter anderem Namen. Nach der Versöhnung lebt er mit Oriana auf einer Insel, wo ihr gemeinsamer Sohn Esplandián geboren wird. Die Heirat wird bekannt gegeben und die Familie versöhnt. Im vierten Band bereitet der Autor die Geschichte einer weiteren Fortsetzung vor, die dem Sohn des Amadís gewidmet ist.

Gegenüber den ursprünglichen Versionen hat MONTALVO einige Änderungen vorgenommen. So schwächt er die Charakterisierung der negativen Figuren ab, streicht außerdem weitgehend die erotischen Passagen. Der Schluss ist offen und lädt somit zu Fortsetzungen ein, während die anderen Versionen mit dem Tod des Amadís enden. Eindeutig ist die Nähe des *Amadís* zum *Lancelot* der französischen Romane der Artussage. Figuren und Handlungssequenzen scheinen von der französischen Vorlage übernommen.

Der außergewöhnlich große Erfolg der *Amadís*-Romane zeigte sich in vielen Auflagen, Fortsetzungen, Übersetzungen und Nachdichtungen. Der Stoff wurde bald in Romanzen besungen, Ausschnitte der Werke in Anthologien veröffentlicht. Auch in späteren Jahrhunderten sollte das Werk noch Einfluss auf verschiedene literarische Werke nehmen.

Fortsetzungen des *Amadís* und weitere Ritterromane

1510 erschien die erste Fortsetzung des *Amadís*, das fünfte Buch der Reihe, der von MONTALVO verfasste Roman *Las sergas de Esplandián*, der ebenfalls ein großer Erfolg war. Im Gegensatz zu Amadís kämpft sein Sohn Esplandián nicht mehr nach mittelalterlichem Ideal für die Minne und die Bedürftigen, sondern versteht sich als christlicher Kämpe, dessen wichtigstes Ziel es ist, die Heiden zu besiegen und für das Christentum zu gewinnen. Dabei ist der Autor darum bemüht, das Heldentum und die Abenteuer des Amadís zu überbieten. Gegen Ende des Romans lässt sich jedoch bereits eine ironische Distanz des Erzählers ausmachen, wie sie fast 100 Jahre später die Basis von CERVANTES' *Don Quijote* sein wird.

Weitere Fortsetzungen zum Amadís-Stoff sollten folgen. Dazu gehören das sechste Buch der Serie, *Don Florismundo* von PÁEZ DE RIVERA, und das 1514 veröffentlichte anonyme *Lisuarte de Grecia*, das von Esplandiáns Sohn handelt. Im *Segundo Lisuarte* stirbt Amadís, um gleich im folgenden *Amadís de Grecia* wieder unter den Lebenden zu weilen. Ca. 60 Ritterromane wurden auf diese Weise in der Epoche geschrieben, darunter eine Reihe von Büchern über den Ritter Palmerín. Ein Teil der Titel dieser populären Werke und die Namen ihrer Autoren finden sich in der berühmten Szene der Bücherverbrennung im ersten Teil des *Don Quijote*, die auf diese Weise einen guten Überblick über die bevorzugte Lektüre der Epoche gibt.

Literatur

Avalle-Arce (1988); Chevalier (1976); Durán (1973); Fogelquist (1982); Albert Gier in Roloff/Wentzlaff-Eggebert (1995); Gómez-Montero (1992); Orduña (1992); Riquer (1987).

4 Schäferromane

Die Schäferdichtung hat eine bis in die Antike zurückreichende Tradition. Gegenstand ist eine idealisierte Hirten- und Schäferwelt, die bereits in der Antike zur Zuflucht des in der Stadt Lebenden wurde. STESICHOROS, THEOKRIT und LONGOS gelten als die Hauptvertreter der griechisch-antiken Hirtendichtung, während aus der römischen Literatur vor allem VERGILS Eklogen *(Bukolika)* bekannt sind und der Renaissancedichtung als Vorbild dienten. Die Bukolik ist eng mit der utopischen Vorstellung des Goldenen Zeitalters verbunden. Neben Hirtengedichten liegen Schäferromane vor, wobei jeweils die Liebesthematik dominiert. In der Renaissance wurde mit der Rückbesinnung auf die Antike das utopische Arkadien verstärkt thematisiert, so z. B. in den beiden italienischen Schäferromanen *Arcadia* von SANNAZARO (1502) und *Aminta* von TASSO (1581). Im spanischen Mittelalter finden sich pastorale Anklänge im *Libro del buen amor* des ARCIPRESTE DE HITA und in den Werken des MARQUÉS DE SANTILLANA. Dramatische Eklogen verfassten LUCAS FERNÁNDEZ und JUAN DEL ENCINA. Berühmt wurden vor allem die lyrischen Hirteneklogen von GARCILASO DE LA VEGA.

Bukolik

Die Schäferromane *(novelas pastoriles)* stehen in der Nachfolge der *novelas sentimentales* des 15. Jhs. Zentrale Figuren sind als Schäfer verkleidete Adlige, die in der Idylle der Natur über die Liebe philosophieren, zumeist mit dem konkreten Anlass einer unerwiderten Liebe. Bereits VERGILS *Bukolika* hatte Schlüsselcharakter, und so gelten die meisten spanischen Schäferromane als Schlüsselromane der adligen Welt. Das Verhalten der Figuren und ihre Sprache orientiert sich am höfischen Ambiente. Der Haupterzählstrang ist oft knapp und handlungsarm, wird jedoch durch Reflexionen über die Liebe und vor allem durch eingeschobene Nebenhandlungen, erzählte Geschichten und eingefügte Gedichte erweitert. Die dargestellten Welten sind der sozialen Realität weitgehend entrückt, wozu auch die Miteinbeziehung einer Reihe von phantastischen Elementen, wie z. B. Zauberer, Liebestrank usw. beitrug. Neben den bereits erwähnten antiken und italienischen Vorbildern waren vor allem für die Reflexionen über die Liebe die Werke von CASTIGLIONE und LEÓN HEBREOS (1460–1521) *Dialoghi d'amore* (1502) von Bedeutung.

Charakteristika

Die Schäferromane erlebten in Spanien einen ähnlichen Erfolg wie die zeitlich früheren Ritterromane, vor allem beim weiblichen Publikum. Da in den Romanen ohne Bezug zur gesellschaftlichen Wirklichkeit eine paradiesische Idylle präsentiert wurde, luden auch diese Werke zur Evasion ein. Gleichzeitig weckten die Anspielungen der Schlüsselromane auf konkrete Personen der

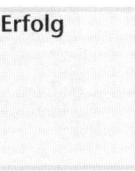

Erfolg

höfischen Welt die Neugierde des Publikums. Prototyp des Genres in Spanien war JORGE DE MONTEMAYORS (1520?–1561) *Diana*, ein Werk, das in den Jahren 1559 bis 1600 ca. 25 Ausgaben erfuhr und dem zahlreiche Fortsetzungen und Nachdichtungen folgten. Obwohl das Genre außerhalb Spaniens nicht sehr erfolgreich war, kam es zu Nachahmungen der Schäferromane in England, Frankreich und Deutschland, außerdem zu Verarbeitungen des bukolischen Stoffs in der Oper.

JORGE DE MONTE-MAYOR, *Diana*

Der erste spanische Schäferroman war JORGE DE MONTEMAYORS Werk *Los siete libros de la Diana*, das 1559 erschien und gleichzeitig zum Prototyp des Genres wurde. Der Autor war Portugiese, lebte jedoch als Soldat und Hofmann in Spanien und schrieb in spanischer Sprache.

Der Hirte Sireno liebt die schöne Diana, die jedoch den reichen Delio heiratet. Sein Liebeskummer bringt Sireno mit anderen leidenden Hirten und Hirtinnen zusammen, die sich gegenseitig ihr Leid klagen, sich Geschichten erzählen und über die Liebe philosophieren. Schließlich verabreicht die Zauberin Felicia den Leidenden einen Trank, der sie wieder glücklich macht.

Die vielen Rückblenden und Erzählungen verleihen dem Werk eine gewisse Statik, die auch der Einschluss von verschiedenen Episoden aus der Ritterwelt nicht beheben kann. Die Nebenhandlungen und eingeschobenen Geschichten erreichen eine große Eigenständigkeit. Daneben finden sich integrierte Verse, Briefe und Diskussionen über die Liebe. Das Liebeskonzept orientiert sich vorwiegend an den neuplatonischen Vorstellungen der Epoche.

Der unbestimmte Schluss der *Diana* MONTEMAYORS lud zu Fortsetzungen ein. Die *Segunda parte de la Diana* aus dem Jahr 1564 stammt von ALONSO PÉREZ, während GASPAR GIL POLO (?–1585) im gleichen Jahr seine *Diana enamorada* verfasste. Die beiden bedeutendsten Schäferromane der Epoche sind neben MONTEMAYORS *Diana* LOPE DE VEGAS *Arcadia* (1598) und *La Galatea* (1585) von MIGUEL DE CERVANTES.

MIGUEL DE CERVANTES, *La Galatea*

Die 1585 erschienene *Galatea* ist der erste Roman von MIGUEL DE CERVANTES (s. Autorenporträt S. 135ff.) und blieb doch unvollendet. Der Autor orientierte sich zunächst an den Vorgaben des Prototyps: Auch in der *Galatea* erscheinen verkleidete Schäfer, die an einer unerfüllten Liebe leiden. CERVANTES behält die Abfolge von Haupthandlung, Episoden, eingefügten Geschichten und Gedichten bei. Er geht aber doch über die Vorgaben MONTEMAYORS und seiner Nachfolger hinaus, indem er die präsentierte Idylle der Schäferwelt mit der realen Welt konfrontiert. So stellt er dem verkleideten Schäfer Elicio einen echten Schäfer, Erastro, zur Seite. Beide lieben die schöne Galatea. Auch die eingeschobenen Erzählungen bieten Abwechslung zur eintönigen Schäferwelt und sind eher in der Realität angesiedelt. Die Episoden, die strukturell zum Teil den Abenteuerromanen ähneln, handeln von Städten, Verbrechen, Mord. Eine ähnliche Polarisierung erfährt die Thematisierung der Liebe, die nicht mehr auf das neoplatonische Liebeskonzept reduziert erscheint. Durch diese Kontraste zwischen realer und fiktiver Welt entlarvt CERVANTES mit seinem Werk, das im übrigen von der Kritik wenig gelobt wird, die Künstlichkeit der bukolischen Idylle.

Der Schäferroman *Arcadia* von LOPE DE VEGA (s. Autorenporträt S. 58ff.) aus dem Jahr 1598 ist als Schlüsselroman angelegt. Der Protagonist Anfriso verkörpert LOPES Mäzen und damaligen Arbeitgeber, den HERZOG VON ALBA, dessen unglückliche Liebe LOPES Werk thematisiert. Die Haupthandlung um Anfriso ist angereichert mit einer Reihe von Episoden – davon einige rein panegyrischen Charakters –, mit autobiographischen Einschlüssen – taucht doch LOPE DE VEGA selbst in der Figur des Belardo auf –, mit gelehrten Exkursen und einer Reihe von Gedichten. Anfriso klagt über seine Geliebte, die einen anderen Schäfer geheiratet hat. Aus seinem Unglück hilft ihm jedoch eine Zauberin, die die Liebesgeschichte zu einem glücklichen Ende bringt.

LOPE DE VEGA, *Arcadia*

Avalle-Arce (1974,1985); Canavaggio (1986); Chevalier (1976); Damiani (1987); López Estrada (1974); Strosetzki (1991b); Christian Wentzlaff-Eggebert in Roloff/Wentzlaff-Eggebert (1995); Ynduráin (1962).

Literatur

5 Moriskenromane und -novellen

Moriskon nannte man im *Siglo de Oro* die zum Christentum bekehrten Mauren der Iberischen Halbinsel. Ihnen sind einige Novellen und Romane *(novelas moriscas)* gewidmet, in denen christliche Autoren die Morisken idealisieren und heldenhaft präsentieren. Die Erzählungen sind in der Regel fiktional, verfügen jedoch über einen historischen Hintergrund. Novellen zur maurischen Thematik finden sich eingefügt in wichtige Romane der Epoche, wie z. B. MONTEMAYORS *Diana*, ALEMÁNS *Guzmán de Alfarache* oder CERVANTES' *Don Quijote*. Neben narrativen Texten stellen auch Romanzen, *comedias* und Epen Morisken und ihre Lebensumstände dar.

Gegenstand

Die Moriskennovelle, deren Autor unbekannt ist, erschien erstmalig 1565 innerhalb einer Chronik, bevor sie dann in spätere Ausgaben von MONTEMAYORS *Diana* aufgenommen wurde, wodurch sie ein großes Publikum erreichte. Die Liebesgeschichte, die in den letzten Jahrzehnten der *Reconquista* spielt, erzählt vom

Historia del Abencerraje y la hermosa Jarifa

maurischen Edelmann Abindarráez, der auf dem Weg zu seiner Geliebten, der schönen Jarifa, vom spanischen Alkalden von Antequera, Rodrigo de Narváez, gefangen genommen wird. Unter der Auflage, nach drei Tagen ins Gefängnis zurückzukehren, erhält Abindarráez von dem Spanier die Erlaubnis, seine Geliebte zu besuchen. Der Maure heiratet heimlich Jarifa, die ihn ins Gefängnis begleitet, wo Rodrigo de Narváez den beiden großmütig die Freiheit schenkt.

Die in einfacher, klarer Sprache erzählte Liebesgeschichte war beim Lesepublikum sehr beliebt. Sie inspirierte andere Autoren und wurde vor allem von der französischen Romantik begeistert aufgenommen.

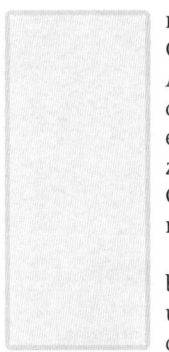

GINÉS PÉREZ DE HITA, Guerras civiles de Granada

1595 erschien der erste Teil der *Guerras civiles de Granada* von PÉREZ DE HITA (1550?–1619) unter dem Titel *Historia de los bandos de Zegríes y Abencerrajes, caballeros moros de Granada.* Der Schuster aus Murcia, der 1568 bis 1571 aktiv an der Niederschlagung des Moriskenaufstands in den Alpujarras teilgenommen hatte, erzählt in diesem ersten Teil die erfundene Geschichte zweier verfeindeter maurischer Adelsfamilien, berichtet aber auch von den Kämpfen der Christen gegen die Mauren. Die maurische Seite ist dabei ausführlich und mit großer Sympathie gezeichnet. Mehr Augenmerk auf den historischen Aspekt legte der Autor im zweiten Teil seines Werks, der 1619 erschien. Darin beschreibt er nahezu dokumentarisch den Moriskenaufstand der Jahre 1568-71 in den Alpujarras. Trotz der dominanten historischen Schilderung finden sich auch in diesem zweiten Teil ausreichend fiktionale Elemente, u. a. eingeschobene Romanzen und Gedichte.

Literatur

Carrasco-Urgoiti (1976); Morales Oliver (1972).

6 Abenteuerromane und eine philosophisch-allegorische Entgegnung

1 Abenteuerromane

Charakteristika

Als im 16. Jh. HELIODORS *Aithiopica*, ein hellenistischer Abenteuerroman aus dem 3. Jh., in die spanische Sprache übersetzt wurde, war dieser beim Publikum sofort sehr beliebt. In seiner Nachfolge entstanden einige spanische Romane, in denen sich Elemente von Abenteuer-, Reise- und Liebesromanen fanden und die Abenteuer- oder byzantinische Romane *(novelas bizantinas)* genannt wurden. Gemeinsam ist allen ein ähnliches Handlungsgerüst: Ein Liebespaar wird aus widrigen Umständen getrennt, beide oder zumindest einer der beiden begibt sich auf Reisen und besteht verschiedene Abenteuer. Am Ende des Romans, nachdem die beiden

Partner sich moralisch bewährt haben, sind sie wieder glücklich vereint. In diesen Romanen finden sich zahlreiche eingeschobene Erzählungen. Die Werke wurden auch religiös gedeutet, wobei die Wanderschaften der Protagonisten symbolisch als Weg des Lebens, aber auch als Wanderungen der Christen verstanden werden konnten.

Zu den bekanntesten *novelas bizantinas* des *Siglo de Oro* gehören *Historia de los amores de Clareo y Florisea* (1552) von ALONSO NÚÑEZ DE REINOSO (15.Jh.–1552), ein exotischer Roman, der sich mehr an ACHILLEOS TATIOS denn an HELIODOR orientierte, JERÓNIMO DE CONTRERAS' (1505?–1582) *Selva de aventuras*, LOPE DE VEGAS *El peregrino en su patria* (1604) und als Schlusspunkt der Gattung *Los trabajos de Persiles y Sigismunda* von MIGUEL DE CERVANTES.

Dieser Roman des weitgehend unbekannten Autors war zu seiner Zeit ein sehr großer Erfolg. Das Buch verbindet Elemente von Ritter- und Schäferromanen mit religiöser Askese. Luzmán, der Protagonist des Romans, ist in Arbolea verliebt, die sich jedoch ins Kloster zurückzieht. Der enttäuschte Held geht auf Reisen und erlebt viele Abenteuer. Nachdem er Arbolea noch einmal wiedergesehen hat, wählt er ein Leben in Abgeschiedenheit in der Nähe seiner Geliebten.

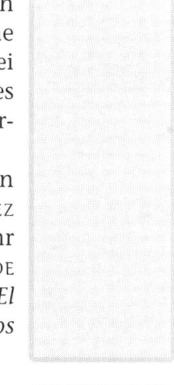

JERÓNIMO DE CONTRERAS, *Selva de aventuras*

Los trabajos de Persiles y Sigismunda. Historia setentrional betitelte CERVANTES (s. Autorenporträt S. 135ff.) seinen letzten Roman, den er kurz vor seinem Tod fertig stellte und deshalb nicht mehr überarbeiten konnte. Das Werk erschien postum 1617. CERVANTES hielt diesen Roman für seinen perfektesten, da ihm mit *Persiles* eine ideale Verbindung von Unterhaltung und Belehrung gelungen war. Ein weiteres Anliegen des Autors war, epische Dichtung in Prosa zu schreiben, wobei sich CERVANTES an den Anforderungen des ARISTOTELES an das Epos orientierte. Dieses poetische Programm erklärt einige Sonderheiten des *Persiles*.

MIGUEL DE CERVANTES, *Los trabajos de Persiles y Sigismunda*

Aus den mit vielen Episoden, Erzählungen, Nebenhandlungen und Erzählerkommentaren angereicherten vier Büchern des Romans lässt sich folgende Kernhandlung herausfiltern: Die zwei Königskinder aus dem Norden, Persiles und Sigismunda, lieben sich, müssen aber ihre Heimat verlassen. Als angebliches Geschwisterpaar Periandro und Auristela wandern sie durch die Welt und bestehen viele Abenteuer, wobei das gesamte Repertoire der Abenteuerromane bemüht wird: Irrfahrten, Entführungen, Überfälle, Gefangenschaften, Schiffbrüche, Zauberer usw. Die Handlung der ersten beiden Bücher spielt im Norden, auf dem Meer und einer Vielzahl von Inseln, außerdem am Hof des Königs Policarpio, während im dritten und vierten Buch die Reise von Lissabon nach Rom beschrieben wird. Persiles und Sigismunda, die heiraten wollen und für die Zeit der Wanderschaft ein Keusch-

heitsgelübde abgelegt haben, werden immer wieder getrennt und von anderen Personen in Versuchung geführt. Kurz vor dem Ende des Romans wird die wahre Identität des Paars enthüllt, das daraufhin in Rom heiratet. Als wahre Christen möchten Persiles und Sigismunda mit missionarischen Absichten in ihr nordisches Königreich zurückkehren.

Religion und Liebe sind die dominanten Themen des handlungsreichen Abenteuerromans. Die Wanderung gehorcht einem symbolischen Plan: Sie dient der Erfüllung der Liebe, die in verschiedenen Facetten gezeigt wird, aber gleichzeitig auch der Rettung der Seelen und dem Weg zu Gott. Die Wanderung ist somit sogleich Lebensweg und Pilgerfahrt.

Literatur   Canavaggio (1986); Gaos (1979); Harrison (1993); Navarro González (1981); Strosetzki (1991b); Teijeiro Fuentes (1988).

2 Eine Entgegnung des Abenteuerromans: der philosophisch-allegorische *Criticón* von BALTASAR GRACIÁN

Publikation   Der philosophisch-allegorische Roman *El Criticón* von BALTASAR GRACIÁN (1601–1658), der neben moralistischen Traktaten auch eine Poetik des Konzeptismus verfasst hatte (s. S. 148), besteht aus drei Teilen, die der Autor einzeln veröffentlichte. 1651 erschien der erste Teil, unter dem Pseudonym GARCÍA DE MORLANES, dem 1653 der zweite und 1657 der dritte folgten.

Inhalt   Auch wenn die Handlung des allegorischen Romans nicht das eigentliche Zentrum des Werks darstellt, so lässt sich doch ein Handlungsgerüst erkennen. Der Abenteurer Critilo erleidet Schiffbruch und wird von Andrenio gerettet, der bei Tieren aufgewachsen ist. Critilo lehrt ihn sprechen und erklärt ihm die Welt. Auf der Suche nach Felisinda, der Frau, die Critilo geraubt wurde und in der Andrenio seine Mutter zu finden glaubt, durchreisen die beiden Spanien, Frankreich und Italien. In Rom erfahren sie, dass Felisinda, die allmählich zur Idee des Glücks für die beiden Wanderer geworden ist, für sie unerreichbar im Himmel ist. Durch ihre fortgeschrittene Lebensweisheit, die das Ergebnis des vollständigen *desengaño* ist, fällt ihnen der Verzicht auf Felisinda und damit auf alles irdische Glück leicht, und sie gelangen auf die Insel der Unsterblichkeit.

Struktur   Die drei Teile des Romans, der eine „allegorische Lebensreise" (Schulz-Buschhaus) darstellt, versinnbildlichen vier Altersstufen des Menschen, die wiederum den vier Jahreszeiten entsprechen: „En la Primavera de la Niñez y en el Estío de la Juventud", „Juiciosa cortesana filosofía, en el Otoño de la Varonil Edad" und „En el Invierno de la Vejez" lauten die Titel. Die Struktur des Romans hat GRACIÁN bewusst am hellenistischen Abenteuerroman ausgerichtet, von dem er eine Vielzahl von Elementen übernimmt. Entscheidend ist jedoch, dass der Autor das dominante Konzept der Liebe und das eigentliche Ziel der Wanderschaft umfunktioniert, weshalb Schulz-Buschhaus den Roman treffend als „Anti-Heliodor" bezeichnet. Die einzelnen Kapitel des Romans heißen *crisis*, was wiederum in Verbindung mit dem Titel auf das Ziel der Wanderschaft (und auf einer anderen Ebene auf das Ziel des Romans) verweist: durch Zweifel und kritische Betrachtung zur Weltweisheit gelangen, d. h. zum finalen *desengaño*, der Weltentsagung und Weltenteignung. Auf dem Weg Andrenios zur Weltaneignung findet sich erneut eine Trias, die den drei durchreisten Ländern Spanien, Frankreich und Italien entspricht: In Spanien warnt Critilo seinen Schützling in misogynen Passagen vor den Frauen (Natur), in Frankreich erfolgt die Aneignung der Kunst und in Italien die letzte Auseinandersetzung mit der Moral.

Bedeutender als die Handlungen sind in GRACIÁNS *Criticón* die Lebensweisheiten und die philosophischen Gedanken, die mit Hilfe von Allegorien und Exempla veranschaulicht werden. Anleihen aus verschiedenen literarischen Traditionen, z. B. mythologische Figuren oder Personifikationen dienen dazu, abstrakte Gedankengänge zu konkretisieren. Dabei sind die Bilder oft schwer zu entschlüsseln, verbergen sich die Ideen hinter einer kryptischen Rhetorik. Das eigentliche Ziel des Werks ist jedoch, die Lebensweisheiten kritisch zu betrachten und sie als *engaños* zu entlarven, wie es der Autor zumeist unter satirischem Blickwinkel bewerkstelligt. Erst der vollständige *desengaño* führt zu wahrer Weisheit. GRACIÁN gelingt mit dieser Konzeption nicht nur eine vollendete Präsentation der barocken *desengaño*-Thematik. Gleichzeitig wendet er sich damit gegen sein früheres literarisches Schaffen, das vornehmlich auf Lebensweisheiten und moralischen Lehrsätzen beruht. Diese extreme Haltung dem Leben und auch dem eigenen Werk gegenüber, die die Forschung u. a. mit enttäuschten Karriereambitionen des Autors zu erklären versucht, macht den einzigen Roman GRACIÁNS zu einem „Haupttext des europäischen Pessimismus" (Hugo Friedrich).

Desengaño

Große Bedeutung kommt innerhalb des Romans der Sprache zu. GRACIÁN, der selbst mit *Agudeza y arte de ingenio* (1642) eine Poetik und Theorie des Konzeptismus geliefert hat, kreiert in der Praxis *conceptos*, die die Beziehungen zwischen den Dingen aufzeigen. Seine Wortspiele und Allegorien sind kompliziert und schwer verständlich, erschließen sich nur dem Wissenden. Nach dem vollendeten *desengaño* alles Irdischen bleibt eine „Apotheose der Literatur" (Schulz-Buschhaus), der Sprache.

Sprache

Literatur Correa Calderón (1970); Kassier (1976); Neumeister/Briesemeister (1991); Ulrich Schulz-Buschhaus in Roloff/Wentzlaff-Eggebert (1995); Senabre Sempere (1979); Zárate Ruiz (1996).

7 *Novela picaresca*

1 Ein bedeutender Vorläufer und eine narrative Ausnahmeerscheinung: *Retrato de la lozana andaluza* von FRANCISCO DELICADO

Autor Von FRANCISCO DELICADO (1480?–nach 1533) ist nur wenig bekannt. Bei Córdoba geboren, war er später Schüler von ANTONIO DE NEBRIJA. Er wurde Priester und lebte von 1523 bis 1527 in Rom, wo er Zeuge der Plünderung der Stadt durch deutsche und spanische Truppen wurde. Als sich die spanischen Truppen zurückzogen, ging DELICADO aus Angst um seine Sicherheit nach Venedig, wo er 1528 seinen Roman veröffentlichte. Im folgenden Jahr erschien ein Buch von ihm über ein Heilmittel gegen Syphilis. Er betätigte sich außerdem als Herausgeber von Ritterromanen.

Retrato de la lozana andaluza FRANCISCO DELICADOS *Retrato de la lozana andaluza* aus dem Jahr 1528 ist eine narrative Ausnahmeerscheinung, die keiner speziellen Romangattung zuzuschreiben ist und auch keine direkten Nachahmungen anregte. Lediglich die zeitlich späteren pikaresken Romane nehmen offensichtlich Bezug auf das Werk. Vielleicht ist dieser Ausnahmestatus der Grund, warum der Roman von der Literaturwissenschaft nur wenig beachtet wurde und in vielen Literaturgeschichten trotz seiner interessanten und auch bedeutenden Gestaltung nicht erwähnt wird.

Der Dialogroman steht eindeutig unter dem Einfluss der *Celestina* von FERNANDO DE ROJAS, auf die der Autor explizit Bezug nimmt. Im Zentrum der Handlung findet sich die schöne Andalusierin Aldonza de Córdoba, eine durchweg positive Figur, die in Rom lebt und ähnlichen Berufen nachgeht wie Celestina: Kupplerin, Prostituierte, Heilerin, Magierin. Wie in der *Celestina* dominiert auch hier das Thema der Liebe, einer körperlichen Liebe, fern der platonischen Vorstellungen der höfischen Literatur. Diese körperliche Liebe wird vornehmlich als Geschäft verstanden, als Gelderwerb, was im Roman nicht moralisch sanktioniert wird. Aldonza führt ein aktives Leben, das von Freiheit und Liebe bestimmt ist. Sie lebt für den Augenblick, kennt weder moralische Bedenken noch Reue. Am Ende des Romans zieht sie sich mit ihrem Geliebten auf die Insel Lipari zurück.

In „mamotretos" genannten Kapiteln beteiligen sich ca. 125 Personen an den Dialogen des Romans. Auf diese Weise entsteht ein faszinierendes kostumbristisches Bild der damaligen Unterwelt Roms. In einfacher Sprache, durchsetzt mit umgangssprachlichen Wendungen und italienischen Worten, präsentiert der Roman eine realistische Milieuschilderung, ein Porträt des alltäglichen Lebens der Unterschichten. Satirische Attacken finden sich vor allem gegen den Klerus, dessen Habgier und Unmoral entlarvt wird. Mehrfach wird die Plünderung Roms durch spanische und deutsche Truppen erwähnt, die der Autor 1527 miterlebt hatte.

Das Werk DELICADOS ragt aufgrund seiner positiven Frauendarstellung, seiner speziellen Behandlung der Liebesthematik mit vielen erotischen Passagen, die ihm zu späteren Zeiten vielfach den Vorwurf des Obszönen einbrachten, und aufgrund seines Realismus aus der Romanproduktion der Epoche heraus. Es ist ein gelungenes Meisterwerk, dessen Verzicht auf didaktische Moralisierung und Pessimismus zusätzlich erstaunt. Gleichzeitig ist es ein bedeutendes Dokument der Epoche, dem heute die Anerkennung zuteil werden sollte, die es verdient.

Brakhage (1986); Espantoso Foley (1977); Goytisolo (1978); Imperiale (1991,1997).

Literatur

2 Zur Gattung

Die Figur des *pícaro* steht im Zentrum der *novela picaresca*, einer Gattung, deren deutsche Bezeichnung 'Schelmenroman' – wie Neuschäfer betont – als Euphemismus dem Gegenstand nicht gerecht wird. Zwar ist der *pícaro*, der schlaue, oft auch kriminelle Gauner, eine durch und durch literarische Figur, und es war sicher nicht das Anliegen der Autoren, soziale Wirklichkeit dokumentarisch in die literarischen Werke zu transponieren. Trotzdem verweist die *novela picaresca* mit ihrem Protagonisten auf die soziale Realität der damaligen Städte Spaniens, wo die Unterprivilegierten ihren alltäglichen Lebenskampf führten. Bettler, Blinde, verarmte *hidalgos*, Kleinkriminelle, Gauner jeder Art, oft in Banden organisiert, gehörten zur untersten Stufe der damaligen spanischen Gesellschaft. So ist der *pícaro* die literarische Ausgestaltung damaliger Realität, ein Unterprivilegierter, der sich mit Schlauheit und List durchs Leben schlägt. Er dient mehreren Herren, wodurch er sich in verschiedenen gesellschaftlichen Schichten bewegt.

Mit der Figur des *pícaro* erfuhr die damalige spanische Romankultur eine neue Komponente: die des Antihelden, der in krassem Gegensatz stand zu den ruhmreichen Rittern der *novelas de caballería* oder den schmachtenden Hirten der Bukolik. Keine Heldentaten will der *pícaro* begehen, sondern sich seine materielle Existenz sichern. Seinem Schicksal begegnet er mit Fatalismus. Er ist noch kein Kämpfer für soziale Gerechtigkeit und fügt sich in die

Die Figur des *pícaro*

bestehende Ordnung, auch wenn er deren negative Aspekte durch seine Beobachtungen entlarvt.

Charakteristika des Genres

Trotz teilweise sehr unterschiedlicher Varianten gibt es neben der Figur des *pícaro* weitere gemeinsame Grundzüge der Gattung. So dominiert in den Romanen die Ich-Erzählweise, die den *pícaro* am Ende seines Lebens rückblickend seine Taten und Abenteuer erzählen lässt. Die Berichte fingieren somit autobiographisches Erzählen, das der Rechtfertigung des eigenen Tuns dienen sollte. Durch die Distanz des erinnernden Erzählens ergeben sich verschiedene Möglichkeiten der Reflexion und des Kommentars, der Kritik und der Reue: die Tendenz ist zynisch-satirisch oder bekennend-moralisch. Der *pícaro* präsentiert seine Abenteuer in einer losen Abfolge von Episoden, die durchaus auch austauschbar wären. Die Romane enden nie glücklich. Der Ausgang ist entweder fragwürdig oder bewusst offen gehalten, eine Konstruktion, die Fortsetzungen ermöglichte.

Ein bedeutender Aspekt der *novela picaresca* ist die realistische Komponente der Romane, die das alltägliche Leben der Unterschichten literarisch präsentiert und dabei reale spanische, später auch andere europäische Orte benennt. Auf phantastische Elemente wird verzichtet, und die Wahrscheinlichkeit des Erzählten bleibt gewahrt. Durch den sozialen Bezug und die „Sicht von unten" üben die *novelas picarescas* mehr oder weniger satirisch Kritik an der spanischen Gesellschaft. Es sind vor allem der realistische Zug und die implizierte Gesellschaftskritik, die den pikaresken Roman von der übrigen Romanproduktion der Epoche unterscheiden.

Literarische Vorbilder

Über die literarischen Vorbilder der *novelas picarescas* wird in der Forschung nach wie vor diskutiert. Erwiesen scheint der Einfluss von APULEIUS' *Goldenem Esel*, der zu Beginn des 16. Jhs. in spanischer Übersetzung vorlag. Darin finden sich die Ich-Erzählweise und ein Diener vieler Herren. Auch die Satiren von LUKIAN aus dem 2. Jh. n.Chr. waren vor allem in humanistischen Kreisen bekannt und kommen als Vorbild in Frage. Neben der Schwankliteratur des Mittelalters, dem *Libro del buen amor* des ARCIPRESTE DE HITA sind ferner die zwei Werke der frühen spanischen Literatur zu nennen, in denen die unteren Schichten der Gesellschaft eingehend präsentiert sind: FERNANDO DE ROJAS' *Celestina* und FRANCISCO DELICADOS *Retrato de la lozana andaluza*. Als direkter Vorgänger der spanischen pikaresken Romane gilt ferner das Werk *Spill o llibro de los dones* des katalanischen Autors JAUME ROIG (1400/10–1478), ein misogyner Versroman aus dem 15. Jh., der als fingierte Autobiographie das Leben der Unterprivilegierten und des einfachen Volks schildert.

Da der erste pikareske Roman, der anonyme *Lazarillo de Tormes*, 1554 veröffentlicht wurde, der folgende – der erste Teil von Mateo Alemáns *Guzmán de Alfarache* – jedoch erst 1599, diskutierte die Forschung lange und ausführlich, ob es sich bei dem *Lazarillo* um den Prototyp oder einen Vorläufer der Gattung handle. Zweifelsohne ist ein Zeitraum von 45 Jahren zwischen dem Erscheinen des ersten und des zweiten Werks einer Gattung erstaunlich. Doch auch wenn sich die beiden Werke in ihrer Konzeption unterscheiden, verfügt der *Lazarillo* über genügend Merkmale, die ihn zum ersten Vertreter des Genres machen. Bis 1680 erschienen insgesamt ca. 35 Romane dieser Art, darunter Quevedos *Buscón*, der vor allem durch seine sprachliche Ausgestaltung aus der Gesamtproduktion herausragt. Die Gattung des pikaresken Romans wurde in Spanien geschaffen und nahm erst im späten 17. Jh. Einfluss auf ähnliche Romane, die in Frankreich, England und Deutschland entstanden.

Entwicklung des Genres

Criado de Val (1979); Heidenreich (1969); Maravall (1986); Monte (1971); Parker (1967); Rico (1970,1988).

Literatur

3 Lazarillo de Tormes

La vida de Lazarillo de Tormes y de sus fortunas y adversidades heißt der vollständige Titel des 1554 in drei unterschiedlichen Ausgaben veröffentlichten Werks, dessen Autor unbekannt ist. Es wird vermutet, dass dieser *converso*-Kreisen entstammte. Obwohl das Werk verschiedenen Autoren der Epoche zugeschrieben wurde (u. a. Diego Hurtado de Mendoza, Sebastián Horozco und Lope de Rueda), ist die Autorschaft bislang ungeklärt.

Autorschaft

Der Erzähler Lázaro beginnt seinen Bericht mit einem Prolog, den er – wie seine Erzählung selbst – an einen unbekannten Herrn richtet. Der Roman ist als fingierte Autobiographie angelegt, deren einzelne Lebensstationen sich zwischen Salamanca und Toledo abspielen. Sohn eines verurteilten Diebes, der bei einer militärischen Aktion umkam, wird Lázaro von seiner Mutter an einen Blinden gegeben, dem er als Führer dienen soll. Bei diesem geizigen und geschäftstüchtigen Gauner erfährt Lázaro die Initiation in sein eigenverantwortliches Leben als Angehöriger der Unterschicht. Lázaro rächt sich nach mehreren üblen Streichen an dem Blinden, indem er ihn gegen einen Steinpfeiler springen lässt, und sucht sich einen neuen Herrn. Bei diesem, einem Geistlichen, ist Lázaro gezwungen zu stehlen, um nicht Hungers zu sterben. Als dieser Herr Lázaro davonjagt, tritt er in die Dienste eines *escudero*, eines verarmten Adligen, der an einem zur Fassade verkommenen Ehrbegriff festhält, der ihn hindert zu arbeiten oder seine

Inhalt

Armut einzugestehen. Von diesem Herrn wird Lázaro verlassen. Danach folgen Stationen bei einem weltlich gesinnten Mönch, bei einem betrügerischen Ablasskrämer, als Tamburingehilfe und Wasserverkäufer. Am Ende seines Berichts arbeitet Lázaro als Ausrufer, eine Tätigkeit, die offensichtlich mit dem Amt des Henkers verbunden ist, außerdem ist er mit der Konkubine des Erzpriesters verheiratet. Lázaro ist stolz auf seinen Aufstieg und von seinem ehrenhaften Dasein überzeugt.

Einflüsse

Neben den bereits oben erwähnten literarischen Vorlagen ist vor allem eine Orientierung an der damaligen Traktatliteratur festzustellen. Die moralphilosophischen Einschlüsse des *Lazarillo de Tormes* gehen auf Schriften zur Fortuna-Thematik zurück, wie sie z. B. von BOCCACCIO und PETRARCA in spanischer Übersetzung vorlagen. Erwiesen scheint auch der Einfluss einer italienischen Ritterparodie, des *Baldus* von TEOFILO FOLENGO, dessen spanischer Übersetzer der spanischen Version den Lebensbericht von Cingar beifügte, einer *pícaro*-ähnlichen Figur. Die Bedeutung der Schriften von ERASMUS VON ROTTERDAM für den *Lazarillo de Tormes* dagegen ist umstritten.

Wirkung

Der kurze, sehr komische und unterhaltsame Roman des *Lazarillo de Tormes* hatte erst nach dem Erscheinen des folgenden pikaresken Romans, des *Guzmán de Alfarache* von MATEO ALEMÁN, Erfolg beim zeitgenössischen spanischen Publikum, das im übrigen den *Guzmán* immer dem *Lazarillo* vorzog.

Der anonyme Autor des *Lazarillo* übt in satirischer Form Kritik an unwürdigen Vertretern der Kirche und des Adels. Vor allem aber der Ehrbegriff steht zur Disposition. Die hohle Ehrauffassung des hungernden Adligen wird ebenso der Lächerlichkeit preisgegeben wie Lázaros eigene Existenz, die durchgängig unehrenhaft ist. Seine fingierte Naivität lässt ihn stolz auf seinen sozialen Aufstieg blicken: das Amt des Henkers und die Ehe mit der Geliebten eines Geistlichen. Die Fragwürdigkeit der Existenz Lázaros wird von diesem selbst nicht erkannt, sie erschließt sich dem Leser ausschließlich über die Erzählweise. Aufgrund dieser massiven Gesellschaftskritik des anonymen Werks wurde es bereits 1559 auf den Index gesetzt. Ab 1573 war der Roman wieder zugelassen, jedoch nur in einer „gereinigten" Fassung, *El Lazarillo castigado*.

Lazarillo de Tormes ist heute der bekannteste spanische pikareske Roman, der auch vom modernen Publikum noch gern gelesen wird. Dies liegt u. a. an der Sprache des kurzen Werks, die keineswegs den Jargon der spanischen Gauner nachahmt. Die Sprache ist vielmehr klar, witzig, geistreich und bisweilen auch gelehrt.

Bereits 1555 erschien ein apokrypher zweiter Teil des *Lazarillo de Tormes*. Eine weitere Fortsetzung des *Lazarillo* verfasste JUAN DE

LUNA 1620. Dabei handelt es sich um eine scharfe Satire gegen Klerus und Inquisition.

Chevalier (1976); Criado de Val (1979); García de la Concha (1981); Ife (1985); Bernhard König in Roloff/Wentzlaff-Eggebert (1995); Lázaro Carreter (1983); Maravall (1986); Rico (1988).

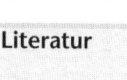

Literatur

4 Weitere pikareske Romane

1599 veröffentlichte MATEO ALEMÁN (1547–1614?) den ersten Teil seiner *novela picaresca Guzmán de Alfarache*, dem 1604 die Fortsetzung folgte. ALEMÁN, vermutlich *converso*, führte ein ähnlich bewegtes Leben wie sein Protagonist, als Student, in verschiedenen Berufen, schließlich als königlicher Beamter, mehrmals im Gefängnis.

MATEO ALEMÁN, Guzmán de Alfarache

Der bedeutendste Unterschied gegenüber dem *Lazarillo* und gleichzeitig markantester Zug des *Guzmán* ist die eindeutige Moralisierung innerhalb des Romans. Der *pícaro* Guzmán blickt reuevoll auf sein lasterhaftes Leben zurück, das er berichtet, unterbrochen von moralistischen Exkursen, Kommentaren und Belehrungen. Musste sich der Leser des *Lazarillo* die Moral noch weitgehend selbst erschließen, wird sie ihm im *Guzmán* vom Erzähler-Protagonisten auf langen Seiten ausführlich geliefert. Ein Grund für diese dominante didaktische Ausrichtung des Werks liegt mit Sicherheit in den strengen Zensurvorschriften der Zeit begründet, die ALEMÁN durch das Beispiel des *Lazarillo* bekannt waren. Gleichzeitig entspricht der Roman mit der belehrenden Moral und dem pessimistischen Weltbild dem dominanten religiös bestimmten Geist der Epoche der Gegenreformation. Die Lehre, die der Antiheld aus seinem verbrecherischen Leben zieht, ist dementsprechend: Auch der größte Gauner kann bei echter Reue mit Gottes Gnade rechnen. Er muss sich nur aus freiem Willen zu seinen Schandtaten bekennen und ein gutes Leben führen.

Zu diesem Schluss kommt Guzmán am Ende des zweiten Teils, nach einem Leben voller Laster, Lug und Trug. Jung hatte er sein anrüchiges Elternhaus in Sevilla verlassen, schlug sich mit Diebereien und Glücksspiel durch und arbeitete auch als Diener verschiedener Herren, die er allesamt betrog. Gegenüber dem *Lazarillo* fallen die vielseitigen Übersteigerungen des *Guzmán* auf. Während Lázaro aus Hunger und Not stiehlt, ist Guzmán ein echter Verbrecher, der die Arbeit scheut. Sein Weg führt ihn über Kastilien hinaus nach Italien, wo er in Rom als Dieb seine größten Erfolge hat. Reich kehrt er nach Spanien zurück, verliert sein Vermögen, seine Arbeitspläne scheitern. Nach einem Studium in Alcalá ist er als Zuhälter tätig und wird schließlich verhaftet und zu lebenslanger Strafarbeit auf den Galeeren verurteilt. Nun erst geht Guzmán in sich und erkennt seine begangenen Irrtümer. Geläutert hilft er, eine Meuterei aufzudecken und wird dafür begnadigt. Ein vom Autor in Aussicht gestellter dritter Teil wurde nie geschrieben.

Guzmán de Alfarache war der beliebteste pikareske Roman der Epoche und erfuhr einen großen Erfolg beim Publikum, das offensichtlich die Mischung aus Gesellschaftssatire und Predigt, versehen mit eingeschobenen poetischen Erzählungen, gegenüber der beißenden Satire des *Lazarillo* favorisierte.

FRANCISCO DE QUEVEDO, Buscón

Eine Sonderstellung innerhalb der pikaresken Romane nimmt die *Historia de la vida del Buscón llamado Don Pablos, ejemplo de vagamundos y espejo de Tacaños* von FRANCISCO DE QUEVEDO ein (s. Autorenporträt S. 103ff.). Das Werk erschien 1626, obwohl es wahrscheinlich bereits in den Jahren 1603 bis 1614 in mehreren Versionen entstand. Don Pablos, der Ich-Erzähler und Antiheld, ist mehr Hochstapler als Dieb. Nicht materielles Überleben ist sein Anliegen, ihm geht es vielmehr um einen sozialen Aufstieg, der ihm jedoch als *converso* niederer Herkunft nicht gelingt. So übt der Autor vorrangig Kritik am Emporkömmling, der in gehobene altchristliche Kreise einzudringen versucht, weniger an der spanischen Gesellschaft, von der er jedoch verschiedene Typen mit beißendem Spott karikiert.

QUEVEDO, der sich offensichtlich am *Lazarillo*, dem ersten und einem apokryphen zweiten Teil des *Guzmán* orientierte, übernimmt die wesentlichen Bestandteile der Gattung: fingierte Autobiographie, Ich-Erzählung, *pícaro* niederer Herkunft, Episodenabfolge. Dominanter und augenfälligster Zug des Romans ist die komplizierte Sprache voller konzeptistischer Wortspiele. Die Beschreibung der Menschen gerät zur Karikatur, die oft genug groteske Züge annimmt. Dominante rhetorische Figur ist die Hyperbel. Der Inhalt des Romans tritt gleichermaßen zurück hinter der artifiziellen hochrhetorischen Sprachkunst des Autors, die somit zum alles bestimmenden Selbstzweck gerät: Lázaro Carreter bezeichnet den *Buscón* denn auch als „una burla por la burla misma". Dabei ist das parodistische Element unverkennbar, das sich auf den *Lazarillo* ebenso wie auf den *Guzmán* bezieht.

Weitere pikareske Romane

In VICENTE ESPINELS (1550–1624) *Relaciones de la vida del escudero Marcos de Obregón* entstammt der Protagonist dem Kleinadel und hat mit den *pícaros* der anderen Romane nur noch wenig gemein. Die Erzählung über seine Abenteuer und Erlebnisse ähnelt dem byzantinischen Roman.

Ein großer Publikumserfolg war die erste *novela picaresca*, die eine Frau als Antiheldin einführte, FRANCISCO LÓPEZ DE ÚBEDAS *Libro de entretenimiento de la pícara Justina* aus dem Jahr 1605.

Darin verzichtet der Autor weitgehend auf die Gesellschaftssatire. Das Werk ist unterhaltsam und ohne großen Pessimismus angelegt. Interessant ist auch hier die rhetorische Sprache, die vor allem beeindruckende Metaphern und Wortspiele hervorbrachte.

Das Genre endet in Spanien 1646 mit dem anonymen Werk *Vida y hechos de Estebanillo González hombre de buen humor*. Der in Spanien, Italien, Frankreich, Polen, England und Deutschland in vielen Berufen herumziehende *pícaro* ist unbekümmert und voller Optimismus. Dem Roman fehlt die Gesellschaftskritik ebenso wie die moralistische Belehrung anderer pikaresker Romane. Voller Humor werden Episoden des Soldaten- und Hoflebens in verschiedenen Ländern geschildert.

Arias (1977); Cordero (1987); Criado de Val (1979); Heidenreich (1969); Ife (1985); Lázaro Carreter (1978); Maravall (1986); Rico (1970); Rodríguez Matos (1985); Roloff/Wentzlaff-Eggebert (1995); Smith (1991). | **Literatur**

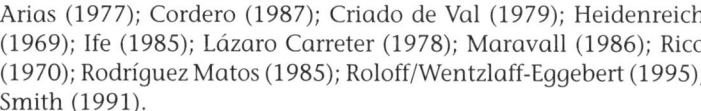

8 El ingenioso hidalgo Don Quijote de la Mancha von MIGUEL DE CERVANTES

Autorenporträt MIGUEL DE CERVANTES

MIGUEL DE CERVANTES gilt als der bekannteste und meistgelesene Autor des *Siglo de Oro* und der gesamten spanischen Literatur. Seine Figur des Don Quijote, des Ritters von der traurigen Gestalt, erlangte Weltruhm. Dessen Abenteuer und Erlebnisse gehören zum kulturellen Allgemeinwissen, auch außerhalb Spaniens. Bei dem Roman von CERVANTES handelt es sich um eine Quintessenz des Romanschaffens, den unumstrittenen Höhepunkt der Narrativik des *Siglo de Oro*, der kritisch Position bezieht gegenüber seinen Vorläufern, jedoch gleichzeitig die Weichen stellt für die Zukunft, bis in unsere Tage. Nahezu ebenbürtig war der Ruhm, den CERVANTES für seine Novellen erntete. Auch sie sind bekannt und zumindest einige davon werden bis heute gern gelesen. Doch auch die anderen erhaltenen Werke des Dichters gehören zu den Meisterwerken ihrer Gattungen, die Tragödien, *comedias, entremeses* und Romane. Mit viel Humor und einem scharfen Blick auf die Gesellschaft und die Menschen pendelt CERVANTES zwischen Alltagsthematik und tiefgründigem philosophischem Diskurs. Sein Gespür für epochenunabhängige Themen, verbunden mit technischer Raffinesse, ließen ihn klassische Werke schaffen, die mit ihrer bestechenden Mehrdeutigkeit den Leser bis heute faszinieren. | **Würdigung**

Biographie	Erstaunlicherweise ist der Lebensweg von CERVANTES nicht lücken-los dokumentiert. Über viele Aspekte bestehen Zweifel, über die von der Forschung ausgiebig spekuliert wird.
Herkunft	Am 29.9.1547 wurde MIGUEL DE CERVANTES SAAVEDRA in Alcalá de Henares als viertes von sechs Kindern eines Wundarztes gebo-ren. Es ist unklar, ob seine Familie jüdischer Abstammung ist. Von der Forschung wurde der *converso*-Status des Autors bemüht, um seine gesellschaftliche Außenseiterstellung sowie gesellschaftskri-tische Äußerungen zu erklären.
Ausbildung	Nicht hinreichend geklärt ist die Frage der Ausbildung von CER-VANTES. Es ist lediglich bekannt, dass der Autor in Madrid Kontakt zum Humanisten JUAN LÓPEZ DE HOYOS (1512–1582) hatte. Es ist anzunehmen, dass CERVANTES eine humanistische Ausbildung erhielt, eventuell sogar mit erasmischem Gedankengut in Berührung kam. Es wird jedoch auch darüber spekuliert, ob der Autor eher autodidaktisch gebildet war.
Krieg und Gefangen-schaft	1569 hielt sich CERVANTES in Rom auf, als Angestellter des Kardi-nals JULIO AQUAVIVA. Im folgenden Jahr trat der Autor in die spa-nische Armee ein. 1571 nahm er an der Schlacht von Lepanto teil, in deren Verlauf er verwundet wurde. Als Folge dieser Verwundung blieb sein linker Arm steif. Während einer Fahrt von Italien nach Spanien wurde das Schiff, auf dem sich CERVANTES mit seinem Bru-der Rodrigo befand, von Arabern aufgebracht, und die beiden Brü-der gerieten in Gefangenschaft. Fünf Jahre blieb CERVANTES bei Sklavenhändlern in Algier, bis er freigekauft wurde.
Erwerbs-tätigkeit	Nach seiner Rückkehr nach Spanien war CERVANTES schriftstelle-risch tätig. Damit begann die Zeit drängender finanzieller Prob-leme, die den Autor zeitlebens nicht mehr verlassen sollten. Ver-geblich versuchte er, finanzielle Unterstützung in Adelskreisen zu finden. CERVANTES verfasste seinen ersten Roman, *La Galatea*, und Dramen. 1584 heiratete er eine Angehörige des niederen Adels, CATALINA DE SALAZAR Y PALACIOS. Kurz darauf ließ sich der Autor allein in Sevilla nieder, wo er als königlicher Kommissar für die Lebensmittelversorgung der spanischen Flotte zuständig war. Dabei hatte er große Schwierigkeiten, die ihm die Exkommunikation (die jedoch bald wieder aufgehoben wurde), verschiedene Anklagen und Gefängnisaufenthalte einbrachten. In dieser Zeit dürfte seine schriftstellerische Tätigkeit weitgehend geruht haben. 1597 wurde CERVANTES erneut verhaftet, aufgrund seiner früheren Tätigkeit als Steuereintreiber, bei der er selbst betrogen worden war.
Schrift-stellerischer Erfolg	In den ersten Jahren des 17. Jhs. lebte CERVANTES in Valladolid, wo der Hof residierte. Er bemühte sich erneut um adlige Protektion, was zum einen von seinem Rivalen LOPE DE VEGA vereitelt wurde,

zum anderen auch am schlechten Ruf der weiblichen Mitglieder seiner Familie gescheitert sein mag. In diesen Jahren begann CERVANTES mit dem Abfassen des ersten Teils des *Don Quijote*, der 1605 erschien, obwohl noch eine frühere Ausgabe vermutet wird. Die Veröffentlichung war ein großer Erfolg, wenngleich CERVANTES aufgrund vieler Raubdrucke finanzielle Einbußen hinnehmen musste.

Letzte Lebensjahre

Die letzten Lebensjahre des Autors sind von einer regen schriftstellerischen Tätigkeit gekennzeichnet. In dieser Zeit schrieb CERVANTES den zweiten Teil des *Don Quijote* (1615), außerdem Novellen, *comedias*, *entremeses* und das Kurzepos *Viaje del Parnaso* (1614). In dieser Zeit nahm die Frömmigkeit des Autors zu, was auch an seinem letzten Werk, dem postum veröffentlichten *Persiles y Sigismunda* abzulesen ist. 1609 trat CERVANTES in eine Bruderschaft ein und wurde 1616 Mitglied eines Laienordens der Franziskaner. Inzwischen ein berühmter Schriftsteller, wurde er in seinen letzten Lebensjahren vom GRAFEN VON LEMOS und dem ERZBISCHOF VON TOLEDO in einem bescheidenen Rahmen finanziell unterstützt. CERVANTES starb am 23. April 1616, kurz nach Fertigstellung seines Manuskripts des *Persiles*.

Gesamtwerk

La Galatea und einige Theaterstücke, von denen die meisten verloren sind, waren die ersten literarischen Werke von MIGUEL DE CERVANTES. Offensichtlich war es der große Ruhm seines Rivalen LOPE DE VEGA, der CERVANTES daran hinderte, verstärkt für die Bühne zu schreiben. Dennoch sind seine *comedias* gelungen und ragen aus der Theaterproduktion der damaligen Zeit heraus, ebenso seine *entremeses*. Der Erfolg kam mit dem *Don Quijote*. Das Ergebnis war nicht nur ein grandioser Roman, sondern auch eine sehr fruchtbare Schaffensperiode, in der die Novellen, *comedias* und der *Persiles* entstanden. Wenig Anerkennung fand bislang nur das lyrische Schaffen von *Cervantes*, obwohl seine Gedichte zahlreich sind. Ein großer Teil seiner Verse ist in seine Prosawerke integriert. Außerdem hat CERVANTES Gelegenheits- und Widmungsgedichte geschrieben, heroische Oden auf die Niederlage der Armada, Romanzen, deren Anteil jedoch aufgrund der Anonymität vieler Romanzen nur erahnt werden kann. Gegen Ende des 16. Jhs. dann finden sich satirische Sonette, wie sie auch der *Don Quijote* enthält. 1614 erschien mit *Viaje del Parnaso* ein episches Gedicht in Terzinen, eine Mischung aus Selbstrechtfertigung und Dichterkatalog, mit autobiographischen Anklängen, teils humorvolles Phantasiestück, teils bittere Anklage gegen das unzureichende spanische Mäzenatentum der Epoche.

| Literatur | Byron (1978); Canavaggio (1986); Franzbach (1991); Güntert (1992); Krauss (1966); Lacarta (1988); McGaha (1980); Meregalli (1992); Strosetzki (1991b). |

El ingenioso hidalgo Don Quijote de la Mancha

| Inhalt des ersten Teils | Der 1605 erschienene erste Teil des *Don Quijote* präsentiert sogleich den Protagonisten, den verarmten *hidalgo* Alonso Quijano, der ein einfaches Leben führt. Seine einzige Leidenschaft ist die Lektüre von Ritterromanen, die ihn allmählich wahnsinnig macht. Und so beschließt er eines Tages, selbst Ritter zu werden, seiner vornehmen Dame Dulcinea zu huldigen (in Wirklichkeit die unansehnliche Bäuerin Aldonza) und den Bedrängten beizustehen. Ab sofort nennt sich Quijano Don Quijote de la Mancha und sieht die Wirklichkeit so, wie sie die Ritterbücher schildern. Mit rostiger Rüstung und seinem alten Gaul Rocinante begibt er sich auf seine erste Ausfahrt, wo er sich in einer Schenke, die er für eine Burg hält, vom Wirt zum Ritter schlagen lässt. Nach einigen Missverständnissen und Prügeleien wird Don Quijote nach Hause gebracht. Dort inspizieren der Barbier und der Pfarrer des Dorfes die Bibliothek Quijanos und beschließen, die schädlichen Ritterromane zu verbrennen. Nur wenige Bücher bleiben verschont. |

Derweil plant Don Quijote seine zweite Ausfahrt, für die er den etwas einfältigen Bauern Sancho Panza als Knappen gewinnt, dem er den Posten eines Gouverneurs in Aussicht stellt. Gleich zu Beginn ihrer ersten gemeinsamen Ausfahrt ereignet sich die wohl bekannteste Episode des Romans: der Kampf Don Quijotes gegen Windmühlen, die er für Riesen hält. Im weiteren Verlauf der Erzählung begegnen Don Quijote und Sancho Panza Ziegenhirten, die den Ritter zu einer flammenden Rede über das Goldene Zeitalter veranlassen. Einer der Hirten erzählt daraufhin die erste der eingeschobenen Novellen, von bukolischer Thematik. Nach weiteren Szenen, in denen Don Quijote wiederholt Prügel bezieht, befreien die beiden Protagonisten Galeerensträflinge, die Don Quijote für unrechtmäßig Gefangene hält. Da sie verfolgt werden, fliehen die beiden in die Sierra Morena, wo Don Quijote beschließt, nach dem Vorbild des Amadís für seine Dame in der Einsamkeit des Gebirges wahnsinnig zu werden.

Inzwischen planen der Barbier und der Pfarrer die Rückkehr Don Quijotes, wobei ihr Plan die Phantastereien des *hidalgos* berücksichtigt. Dabei hilft ihnen Dorotea, die von ihrem Geliebten Fernando verlassen worden war. Sie locken Don Quijote in die Schenke, wo der Pfarrer die Novelle *El curioso impertinente* vorliest, während Don Quijote einen Kampf mit Weinschläuchen austrägt, die er für Riesen hält. Nach weiteren Erzählungen der Gäste der

Schenke und weiteren Episoden gelingt es dem Barbier und dem Pfarrer, Don Quijote in einem Käfig nach Hause zu bringen.

Während CERVANTES noch mit dem Abfassen des zweiten Teils des *Don Quijote* beschäftigt war, veröffentlichte ALONSO FERNÁNDEZ DE AVELLANEDA, über dessen Leben man bis heute nichts weiß, 1614 einen apokryphen zweiten Teil. Darin zieht Don Quijote mit Sancho nach Zaragoza. Die Figuren sind plump dargestellt, Don Quijote als Narr, der im Irrenhaus landet, Sancho Panza als gefräßiger Tölpel. Auf Dulcinea wird verzichtet. Die Handlungsführung ist nicht immer logisch.

Apokrypher zweiter Teil des ALONSO FERNÁNDEZ DE AVELLANEDA

CERVANTES hatte Gelegenheit, in seinem zweiten Teil, der 1615 erschien, auf den apokryphen Teil des AVELLANEDA einzugehen. Zu Beginn des zweiten Teils berichtet Sancho Panza seinem Herrn, dass die Abenteuer seiner Ausfahrten als Buch veröffentlicht wurden. Kurz darauf beginnt die dritte Ausfahrt der beiden Protagonisten. Don Quijote möchte Dulcinea besuchen, woraufhin ihm Sancho Panza ein Bauernmädchen vorführt. Es folgt der Kampf gegen den Spiegelritter, hinter dem sich der Student Sansón Carrasco verbirgt, der Don Quijote nach Hause locken möchte. Zu den folgenden Episoden gehören der phlegmatische Löwe, der nicht an Don Quijote interessiert ist, die Hochzeit des Camacho, wo der Ritter Unheil anrichtet, die Höhle des Montesinos, von der Don Quijote Phantastisches berichtet und die Ereignisse um das Puppenspiel, wobei Don Quijote im Glauben, es handle sich um Ritter, die Puppen zerschlägt. Daraufhin beginnen die Geschehnisse am Hof des Herzogpaars. Dort wird Sancho Panza und Don Quijote eine fiktive Ritterwelt präsentiert, auf die sie reagieren. Sancho wird Gouverneur, dankt aber schließlich ab. Don Quijote bekommt in einer Schenke die apokryphe AVELLANEDA-Ausgabe zu sehen. Da der Held des AVELLANEDA nach Zaragoza zieht, beschließen Don Quijote und Sancho, nicht nach Zaragoza, sondern nach Barcelona zu gehen. Dort beaufsichtigen sie den Druck des echten zweiten Teils des *Don Quijote*. Weiteren Episoden folgt ein zweiter Kampf mit Sansón Carrasco, dem Don Quijote unterliegt. Er muss dem Sieger versprechen, nach Hause zurückzukehren. Die Niederlage bewegt den *hidalgo* dazu, über eine Existenz als Schäfer nachzudenken. Auf dem Rückweg halten sich Don Quijote und Sancho erneut am Hof des Herzogpaars auf, wo ihnen wieder Ritterwelten vorgespielt werden. Im Anschluss begegnen sie Figuren aus AVELLANEDAS Roman. Als die beiden schließlich ins Dorf zurückkehren, ist Don Quijote erkrankt. Inzwischen von seinem Wahn befreit, macht er sein Testament und stirbt friedlich.

Inhalt des zweiten Teils

Parodie	Der Roman von Cervantes ist vordergründig und bewusst als Parodie der Ritterromane angelegt. Bereits Titel und Prolog verweisen auf diesen Charakter des Werks. Konkrete Passagen einzelner Ritterbücher werden zitiert, Figuren und Gegenstände der Ritterromane übernommen und durch eine andere Kontextualisierung ins Lächerliche gezogen. Ein Teil dieser Komik geht für den heutigen Leser verloren, da er die Ritterbücher, auf die Bezug genommen wird, nicht kennt. Vor allem Kapitel 1 bis 6 des ersten Teils gelten als vorrangige Parodie der Ritterromane, mit dem Höhepunkt der Verbrennung der schändlichen Lektüre. Obwohl auch die restlichen Kapitel weiterhin auf verschiedene Weise Bezug auf die vergangene fiktive Ritterwelt nehmen, gewinnen hier doch andere Themen an Bedeutung. In Ansätzen finden sich im *Don Quijote* parodistische Passagen auf die Schäfer- und pikaresken Romane.
Fiktion und Wirklichkeit	Während in anderen Romanen des *Siglo de Oro* der Fiktionscharakter eines Werks aufgrund des schlechten Prestiges der fiktionalen Narration eher verschleiert wurde, betont Cervantes in seinem Roman die Fiktion und präsentiert auf verschiedenen Ebenen ein Spiel mit Fiktion und Wirklichkeit. Don Quijote als fiktionale Figur ist verwirrt durch die Lektüre fiktionaler Ritterbücher. So ergeben sich in der Romanwirklichkeit des *Don Quijote* zwei Ebenen: die der Fiktion, die Don Quijote als wahr erlebt, und die der Romanwirklichkeit von Sancho und den anderen. Der Leser wird dabei auf zwei verschiedene Arten informiert: Entweder erfährt er zunächst den „wirklichen" Sachverhalt und erst daraufhin Don Quijotes Version, oder der Leser wird erst nachträglich darüber informiert, welche (Roman-)Wirklichkeit der Vision Don Quijotes zugrunde liegt. Eng mit diesem Spiel von Fiktion und Wirklichkeit verbunden ist die Wahrnehmung von Don Quijote, Sancho Panza oder anderen Figuren, die zumeist abweichend präsentiert wird, wodurch der Autor auf die Relativität der Erkenntnis hinweist.

Komplizierter ist die Beziehung zwischen Fiktion und Wirklichkeit dann im zweiten Teil des *Don Quijote*. Hier weiß der Protagonist explizit um seine Fiktionalität. Er nimmt Bezug auf den ersten Teil des Buchs, trifft Figuren aus Avellanedas apokrypher Version und beobachtet den Druckvorgang des zweiten Teils, dessen Inhalte er noch nicht fertig erlebt hat, in Barcelona. Zunehmend wird Don Quijote hier von anderen Personen, vor allem dem Herzogpaar, eine an den Ritterromanen orientierte Fiktion präsentiert, die er nicht zu erkennen vermag. Hier sieht der Ritter nur die (Roman-)Wirklichkeit. Von anderen Figuren geschaffene Fiktionen werden von ihm nicht erkannt oder akzeptiert. Hier ist es nun Sancho, der die Fiktion mitzuspielen vermag, nachdem er im ersten Teil immer darum bemüht war, die Wahrnehmung seines

Herrn zu korrigieren. Zusätzlich kompliziert wird das Spiel mit Wirklichkeit und Fiktion durch die verschiedenen Erzähler, deren Glaubwürdigkeit zum Teil angezweifelt und von den Figuren diskutiert wird. Auch die eingeschobenen Geschichten und Erzählungen, die zum Teil mit dem Romangeschehen verwoben sind, tragen zum Verwirrspiel um Fiktion und Realität bei.

Don Quijote und Sancho Panza

Don Quijote und Sancho Panza sind Kontrast und Antithese. Nicht nur das Äußere, Temperament, Herkunft und Sprache sind gegensätzlich. Don Quijote ist Idealist, Sancho Panza Realist und vornehmlich an Materiellem interessiert. Der *hidalgo* hat Visionen, wo uns Sancho die Wirklichkeit beschreibt. Doch kehrt sich dieses Verhältnis allmählich um. Erstmalig gegen Ende des ersten Teils ersinnen andere, der Barbier und der Pfarrer, eine fiktionale Episode chevaleresker Provenienz, noch mit dem Zweck, Don Quijote nach Hause zu locken. Sancho beteiligt sich daran. Im zweiten Teil nun häufen sich diese umgekehrten Situationen. Sancho Panza führt seinem Herrn eine Bauersmagd vor und behauptet, es wäre Dulcinea. Don Quijote reagiert darauf mit Verwirrung. Und am Hof des Herzogpaars ist Sancho der Protagonist der gespielten Fiktion, er ist Gouverneur der Insul, während Don Quijote in dem gegnerischen Kämpfer sofort den Pagen des Herzogs erkennt. Madariaga spricht daher auch folgerichtig von einer zunehmenden „quijotización" des Sancho Panza und einer gleichzeitigen „sanchificación" des Don Quijote. In diesem Sinne ist das Ende des Romans als positiv zu verstehen: Don Quijote wird von seinem Wahn befreit.

Erzähltechnik

Die Erzählweise ist zum einen bestimmt durch die Parodie der Ritterromane, zum anderen durch das komplizierte Spiel mit Fiktion und Wirklichkeit. Bedeutend ist die Präsentation verschiedener Erzähler und Quellen. Der Haupterzähler gibt mit den ersten Kapiteln ein Manuskript heraus, das in dem Augenblick endet, als Don Quijote gerade mit dem Biskayer kämpft (I,8). Daraufhin sucht der Haupterzähler-Herausgeber (im Roman heißt er „zweiter Verfasser") nach der Fortsetzung und berichtet von dieser Suche in Ich-Form. Er findet einen Bericht von Cide Hamete Benengeli, einem Araber, den ein Moriske ins Spanische übersetzt. Mit diesem neuen Erzähler wird die Geschichte fortgesetzt, wobei verschiedene Passagen an den neuen Erzähler erinnern. Auf diese Weise wird auch die Fiktion einer „wahren" Geschichte inszeniert. Verschiedentlich kommentiert der Haupterzähler-Herausgeber, der allwissend ist, die Ereignisse. Dabei wundert sich Sancho, wie der Erzähler von Gesprächen wissen kann, die er mit Don Quijote allein geführt hat. Der Haupterzähler, Cide Hamete und alle anderen Erzähler gehören zum Personal der erdachten Figuren. Auch der Übersetzer des Textes von Cide Hamete meldet sich zu Wort und gibt seinen Kommentar ab, übernimmt somit auch eine Erzählerrolle. Zusätzlich kompliziert wird die Anordnung und Funktion der Erzähler durch die eingeschobenen Geschichten und deren Erzähler, die zum Teil mit dem Hauptgeschehen verbunden sind.

Diese komplizierten erzähltechnischen Verfahren dienen dazu, die Techniken des fiktionalen Schreibens aufzudecken und zu demonstrieren. Erstmalig thematisiert ein Autor eines Romans den Schreibakt von fiktionaler Literatur innerhalb des Romans und dekonstruiert diesen gleichzeitig. Mit der Herausgeberfiktion wird zusätzlich das gängige Romanverfahren parodiert. Dieses diente den Romanautoren dazu, nur als Herausgeber und nicht als Verfasser der (verpönten) Fiktion zu erscheinen.

Literarische Vorbilder

Als Parodie setzt sich CERVANTES' *Don Quijote* mit dem gesamten damaligen spanischen Romanschaffen auseinander, vor allem natürlich mit den Ritterromanen. Von großer Bedeutung für den Roman von CERVANTES ist die italienische Literatur. Findet sich doch in FOLENGOS *Baldus* aus dem Jahr 1517 ein Ritter, der nach ausgiebiger Lektüre von Ritterbüchern das Leben der Romanhelden imitiert. Eine ähnliche Figur enthält das spanische *Entremés de los romances*, dessen Entstehungsjahr jedoch unklar ist, so dass man nicht mit Gewissheit sagen kann, wer wen beeinflusste. Auf die Konzeption des Protagonisten gewirkt haben mag auch das *Lob der Torheit* von ERASMUS VON ROTTERDAM, das menschliche Eigenheiten beschreibt. Strosetzki vermutet bei der Figurenkonzeption einen nachhaltigen Einfluss der italienischen *Commedia dell'arte*. Elemente aus ARIOSTS *Orlando furioso* fanden ebenfalls Eingang in den *Don Quijote*, so wie Erzählverfahren und Motive der italienischen Novellistik. Die integrierten Dialoge und Reden basieren zum Teil auf antiken Quellen. Literaturtheoretisch orientierte sich CERVANTES an der an ARISTOTELES ausgerichteten Poetik des ALONSO LÓPEZ PINCIANO. Die berühmten Redensarten und Sprichwörter des Sancho Panza entnahm der Autor zum Teil wahrscheinlich der spanischen Romanzendichtung, mit Sicherheit aber auch der Umgangssprache der einfachen Leute.

Wirkung

Die Wirkungsgeschichte des *Don Quijote* setzt bereits mit dem zweiten von CERVANTES veröffentlichten Teil ein, wo über das erste Buch gesprochen und geurteilt wird, ebenso wie über den apokryphen Teil von AVELLANEDA. Ab diesem Zeitpunkt sollte die Auseinandersetzung der Literaten und Denker mit dem Roman kein Ende mehr nehmen. Vor allem für die Romantik war der *Don Quijote* von zentraler Bedeutung und beeinflusste das Schaffen der Autoren. Die Fülle der behandelten Themen und Motive, die komplizierten und zum Teil neuartigen Erzählverfahren, vor allem jedoch die Offenheit und die Mehrdeutigkeit des Werks regten immer wieder zu Diskussionen und teilweise divergenten Interpretationen an. Dabei lassen sich zwei (antithetische) Lesarten herauskristallisieren: Vom zeitgenössischen Publikum wurde Don Quijote als komische Figur betrachtet. In dieser Version überlebte der Romanheld bis in unsere Tage, wenn wir Don Quijote als *Comic*-Figur oder im Kinderbuch begegnen. Américo Castro hat die Funktion der Komik in der Gesellschaftskritik gesehen: Der komische Rebell Don Quijote entlarvt die falsche Gesellschaft der spanischen Gegenreformation. Dieser komischen Lesart steht diejenige der Romantik gegenüber, die – genauso wie die von ihr beeinflusste 98er-Generation um MIGUEL DE UNAMUNO – den *hidalgo* als Helden betrachtet, als Idealisten, der für die Auslebung seiner Träume bereit ist, eine krude Realität in Kauf zu nehmen.

Bis heute blieb der Roman von CERVANTES eine Quelle der Inspiration und Deutung, für Schriftsteller, aber auch für Maler, Bildhauer, Filmemacher und Opernkomponisten. Don Quijote und sein Schöpfer gingen als Figuren in die moderne Belletristik ein. Und die Literaturwissenschaft bekundet nach wie vor ein nicht enden wollendes Interesse am Roman und seinem Schöpfer.

Ascunce Arrieta (1997); Heinrich Bihler in Roloff/Wentzlaff-Eggebert (1995); Castro (1960); Endress (1991); Güntert (1992); Madariaga (1967); McGaha (1980); Meregalli (1992); Neuschäfer (1999); Riley (1962); Riquer (1989); Rivas Hernández (1998); Strosetzki (1991b); Weich (1989).

Literatur

9 Novellen

Kurze Erzählungen fanden sich im *Siglo de Oro* zunächst als eingeschobene Geschichten in Romanen. Darüber hinaus wurden im 16. Jh. volkstümliche Erzählungen in eigenen Sammlungen publiziert. Eine weitere Reihe von Novellen entstand unter italienischem Einfluss, wobei die entsprechenden Vorbilder von BOCCACCIO, SACCHETTI und BANDELLO in Spanien bekannt waren. Aber auch ARIOSTS *Orlando furioso* bot Anregung. So veröffentlichten JUAN TIMONEDA, JUAN RUFO, ANTONIO DE ESLAVA u. a. Sammlungen mit zumeist witzigen, immer aber unterhaltsamen Kurzerzählungen. Allerdings handelte es sich dabei weitgehend um anspruchslose Nachahmungen der italienischen Vorbilder. Einen Höhepunkt erfuhr das Genre dann mit den *Novelas ejemplares* von CERVANTES. An ihnen sollten sich später andere Autoren mit ähnlichen Sammlungen orientieren, darunter ALONSO JERÓNIMO DE SALAS BARBADILLO (1581–1635), ALONSO DE CASTILLO SOLÓRZANO (1584–1648) und MARÍA DE ZAYAS Y SOTOMAYOR (1590–1660?).

Genre

JUAN TIMONEDA, Patrañas

1567 veröffentlichte JUAN TIMONEDA, oben bereits erwähnter Buchhändler, Verleger, Schauspieler und Autor, Verfasser von *comedias* und *entremeses*, als erster eine von der italienischen Novellistik beeinflusste Sammlung mit Erzählungen unter dem Titel *Primera parte de las patrañas.* Die 22 Lügengeschichten (*patraña* = Ente, Lüge) der Sammlung dienten vornehmlich der Unterhaltung. Sie waren eng an die italienische Produktion angelehnt und sprachlich noch wenig anspruchsvoll.

MIGUEL DE CERVANTES, Novelas ejemplares

1613 erschienen zwölf Novellen von MIGUEL DE CERVANTES, *Novelas ejemplares*, die in den Jahren 1590 bis 1612 verfasst und mehrfach überarbeitet wurden. In seinem Prolog distanziert sich der Autor von den vorherigen Sammlungen, die sich an der italienischen Novellistik orientierten. CERVANTES proklamiert die Eigenständigkeit seiner Erzählungen, die nicht nur unterhalten, sondern auch belehren wollen. Das Adjektiv „ejemplar" verweist auf den moralisch-didaktischen Anspruch. Ob dieser Anspruch tatsächlich Anliegen des Autors war oder eher der Beruhigung der Zensurbehörde dienen sollte, ist in der Forschung umstritten. Tatsache ist, dass die Moral weitgehend hinter der unterhaltenden Funktion zurücktritt. Trotz gegenteiliger Erklärungen orientierte sich auch CERVANTES an der italienischen Novellistik. Darüber hinaus lassen sich in den Novellen Elemente der zeitgenössischen Romanproduktion, aber auch des damaligen Theaters feststellen, ebenso wie der Einfluss humanistisch-didaktischer Dialoge.

Die zwölf Novellen behandeln unterschiedliche Themen, auch wenn die Liebesthematik in verschiedenen Facetten dominiert. Von der Forschung werden die Erzähltexte in idealistische und realistisch-satirische Kurzerzählungen eingeteilt. Während die erste Gruppe märchenhafte Begebenheiten mit überraschender Wendung präsentiert (z. B. *El amante liberal, Las dos doncellas, La española inglesa*), handelt es sich bei der zweiten Gruppe um Milieustudien vor allem der unteren Schichten, beispielsweise der Zigeuner *(La gitanilla)* oder der Gaunerwelt *(Rinconete y Cortadillo).* Der Bezug zur damaligen spanischen Gesellschaft ist gegeben, wenngleich es sich um literarisierte Bilder der verschiedenen Milieus handelt. Die Liebe bildet meistens den Kontrast zum Milieu und bietet eine Lösung. Auffällig ist die große Liberalität, mit der CERVANTES die verschiedenen Themen behandelt und die dem damaligen strengen Verhaltens- und Ehrenkodex der spanischen Gesellschaft zu widersprechen scheint. Die *Novelas ejemplares* waren während des *Siglo de Oro* sehr beliebt und führten zu verschiedenen Nachahmungen. Zwar vermochten nicht alle der Novellen auch die späteren Leser noch zu begeistern. Einige jedoch verfügen über eine Wirkungsgeschichte bis in die heutige Zeit, z. B. *El celoso extremeño, El coloquio de los perros* und *Rinconete y Cortadillo.*

Das Gespräch der beiden Hunde Berganza und Cipión, dessen Zustandekommen in der vorhergehenden Novelle *(El casamiento engañoso)* vorbereitet wird, thematisiert das Leben Berganzas, das dem eines *pícaro* gleicht. Er diente vielen Herren: Auf einen Metzger in Sevilla folgten Schäfer, ein Kaufmann, ein Polizeidiener, ein Trommler, eine Hexe, Zigeuner, ein Moriske, ein armer Dichter. Im Hospital von Valladolid trifft er seinen Bruder Cipión. Beide helfen ihrem neuen Herrn beim Almosensammeln. Das Gespräch, das eine Nacht dauert, ist gleichzeitig ein gelehrter Austausch über Literatur. Lebendiger Lebensbericht über verschiedene Milieus und metasprachliche Diskussion wechseln sich ab. Ähnlich wie im *Don Quijote* werden Fiktion, Realität und Lektüreerfahrungen thematisiert, mit der bei CERVANTES üblichen Komik und entlarvender Satire.

El coloquio de los perros

MARÍA DE ZAYAS Y SOTOMAYOR (1590–1661?) war zu ihrer Zeit eine sehr berühmte und angesehene Dichterin, die jedoch in den folgenden Jahrhunderten in Vergessenheit geriet. Sie verfasste lyrische Texte, Dramen und mit *Novelas amorosas y ejemplares* aus dem Jahr 1637 und einem zweiten Band von 1647 zwei Novellensammlungen.

MARÍA DE ZAYAS Y SOTOMAYOR

Den notwendigen Rahmen für die Erzählungen bietet eine Zusammenkunft von fünf jungen Männern und fünf jungen Frauen, die in Madrid der schönen Lisis beistehen, die an Liebeskummer leidet. Um die Kranke aufzuheitern, erzählen die Gäste Novellen, *maravillas* genannt. Im zweiten Teil ist Lisis genesen, und nur die Frauen erzählen, diesmal sogenannte *desengaños*. Zentrale Themen der Novellen sind Liebe und Ehre, die oft in Widerstreit geraten. ZAYAS präsentiert dabei konsequent die Perspektive der Frauen, die voller List die von Männern etablierte und beherrschte Ordnung hintergehen, diese gleichzeitig jedoch wieder bestätigen. Die Autorin plädiert in ihren Novellen, ebenso wie im Vorwort dazu für eine Ausbildung der Frauen, die intellektuell ebenso befähigt sind wie Männer und wendet sich somit gegen die zu der Zeit üblichen Diskurse über Frauen, die – wenn nicht offen misogyn – doch die geistige Unterlegenheit der Frau als gegeben betrachteten. Als Alternative zum traditionellen von Männern bestimmten Frauenleben erscheinen die Klöster. Von der Kritik moniert wurden die überraschend offenen erotischen Passagen der Novellen. Auffällig ist die elaborierte Psychologisierung der Figuren.

Canavaggio (1986); Frackowiak (1998); Güntert (1992); McGaha (1980); Meregalli (1992); Strosetzki (1991b).

Literatur

KAPITEL Nichtfiktionale Prosa des *Siglo de Oro*

1 Politische und moralistisch-didaktische Traktatliteratur

Dialog-traktate

Die Dialogform erwies sich als besonders geeignet für die Erörterung gelehrter Erkenntnisse und die Darlegung verschiedener Meinungen und Perspektiven, ermöglichte doch die einfache Sprache eines fingierten Gesprächs eine didaktische Vermittlung. In der ersten Hälfte des 16. Jhs. waren es vor allem von den Lehren des ERASMUS VON ROTTERDAM beeinflusste Humanisten, die sich dieser Form für ihre Abhandlungen bedienten. Dazu gehört die Dialogdiatribe *Diálogo de Mercurio y Carón* von ALFONSO DE VALDÉS (1490?–1532), eine Rechtfertigung der Politik KARLS V., die um 1529 erschien. Der Autor, Freund von ERASMUS VON ROTTERDAM und Sekretär KARLS V., präsentiert – eingebettet in einen mythologischen Rahmen – die kaiserliche Politik der Jahre 1521 bis 1528 und setzt sich kritisch mit den sozialen Schichten und Berufen des spanischen Volkes auseinander. Vor allem wendet er sich gegen die Korruptheit der katholischen Kirche, was ihm das Publikationsverbot des Werks durch die Inquisition einbrachte. Im Ausland wurde die Schrift schnell bekannt und war außerordentlich beliebt.

Die Dialogform wählte auch der Humanist HERNÁN PÉREZ DE OLIVA (1494?–1531?) für seinen *Diálogo de la dignidad del hombre* aus dem Jahr 1546, eine Abhandlung über die guten und schlechten Seiten des Menschen. In Richtung Roman dagegen tendiert *El Crotalón* von CRISTÓBAL DE VILLALÓN, ein Dialog zwischen einem Schuster und einem Hahn, der um 1557 verfasst wurde. Die Satire prangert mit äußerster Schärfe gesellschaftliche und vor allem kirchliche Missstände an.

ANTONIO DE GUEVARA

1529 veröffentlichte ANTONIO DE GUEVARA (1481?–1545), Hofchronist und später Bischof, seinen Fürstenspiegel *Libro llamado relox de príncipes*. Anhand einer fingierten Biographie MARC AURELS erstellt der Autor in Briefform ein Regelwerk für das vorbildliche Verhalten des Fürsten. Dabei verraten der assoziative überbordende Redefluss und vor allem die fingierte Gelehrsamkeit – von humanistischer Seite moniert – noch Reste eines mittelalterlichen Denkens. Nichtsdestotrotz war der Fürstenspiegel sehr beliebt und fand eine weite Verbreitung, vor allem die darin enthaltene Rede des *villano del Danubio*, ein Plädoyer für Freiheit und Selbstbestimmungsrecht von eroberten Völkern, das angesichts der fortschreitenden Eroberungen Spaniens in Amerika von besonderer politischer Brisanz war. Ebenfalls ein großer Publikumserfolg war GUEVARAS *Menosprecio de corte y alabanza de aldea* von 1539, eine Gegenüberstellung von Hof- und Landleben. Der Autor kontrastiert ein idealisiertes Arkadien mit einem korrupten Hofleben, das er ausführlich in aller Einzelheit beschreibt.

Einen Fürstenspiegel verfasste FRANCISCO DE QUEVEDO (s. Autorenporträt S. 103ff.) mit seinem zweiteiligen Traktat *Política de Dios, gobierno de Cristo, tiranía de Satanás*, dessen erster Teil 1626, der zweite postum 1655 erschien. QUEVEDO übt darin dezidiert Kritik an der Günstlingsherrschaft unter PHILIPP IV. Der konservative Autor etabliert ein antimachiavellistisches Regelwerk des perfekten Herrschers, der vornehmlich Gott und der christlichen Lehre verpflichtet ist, eine Vorstellung, die den politischen Bedingungen des 17. Jhs. bereits nicht mehr gerecht wurde.

FRANCISCO DE QUEVEDO Y VILLEGAS

Eine großartig angelegte Moralsatire bieten QUEVEDOS *Sueños* aus dem Jahr 1627, die in den Jahren 1606 bis 1622 entstanden und vor ihrer Veröffentlichung bereits in Manuskriptform kursierten. In fünf Traumvisionen, *El sueño del Juicio Final*, *El alguacil endemoniado*, *Sueño del infierno*, *El mundo por de dentro* und *Sueño de la muerte*, zu einem großen Teil in Dialogform, übergießt der Autor die spanische Gesellschaft mit ätzendem Spott. Die Fiktion der Jenseitsreise dient zu satirischen Porträts der verschiedenen Stände, Berufe und Charaktere. Allegorien, eine nur vordergründige Komik und konzeptistische Wortspiele machen den Text zu einem Meisterwerk des *desengaño*, der Entlarvung des eitlen Weltgeschehens. Auffällig ist der misogyne Charakter vieler Passagen. Das Werk, dem durchaus auch eine didaktische Komponente inhärent ist, war ein großer Erfolg.

Auf gleiche Weise satirisch setzt sich QUEVEDO in seiner 1635 verfassten, erst postum erschienenen Schrift *La fortuna con seso y la hora de todos*, die er selbst als „fantasía moral" bezeichnet, mit der spanischen Gesellschaft auseinander. Doch nicht nur die verschiedenen Berufsgruppen und Charaktere werden mit Zynismus präsentiert, vielmehr stehen Spanien und sein Verhältnis zu Europa im Mittelpunkt der Betrachtung. In dem erst später in das Werk integrierten *La isla de los Monopantos* übt QUEVEDO noch einmal dezidiert Kritik an den Machenschaften des GRAF-HERZOGS VON OLIVARES, wenngleich aus politischer Vorsichtsmaßnahme verschlüsselt, so wie der gesamte Text als angebliche Übersetzung aus dem Lateinischen ausgegeben wurde und unter Pseudonym erscheinen sollte.

Eine Rechtfertigung der spanischen Politik unter OLIVARES unternimmt DIEGO DE SAAVEDRA FAJARDO (1584–1648), Diplomat und Staatstheoretiker, in seinem antimachiavellistischen Fürstenspiegel *Idea de un príncipe político cristiano*, der 1640 erschien. Er wid-

DIEGO DE SAAVEDRA FAJARDO

mete ihn dem Kronprinzen Baltasar Carlos und entwickelte darin, beeinflusst von der Emblem-Literatur der Epoche, anhand von 100 Emblemen seine Vorstellungen einer idealen Herrschaft. Auch Saavedra Fajardo setzte sich mit der Situation Spaniens innerhalb Europas auseinander *(Locuras de Europa,* 1644). In eine andere Richtung tendierte Saavedra Fajardos *República literaria,* eine amüsante Momentaufnahme einer Zeit-, Kultur- und Wissenschaftsgeschichte des 17. Jhs., voller Ironie und lebendiger Schilderungen.

Baltasar Gracián

Der Jesuit und Prediger Baltasar Gracián veröffentlichte mit *El héroe* (1637), *El político don Fernando el Católico* (1640) und *El discreto* (1646) drei Traktate über Tugenden und das richtige Verhalten bei Hofe. Höhepunkt seines moralistischen Schaffens ist jedoch das *Oráculo manual y arte de prudencia* aus dem Jahr 1647, von Arthur Schopenhauer glanzvoll ins Deutsche übertragen, eine Sammlung von 300 Aphorismen über das richtige Miteinander der Menschen. Das Werk bietet neben der kritischen Gesellschaftsbetrachtung vor allem praktische Hinweise für den Umgang mit den Menschen, wie z. B. die Anleitungen zu Intrige und Lüge. Für das höfische Leben des 17. Jhs. konzipiert, mag es durchaus auch für den heutigen Leser noch manchen nützlichen Ratschlag bereithalten. Illusionslos und pessimistisch, in knappem Stil, aber mit komplizierter konzeptistischer Wortschöpfung liefert der Autor ein gelehrtes Kompendium voller Weisheiten.

Literatur

Chevalier (1992); Cóncejo (1985); Correa Calderón (1970); Fernández Álvarez (1989); García de la Torre (1983); Murillo Ferrol (1989); Rallo Gruss (1987,1988); Redondo (1976); Roncero López (1991); Sobejano (1978); Strosetzki (1987); Zárate Ruiz (1996).

2 Religiöse Schriften

1 Mystische Prosatexte

Luis de Granada

Als Vorläufer der späteren bekannten Mystiker (Teresa de Avila, Juan de la Cruz) darf Luis de Granada (1504–1588) gelten. Der Autor, Dominikaner, war als Prediger berühmt. 1554 erschien sein *Libro de la oración y meditación.* Der zweiteilige Band beschreibt die Formen der Askese und des Gebets auf dem Weg zu Gott (zum Begriff der Mystik s. S. 91). Das Werk wendet sich mit einer einfachen, wenngleich rhetorischen Sprache voller Bilder und Anekdoten an ein breites Publikum. Luis de Granadas *Guía de pecadores* wurde 1559 von der Inquisition verboten und erst einige Jahre später in einer überarbeiteten Form zugelassen. Es ist ein Tugendtraktat, das dem Gläubigen detailliert das richtige Verhalten beschreibt, das den Weg zu Gott möglich macht. Als Hauptwerk GRANADAS gilt das 1583 publizierte *Introducción del símbolo de la fe*. In vier Teilen wird nahezu enzyklopädisch die Schöpfung Gottes beschrieben und gepriesen. Das vornehmlich von CICERO beeinflusste Werk gilt als Hymne auf die Schöpfung Gottes, als Theodizee und Apologie des christlichen Glaubens. Der Text wurde in ganz Europa mit Begeisterung gelesen.

TERESA DE AVILA (1515–1582), Karmeliterin, Ordensreformerin, 1614 selig-, 1622 heiliggesprochen, bedeutende religiöse Mystikerin, schrieb nicht aus eigenem Antrieb, sondern wurde von der Obrigkeit dazu verpflichtet. 1583 erschien ihr religiöses Traktat *El camino de perfección*, ein zwischen 1562 und 1569 abgefasster Lehrtext für die Nonnen des reformierten Ordens. Der erste Teil der Schrift behandelt die Grundregeln des asketischen Klosterlebens, während im zweiten Teil die einzelnen Stufen der Gebetsleiter beschrieben werden, an deren Ende sich die mystische Vereinigung mit Gott findet. Das Hauptwerk von TERESA DE AVILA erschien 1588, *El castillo interior o Tratado de las moradas*. Darin schildert die Nonne ihren Weg zu Gott bis zur mystischen Vereinigung. Zur Beschreibung des kaum in Worte zu fassenden Erlebens bedient sich die Autorin einer einfachen Bildsprache. Den allegorischen Rahmen bildet eine Burg mit sieben Wohnstätten, die es zu durchschreiten gilt. Der Hauptteil des Traktats ist den letzten beiden Räumen gewidmet, die zur Vereinigung mit Gott führen.

Auch ihre Autobiographie *(Libro de su vida)* verfasste TERESA DE AVILA nicht aus eigenem Antrieb. Das 1588 veröffentlichte Werk schildert die geistliche Entwicklung der Nonne und ihre Hinwendung zu Gott. Auch hier wird das mystische Erleben geschildert. Das Werk ist angereichert mit moraldidaktischen Hinweisen, Überlegungen, Visionen. Die sprachliche Gestaltung ist betont einfach, bisweilen fehlerhaft und regional gefärbt. Erhalten ist auch eine große Anzahl von Briefen der TERESA DE AVILA, die 1658 in einer Sammlung herausgegeben wurden. Diese Sammlung ist ein einzigartiges Zeugnis des damaligen religiösen Lebens und verrät Spuren einer außergewöhnlichen Frau der Epoche.

TERESA DE AVILA

Der vor allem für seine mystische Dichtung bekannte JUAN DE LA CRUZ (s. S. 91/92) verfasste zur Erläuterung seiner Gedichte auf Wunsch anderer erklärende Prosatexte. So entstand *Subida al Monte Carmelo*, das – wie alle Schriften des Geistlichen – postum 1618 erschien und das der Autor selbst als seine Hauptschrift bezeichnete. Der Aufstieg auf den Berg symbolisiert den Weg zur mystischen Vereinigung mit Gott, wobei eine beigefügte Handzeichnung die Möglichkeiten der Wege veranschaulicht. Der mittlere steile Weg führt nach der Überwindung der Sinne, Leiden-

JUAN DE LA CRUZ

schaften, Erinnerung und des persönlichen Willens direkt zum „dunklen Licht" Gottes. In klarer und einfacher Bildsprache beschreibt JUAN DE LA CRUZ somit ein jenseits der Sprache stehendes Erleben.

MIGUEL DE MOLINOS

Als Endpunkt der spanischen Mystik mag *Guía espiritual* des berühmten Predigers MIGUEL DE MOLINOS (1628–1696) gelten. MOLINOS lebte in Italien, wo auch sein Werk erschien. Während die von ihm begründete Lehre des Quietismus im Ausland auf fruchtbaren Boden fiel, war sein in Spanien von der Inquisition verbotenes Werk kaum bekannt. Anknüpfend an die zentralen Motive seiner mystischen Vorgänger beschreibt auch MOLINOS den Weg zur Vereinigung mit Gott. Wichtig für ihn ist, dass sich die Seele vor der Hingabe zu Gott in einem Zustand absoluter Ruhe befindet. Mit klarer Sprache ohne rhetorischen Dekor proklamiert MOLINOS eine subjektive Eigenständigkeit des Gläubigen, die zwar den Kirchenapparat und die christliche Religion nicht verwirft, ihrer jedoch auf dem Weg zu Gott nicht bedarf. Dies wurde von der Inquisition als gefährlich betrachtet, was zum Verbot des Werks, zum Verbot der Lehre von MOLINOS durch den Papst und zur lebenslangen Kerkerhaft des Autors führte.

Literatur

Brenan (1973); Criado de Val (1984); Fernández Álvarez (1989); García de la Concha (1978); Howe (1988); O'Reilly (1995); Rallo Gruss (1987); Tavard (1988); Thompson (1977).

2 Weitere religiöse Schriften

JUAN DE VALDÉS

JUAN DE VALDÉS (1491?–1541), Bruder von ALFONSO DE VALDÉS, Geistlicher, Humanist und Freund von ERASMUS VON ROTTERDAM, publizierte 1529 seinen *Diálogo de doctrina cristiana*, in dem er seine von erasmistischem Denken beeinflussten Reformideen darlegt. Das Werk wurde von der Inquisition beanstandet, woraufhin JUAN DE VALDÉS nach Italien ging, zunächst nach Rom, später dann nach Neapel. In *Alfabeto cristiano*, einem Dialog, der nur in italienischer Übersetzung vorliegt, da das spanische Original verloren ist, vertieft VALDÉS seine Reformvorstellungen. So wendet er sich gegen ein dogmatisches Christentum und betont die Freiheit des Glaubens. Nicht durch äußere Rituale, sondern durch subjektive Verinnerlichung könne der Weg zu Gott gefunden werden. Diese Vorstellungen legt ein weiteres Werk des Humanisten dar, *Ciento y diez consideraciones divinas*, das nach dem *Alfabeto cristiano* entstand und 1539 erstmalig veröffentlicht wurde. Diese Betrachtungen über den christlichen Glauben verrieten den Einfluss protestantischer Reformideen. Mit Vehemenz wendet sich JUAN DE VALDÉS darin gegen die dogmatischen Lehren. Im Mittelpunkt

seiner Vorstellungen steht allerdings – und hiermit unterscheidet er sich von den protestantischen Reformern – die Idee der inneren Erleuchtung, die allein Gottes Gnade garantiere. JUAN DE VALDÉS' religiöse Schriften waren außerhalb Spaniens weit verbreitet und einflussreich.

1548 wurden die *Ejercicios espirituales* von IGNACIO DE LOYOLA (1491–1556), dem heiliggesprochenen Begründer des Jesuitenordens, veröffentlicht. Diese Schrift begründet die spirituelle Basis des bedeutendsten Ordens der Gegenreformation. Das Werk ist eine geistliche Anleitung für den Weg zu Gott. Mit Hilfe von Meditationen über den Sündenfall und die Passion Christi gelingt dem Gläubigen die Disziplinierung des eigenen Willens, was den Empfang von Gottes Willen erst möglich macht. Die geistlichen Übungen haben nach genauen Anweisungen und unter Aufsicht eines Exerzitienmeisters zu erfolgen. Auf diese Weise behielt der Orden die Kontrolle über die spirituell-mystischen Erfahrungen der Gläubigen, die zu der Zeit Gefahr liefen, zur subjektiven Erfahrung und damit zur Privatsache zu werden, die der Kirche nicht mehr bedurfte.

IGNACIO DE LOYOLA

Bakhuizen van den Brink (1969); García de la Torre (1983); O'Reilly (1995); Rallo Gruss (1987).

Literatur

3 Historiographische Schriften

1 Historiographische Schriften über Spanien

1548 wurde PERO MEXÍA (1497?–1551) als Nachfolger von ANTONIO DE GUEVARA offizieller Hofchronist. MEXÍA, Mathematiker und Kosmograph, war nachhaltig von den Lehren des ERASMUS VON ROTTERDAM beeinflusst, mit dem er einen Briefwechsel unterhielt. Mit seiner *Historia imperial y cesárea* aus dem Jahr 1545 unternahm der Historiograph den Versuch einer Universalgeschichte, von den römischen Cäsaren bis zu MAXIMILIAN I. VON ÖSTERREICH. Als Hofchronist verfasste MEXÍA die Kaiserchronik *Historia del emperador Carlos V*, die jedoch mit der Krönung von KARL V. endete. Dieses Werk wurde vollständig erst zu Beginn des 20. Jhs. veröffentlicht. Das erfolgreichste Werk MEXÍAs ist jedoch kein eigentlich historiographisches, auch wenn es Aspekte der Geschichtsschreibung enthält. *Silva de varia lección*, erschienen 1540, ist eine Anekdotensammlung voller gelehrsamer und unterhaltender Texte zu vielen Bereichen des damaligen Lebens und Wissens. Der Erfolg des Buches war außerordentlich, es erlebte sofort eine Vielzahl von Auflagen und wurde in die wichtigsten europäischen Sprachen übersetzt.

PERO MEXÍA

FRANCESILLO DE ZÚÑIGA	Keine offizielle Chronik verfasste FRANCESILLO DE ZÚÑIGA (?–1532), der am Hof von KARL V. als Hofnarr angestellt war. Mit seiner *Corónica historia* von 1527 gelang ZÚÑIGA ein satirisches Porträt des kaiserlichen Hofstaats. Das schriftstellerische Wagnis mag dem Hofnarren das Leben gekostet haben. Er war am Hof in Ungnade gefallen und wurde ermordet.
ANTONIO PÉREZ	Der frühere Staatssekretär von PHILIPP II., ANTONIO PÉREZ (1534?–1611), der sich mit seinem Arbeitgeber überworfen hatte und seiner Verhaftung nur durch Flucht entging, schrieb im Exil in London und Paris seine *Relaciones*, die 1598 in Paris veröffentlicht wurden. Darin rechtfertigt PÉREZ sein Vorgehen und attackiert die Politik PHILIPPS II. Die *Relaciones* ebenso wie PÉREZ' *Cartas*, die im gleichen Jahr veröffentlicht wurden, fanden eine große Verbreitung in Europa und trugen maßgeblich zur Etablierung der *leyenda negra*, der Vorwürfe des Auslands gegen die spanische Politik, bei.
JERÓNIMO DE ZURITA	JERÓNIMO DE ZURITA (1512–1580) war Sekretär bei PHILIPP II., außerdem Hofchronist des Königreichs von Aragón. Seine historiographische Arbeit basierte erstmalig auf methodischem Quellenstudium. Das Resultat jahrelanger gründlicher Archivarbeit sind die *Anales de la corona de Aragón*, die in den Jahren 1562 bis 1580 herausgegeben wurden und deren Informationswert heute noch anerkannt wird.
Literatur	Ferdinandy (1984); Strosetzki (1987).

2 Historiographische Schriften über Amerika

Briefe	Die ersten schriftlichen Zeugnisse, die in Europa von den Fahrten zu einem bisher unbekannten Kontinent berichteten, waren Briefe. 1493 schrieb CHRISTOPH COLUMBUS seine *Carta a Luis Santángel*, den ersten Bericht über Amerika. Dieser und weitere Briefe von COLUMBUS zirkulierten bald in ganz Europa. Bekannt wurden auch die Briefe von HERNÁN CORTÉS, dem Eroberer Mexikos, *Cartas de relación*. Mit diesen Briefen, die in der Zeit von 1519 bis 1526 verfasst wurden und an KARL V. gerichtet sind, möchte CORTÉS sein eigenständiges Vorgehen entgegen den Anweisungen seines Vorgesetzten rechtfertigen. In den Briefen beschreibt CORTÉS den Verlauf seiner Eroberung des Aztekenreichs, wobei er seine eigenen Heldentaten in den Vordergrund stellt. In den folgenden Jahrzehnten wurden unzählige Briefe über die Eroberungen und die Besiedlung amerikanischer Regionen verfasst, die heute noch in den Archiven erhalten sind. Nur ein geringer Anteil wurde bisher veröffentlicht. Briefe von Soldaten, Erobe-

rern, Mönchen und Siedlern schildern anschaulich amerikanische Realitäten, die Eroberungsgeschichte, aber auch das Alltagsleben in den Kolonien.

Die Eroberungen der Spanier in Amerika ebenso wie die Beson- **Geschichts-**
derheiten der amerikanischen Regionen sollten bald Gegenstand **werke**
umfangreicher Geschichtswerke werden. GONZALO FERNÁNDEZ DE OVIEDO (1478–1557) verfasste als erster eine *Historia general y natural de las Indias*, von der ein erster Teil 1526 erschien. Der wenig gebildete Soldat und offizielle „Cronista de Indias", der viele Jahre in Amerika verbrachte, beschreibt die Eroberungen in der Karibik und in Mexiko, vor allem jedoch die unbekannte Fauna und Flora.

Vornehmlich der Eroberung Mexikos widmete sich FRANCISCO LÓPEZ DE GÓMARA (1512?–1572?) in seiner *Historia de las Indias y conquista de México* aus dem Jahr 1552. Nach dem Vorbild der klassischen Literatur präsentiert LÓPEZ DE GÓMARA CORTÉS als Heros, der sich mit großartigen Heldentaten bewährt. Gegen diese Darstellung wehrt sich BERNAL DÍAZ DEL CASTILLO (1492–1581) mit seinem lebendigen Bericht *Historia verdadera de la conquista de la Nueva España*. Der Autor hatte selbst als Soldat an allen wichtigen Feldzügen von CORTÉS teilgenommen und lehnt eine übermäßige Heroisierung des Eroberers ebenso ab wie die Bildung von christlichen Mythen um die Eroberungen. Sein Werk selbst ist nicht frei von Literarisierungen, wie z. B. ein Einfluss der Ritterromane erkennen lässt. Obwohl es nur ausschnittsweise 1632 erscheinen konnte, gehört das Werk DÍAZ DEL CASTILLOS heute zu den beliebtesten Berichten über die damaligen Eroberungen.

Einen hohen Informationswert über die indianischen Kulturen enthalten die Werke von Spaniern, die längere Zeit in indianischen Gemeinschaften lebten. Dazu gehört ALVAR NÚÑEZ CABEZA DE VACAS (1490?–1559?) Bericht *Naufragios y comentarios* (1545) über die Indianer Nordmexikos. Einen besonderen Zugang zu den indianischen Kulturen hatte BERNARDINO DE SAHAGÚN (1500–1590), dessen Werk *Historia general de las cosas de la Nueva España* jedoch erst in einem späteren Jahrhundert veröffentlicht werden konnte. Viel gelesen war JOSÉ DE ACOSTAS (1540–1600) *Historia natural y moral de las Indias*, das 1590 in Sevilla erschien. Zwar hatte der Jesuit ACOSTA lediglich ein Jahr lang Material in Mexiko zusammengetragen, dieses jedoch systematisch ausgewertet.

„Apostel der Indianer" wurde der Dominikaner BARTOLOMÉ DE LAS **BARTOLOMÉ**
CASAS (1470?–1566) genannt, der lange in den Kolonien missio- **DE LAS**
narisch tätig war und sich zeit seines Lebens für die Sache der Indi- **CASAS**
aner engagierte. Sein Einfluss am Hof KARLS V. war groß. LAS CASAS war maßgeblich an der Indianergesetzgebung und an den in Spanien geführten Diskussionen um die Vernunftbegabung der

amerikanischen Indianer beteiligt. Seine historische Persönlichkeit ist jedoch nicht unumstritten.

BARTOLOMÉ DE LAS CASAS verfasste eine groß angelegte Universalgeschichte der Eroberungen, *Historia general de las Indias*. Berühmt wurde jedoch seine kleine Schrift *Brevísima relación de la destruyción de las Indias* aus dem Jahr 1552. Darin schildert der Geistliche die Grausamkeiten spanischer Eroberer und Siedler gegenüber der indianischen Bevölkerung, wobei er sich zur größeren Veranschaulichung durchaus des rhetorischen Mittels der Übertreibung bediente. Diese Schrift sollte dann dem Ausland als Hauptargument seiner antispanischen Propaganda dienen *(leyenda negra)*. Das Werk war in ganz Europa verbreitet und bekannt.

GARCILASO DE LA VEGA, EL INCA

GARCILASO DE LA VEGA, EL INCA (1539–1616), Sohn eines spanischen Eroberers und einer peruanischen Inkaprinzessin, lebte seit 1560 in Spanien, wo er eine humanistische Ausbildung erhielt. Er war Soldat und ließ sich später zum Priester weihen. Obwohl sich GARCILASO DE LA VEGA nachdrücklich zum spanischen Glaubens- und Wertesystem bekannte, so leugnete er nicht sein mütterliches peruanisches Kulturerbe.

GARCILASOS Hauptwerk sind die *Comentarios reales*, die in einem ersten Teil 1609 erschienen. Darin schildert der Autor die Geschichte seiner peruanischen Vorfahren, durchsetzt mit humanistischen Bildungsreminiszenzen. Die präkolumbianische Eroberungspraxis der Inkas wird parallel zu den Eroberungen der Spanier gesehen, womit der Autor eine Korrektur der bisherigen Geschichtsschreibung und eine Aufwertung der Inkakultur beabsichtigt. Der präkolumbianischen inkaischen Vergangenheit schließt sich die Schilderung der Eroberung der Spanier an, wobei sich der Autor auf verschiedene Quellen, aber auch auf persönliche Erinnerungen und Gespräche stützt. Ein zweiter Teil der *Comentarios* erschien postum 1617 unter dem Titel *Historia general del Perú*. Hier lässt sich gegen Ende der Schilderungen eine zunehmende Literarisierung des historischen Gegenstands vermerken.

Literatur

Bravo-Villasante (1985); Durand (1976); Esteve Barba (1992); Fisch (1984); Gillen (1995); Íñigo Madrigal (1982); Mahn-Lot (1991); Murray (1994); Pupo-Walker (1982); Simson (2002); Stoll (1997); Valcárcel Esparza (1995).

Literatur

Ausgewählte Literaturgeschichten und Nachschlagewerke

ALBORG, Juan Luis (1971–80): *Historia de la literatura española*. 5 Bände. Madrid: Gredos.

ALVAR, Carlos u.a. (1998): *Breve historia de la literatura española*. Madrid: Alianza.

DÍEZ BORQUE, José María (Hg.) (1980): *Historia de la literatura española*. 4 Bände. Madrid: taurus.

FRANZBACH, Martin (1993): *Geschichte der spanischen Literatur im Überblick*. Stuttgart: Reclam.

FUENTE, Ricardo de la (Hg.) (1990ff.): *Historia de la literatura española*. Madrid: Júcar.

GUMBRECHT, Hans Ulrich (1990): *Eine Geschichte der spanischen Literatur*. 2 Bände. Frankfurt a.M.: Suhrkamp.

JONES, Royston Oscar (Hg.) (1971–72): *A Literary History of Spain*. 8 Bände. London, New York: Ernest Benn Limited, Barnes & Noble Books.

MENÉNDEZ PELÁEZ, Jesús u.a. (1993ff.): *Historia de la literatura española*. 3 Bände. León: Everest.

MORAL, Rafael del (1999): *Enciclopedia de la novela española*. Barcelona: Planeta.

NEUSCHÄFER, Hans-Jörg (Hg.) (1997): *Spanische Literaturgeschichte*. Stuttgart, Weimar: Metzler.

PEDRAZA JIMÉNEZ, Felipe B./RODRÍGUEZ CÁCERES, Milagros (1981ff.): *Manual de literatura española*. 12 Bände. Tafalla: Cénlit.

REICHENBERGER, Kurt und Theo (Hg.) (1991): *Spanische Autoren aus sieben Jahrhunderten*. Kassel: Reichenberger.

RICO, Francisco (Hg.) (1980ff.): *Historia y crítica de la literatura española*. 9 Bände. Barcelona: Crítica (regelmäßige Ergänzungsbände).

STROSETZKI, Christoph (Hg.) (1991a): *Geschichte der spanischen Literatur*. Tübingen: Niemeyer.

WITTSCHIER, Heinz Willi (1993): *Die spanische Literatur. Einführung und Studienführer – Von den Anfängen bis zur Gegenwart*. Tübingen: Niemeyer.

Forschungsliteratur

ACKERLIND, Sheila R. (1989): *Patterns of Conflict. The Individual and Society in Spanish Literature to 1700*. New York u.a.: Lang.

ALONSO, Dámaso (1950): *Poesía española. Ensayo de métodos y límites estilísticos*. Madrid: Gredos.

ALONSO, Dámaso (⁵1967): *Góngora y el 'Polifemo'*. Madrid: Gredos.

ALVAR, Carlos/GÓMEZ MORENO, Angel/GÓMEZ REDONDO, Fernando (1991): *La prosa y el teatro en la Edad Media*. Madrid: taurus.

ALVAR, Manuel (1972): *Juan de Castellanos. Tradición española y realidad americana*. Bogotá: Instituto Caro y Cuervo.

ALVAR, Manuel (1970): *El Romancero. Tradicionalidad y pervivencia*. Barcelona: Planeta.

ARELLANO, Ignacio (1984): *Poesía satírico-burlesca de Quevedo*. Pamplona: Ediciones Universidad de Navarra.

ARELLANO, Ignacio (1995): *Historia del teatro español del siglo XVII*. Madrid: Cátedra.

ARIAS, Joan Marian Zonderman (1977): *Guzmán de Alfarache. The Unrepentant Narrator*. London: Tamesis.

ARMISÉN, Antonio (1982): *Estudios sobre la lengua poética de Boscán. La edición de 1543*. Zaragoza: Dpto. de Literatura de la Universidad de Zaragoza.

ASCUNCE ARRIETA, José Angel (1997): *Los quijotes del Quijote. Historia de una aventura creativa*. Kassel: Reichenberger.

ASENSIO, Eugenio (1965): *Itinerario del entremés. Desde Lope de Rueda a Quiñones de Benavente*. Madrid: Gredos.

AUBRUN, Charles Vincent (1966): *La comédie espagnole. 1600–1680*. Paris: Presses Universitaire de France.

AVALLE-ARCE, Juan Bautista (²1974): *La novela pastoril española*. Madrid: Istmo.

AVALLE-ARCE, Juan Bautista (Hg.) (1985): *'La Galatea' de Cervantes – cuatrocientos años después. Cervantes y lo pastoril*. Newark: Juan de la Cuesta.

AVALLE-ARCE, Juan Bautista (1988): *'Amadís de Gaula'; el primitivo y el de Montalvo*. México: Fondo de Cultura Económica.

AVALLE-ARCE, Juan Bautista (2000): *La épica colonial*. Pamplona: Universidad de Navarra.

BAEHR, Rudolf (1962): *Spanische Verslehre auf historischer Grundlage*. Tübingen: Niemeyer.

BAKHUIZEN VAN DEN BRINK, Jan Nicolaas (1969): *Juan de Valdés. Réformateur en Espagne et en Italie 1529–1541*. Genf: Droz.

BATAILLON, Marcel (²1966): *Erasmo y España. Estudios sobre la historia espiritual del siglo 16*. Übersetzung aus dem Französischen. México, Buenos Aires: Fondo de Cultura Económica.

BAUDOT, Georges (1983): *Utopía e Historia en México. Los primeros cronistas de la civilización mexicana (1520–1569)*. Übersetzung aus dem Französischen. Madrid: Espasa-Calpe.

BENNASSAR, Bartolomé (1982): *Un Siècle d'Or espagnol (vers 1525 – vers 1648)*. Paris: Robert Laffont.

BENNASSAR, Bartolomé/VINCENT, Bernard (1999): *Le temps de l'Espagne. XVIᵉ–XVIIᵉ siècles. Les Siècles d'or*. Paris: Hachette.

BERNECKER, Walther L./PIETSCHMANN, Horst (1993): *Geschichte Spaniens. Von der frühen Neuzeit bis zur Gegenwart*. Stuttgart u.a.: Kohlhammer.

BITTERLI, Urs (1986): *Alte Welt – neue Welt. Formen des europäisch-überseeischen Kulturkontakts vom 15. bis zum 18. Jahrhundert*. München: Beck.

BITTERLI, Urs (1991): *Die Entdeckung Amerikas*. München: Beck.

BLANCO SÁNCHEZ, Antonio (1982): *Entre Fray Luis y Quevedo. En busca de Francisco de la Torre*. Salamanca: Atlas.

BLÁZQUEZ RODRIGO, Marcelo (1995): *La gatomaquia de Lope de Vega*. Madrid: CSIC.

BLECUA, Alberto (1975): *La poesía del siglo XV*. Madrid: La Muralla.

BLUE, William R. (1996): *Spanish Comedies and Historical Contexts in the 1620s*. Pennsylvania: Pennsylvania State University Press.

BLUMENBERG, Hans (⁴1988), *Der Prozeß der theoretischen Neugierde*. Frankfurt a.M.: Suhrkamp.

BOASE, Roger (1978): *The Troubadour Revival: A Study of Social Change and Traditionalism in Late Medieval Spain*. London, Henley, Boston: Routledge & Kegan Paul.

BRAKHAGE, Pamela S. (1986): *The Theology of „La lozana andaluza"*. Potomac: Scripta humanistica.

BRAVO-VILLASANTE, Carmen (1985): *La maravilla de América. Los cronistas de Indias*. Madrid: Cultura Hispánica.

BRENAN, Gerald (1973): *St. John of the Cross. His Life and Poetry*. London, New York: Cambridge University Press.

BROWN, Jonathan/ELLIOTT, John H. (1980): *A Palace for a King. The Buen Retiro and the Court of Philip IV*. New Haven, London: Yale University Press.

BRYANS, John V. (1977): *Calderón de la Barca: Imagery, Rhetoric and Drama*. London: Tamesis.

BUCK, August (1972): „Einleitung: Renaissance und Barock". In: Buck, August (Hg.): *Renaissance und Barock I*. Frankfurt a.M.: Akademische Verlagsgesellschaft Athenaion (Neues Handbuch der Literaturwissenschaft 9).

BUCK, August (1980): *Forschungen zur romanischen Barockliteratur*. Darmstadt: Wissenschaftliche Buchgesellschaft.

BURKE, Peter (1998): *The European Renaissance. Centres and Peripheries*. Oxford: Blackwell.

BYRON, William (1978): *Cervantes. A Biography*. New York: Doubleday & Company.

CANAVAGGIO, Jean (1977): *Cervantès dramaturge. Un théâtre à naître*. Paris: Presses Universitaires de France.

CANAVAGGIO, Jean (1986): *Cervantès*. Paris: Mazarine.

CARRASCO-URGOITI, María Soledad (1976): *The Moorish Novel 'El Abencerraje' and Ginés Pérez de Hita*. Boston: Twayne.

CASA, Frank P. (1966): *The Dramatic Craftmanship of Moreto*. Cambridge: Harvard University Press.

CASTRO, Américo (1954): *La realidad histórica de España*. México: Porrúa.

CASTRO, Américo (²1960): *Hacia Cervantes*. Erweiterte Neuauflage. Madrid: taurus.

CHEVALIER, Maxime (1972): *L'Arioste en Espagne (1530–1650)*. Bordeaux: Inst. d'Etudes Ibériques et Ibéro-Américaines de l'Université de Bordeaux.

CHEVALIER, Maxime (1976): *Lectura y lectores en la España del siglo XVI y XVII*. Madrid: Turner.

CHEVALIER, Maxime (1992): *Quevedo y su tiempo: la agudeza verbal*. Barcelona: Crítica.

CHICHARRO, Dámaso (1980): *Orígenes del teatro. La Celestina. El teatro prelopista*. Madrid: Cincel.

CLAYDON, Ellen (1970): *Juan Ruiz de Alarcón. Baroque Dramatist*. Madrid: Dept. of Romance Languages, University of North Carolina.

CÓNCEJO, Pilar (1985): *Antonio de Guevara. Un ensayista del siglo XVI.* Madrid: Cultura Hispánica.

CORDERO, Idalia (1987): *El 'Buscón' o la venganza de Pablos y la ira de don Francisco.* Madrid: Playor.

CORREA CALDERÓN, Evaristo (1970): *Baltasar Gracián. Su vida y su obra.* Madrid: Gredos.

CRIADO DE VAL, Manuel (Hg.) (1979): *La picaresca. Orígenes, textos y estructuras. Actas del I Congreso Internacional sobre la Picaresca.* Madrid: Fundación Univ. Española.

CRIADO DE VAL, Manuel (Hg.) (1981): *Lope de Vega y los orígenes del teatro español. Actas del I Congreso Internacional de Lope de Vega.* Madrid: EDI-6.

CRIADO DE VAL, Manuel (Hg.) (1984): *Santa Teresa y la literatura mística hispánica. Actas del I Congreso Internacional sobre Santa Teresa y la mística hispánica.* Madrid: EDI-6.

CRO, Stelio (1983): *Realidad y utopía en el descubrimiento y conquista de la América Hispana (1492–1682).* Michigan, Madrid: Internat. Book Publ., Fundación Univ. Española.

CROSBY, James O. (1967): *En torno a la poesía de Quevedo.* Madrid: Castalia.

CRUZ, Anne J. (1988): *Imitación y transformación. El petrarquismo en la poesía de Boscán y Garcilaso de la Vega.* Amsterdam: Benjamins.

DAMIANI, Bruno (1987): *Moralidad y didactismo en el siglo de oro (1492–1615).* Madrid: Orígenes.

DEFOURNEAUX, Marcelin (1964): *La vie quotidienne en Espagne au Siècle d'Or.* Paris: Hachette.

DEYERMOND, Alan D. (1987): *El 'Cantar de Mío Cid' y la épica medieval española.* Barcelona: Sirmio.

DIAGO, Manuel V./FERRER, Teresa (Hg.) (1991): *Comedias y comediantes. Estudios sobre el teatro clásico español.* Valencia: Universitat de València.

DÍAZ ROIG, Mercedes (Hg.) (1977): *El Romancero viejo.* Madrid: Cátedra.

DÍEZ BORQUE, José María (1976): *Sociología de la comedia española del siglo XVII.* Madrid: Cátedra.

DÍEZ BORQUE, José María (1978): *Sociedad y teatro en la España de Lope de Vega.* Barcelona: Bosch.

DÍEZ BORQUE, José María (1987): *Los géneros dramáticos en el siglo XVI: el teatro hasta Lope de Vega.* Madrid: taurus.

DÍEZ BORQUE, José María (1996): *Teoría, forma y función del teatro español de los siglos de oro.* Barcelona: José J. de Olañeta.

DIETZ, Rolf (1974): *Antonio Mira de Amescua. Studien zum Werk eines spanischen Dichters des 'Siglo de Oro'.* Frankfurt a.M.: Lang.

DILLE, Glen F. (1988): *Antonio Enríquez Gómez.* Boston: Twayne.

DUBY, Georges/PERROT, Michelle (Hg.) (1994): *Del Renacimiento a la Edad Moderna.* Madrid: taurus (Historia de las mujeres en Occidente III).

DURÁN, Armando (1973): *Estructura y técnicas de la novela sentimental y caballeresca.* Madrid: Gredos.

DURAND, José (1976): *El Inca Garcilaso, clásico de América.* México: Secretaría de Educación Pública.

EGIDO, Aurora (1990): *Fronteras de la Poesía en el Barroco.* Barcelona: Crítica.

ELIAS, Norbert (1983): *Die höfische Gesellschaft. Untersuchungen zur Soziologie des Königtums und der höfischen Aristokratie.* Frankfurt a.M.: Suhrkamp.

ELLIOTT, John H. (1963): *Imperial Spain 1469–1716.* London: Edward Arnold.

ENDRESS, Heinz-Peter (1991): *Don Quijotes Ideale im Umbruch der Werte vom Mittelalter bis zum Barock.* Tübingen: Niemeyer.

ENTRAMBASAGUAS, Joaquín de (1975): *Estudios y ensayos sobre Góngora y el Barroco.* Madrid: Nacional.

ESPANTOSO FOLEY, Augusta M. (1977): *Delicado. La lozana andaluza.* London: Grant & Cutler, Tamesis.

ESTEVE BARBA, Francisco (²1992): *Historiografía indiana.* Erweiterte Fassung. Madrid: Gredos.

FERDINANDY, Michael de (1984): *Die hispanischen Königsgesta. Portugiesische und spanische Geschichtsschreibung im Zeitalter der Renaissance.* Frankfurt a.M.: Lang.

FERNÁNDEZ ÁLVAREZ, Manuel (²1989): *La sociedad española en el Siglo de Oro.* 2 Bände. Madrid: Gredos.

FERNÁNDEZ ÁLVAREZ, Manuel (1991): *Fray Luis de León. La poda floreciente (1591–1991).* Madrid: Espasa-Calpe.

FERNÁNDEZ LEBORANS, María Jesús (1978): *Luz y oscuridad en la mística española.* Madrid: Cupsa.

FERRERAS, Juan Ignacio (1987): *La novela en el siglo XVI.* Madrid: taurus.

FISCH, Jörg (1984): *Die europäische Expansion*

und das Völkerrecht. Die Auseinandersetzungen um den Status der überseeischen Gebiete vom 15. Jahrhundert bis zur Gegenwart. Stuttgart: Steiner.

FLASCHE, Hans (Hg.) (1971): Calderón de la Barca. Darmstadt: Wissenschaftliche Buchgesellschaft.

FLECNIAKOSKA, Jean-Louis (1961): La formation de 'l'auto' religieux en Espagne avant Calderón (1550–1635). Montpellier: Paul Déhan.

FLORIT DURÁN, Francisco (1986): Tirso de Molina ante la comedia nueva. Aproximación a una poética. Madrid: Revista Estudios.

FOGELQUIST, James D. (1982): El 'Amadís' y el género de la historia fingida. Madrid: Porrúa Turanzas.

FOTHERGILL-PAYNE, Louise (1977): La alegoría en los autos y farsas anteriores a Calderón. London: Tamesis.

FRACKOWIAK, Ute (Hg.) (1998): Ein Raum zum Schreiben. Schreibende Frauen in Spanien vom 16. bis ins 20. Jahrhundert. Berlin: tranvía.

FRANZBACH, Martin (1991): Cervantes. Stuttgart: Reclam.

FRIEDE, Juan (1959): „La censura española del siglo XVI y los libros de historia de América". In: Revista de historia de América 47:45-94.

FRIEDRICH, Hugo (²1966): Der fremde Calderón. Freiburg: Hans Ferdinand Schulz.

FRIES, Fritz Rudolf (1977): Lope de Vega. Leipzig: Reclam.

FUCILLA, J.G. (1960): Estudios sobre el petrarquismo en España. Madrid: CSIC.

GAOS, Vicente (1979): Cervantes. Novelista, dramaturgo, poeta. Barcelona: Planeta.

GARCÍA CANCLINI, Néstor (1990): Culturas híbridas. Estrategias para entrar y salir de la modernidad. México: Grijalbo.

GARCÍA CÁRCEL, Ricardo (1992): La leyenda negra. Historia y opinión. Madrid: Alianza.

GARCÍA DE LA CONCHA, Víctor (1978): El arte literario de Santa Teresa. Barcelona u.a.: Ariel.

GARCÍA DE LA CONCHA, Víctor (1981): Nueva lectura del 'Lazarillo'. El deleite de la perspectiva. Madrid: Castalia.

GARCÍA DE LA CONCHA, Víctor (Hg.) (1986): Garcilaso. Actas de la IV Academia Literaria Renacentista 1983. Salamanca: Universidad de Salamanca.

GARCÍA DE LA TORRE, Moisés (1983): La prosa didáctica en los siglos de oro. Madrid: Playor.

GARCÍA LORENZO, Luciano (1976): El teatro de Guillén de Castro. Barcelona: Planeta.

GARCÍA MARTÍN, Manuel (1980): Cervantes y la comedia española en el siglo XVII. Salamanca: Universidad de Salamanca.

GEWECKE, Frauke (1986): Wie die neue Welt in die alte kam. Stuttgart: Klett-Cotta.

GIL, Juan (1989): Mitos y utopías del Descubrimiento. 3 Bände. Madrid: Alianza.

GILLEN, Charles (1995): Bartolomé de las Casas: une esquisse biographique. Paris: Ed. du Cerf.

GILMAN, Stephen (1972): The Spain of Fernando de Rojas. The Intellectual and Social Landscape of 'La Celestina'. Princeton: University Press.

GODZICH, Wlad/SPADACCINI, Nicholas (Hg.) (1986): Literature among Discourses. The Spanish Golden Age. Minneapolis: University of Minnesota Press.

GÓMEZ-MONTERO, Javier (1992): Literatura caballeresca en España e Italia (1483-1542). El Espejo de cavallerías (Deconstrucción textual y creación literaria). Tübingen: Niemeyer.

GÓMEZ MORENO, Angel (1991): El teatro medieval castellano en su marco románico. Madrid: taurus.

GÓMEZ-QUINTERO, Ela Rosa (1978): Quevedo, hombre y escritor en conflicto con su época. Miami: Universal.

GOYTISOLO, Juan (1978): Disidencias. Barcelona u.a.: Seix Barral.

GREENBLATT, Stephen (1991): Marvelous Possessions. The Wonder of the New World. Chicago, Oxford: University of Chicago Press.

GÜNTERT, Georges (1981): „Lope lector de Tasso: la Jerusalén Conquistada". In: Criado de Val, Manuel (Hg.): Lope de Vega y los orígenes del teatro español. Actas del I Congreso Internacional de Lope de Vega. Madrid: EDI-6, 581-589.

GÜNTERT, Georges (1992): Cervantes. Novelar el mundo desintegrado. Barcelona: Puvill.

GUMBRECHT, Hans Ulrich (1985): „The Body versus the Printing Press: Media in the Early Modern Period, Mentalities in the Reign of Castile, and another History of Literary Forms". In: Poetics 14:209-227.

HALICZER, Stephen (Hg.) (1987): Inquisition and Society in Early Modern Europe. London, Sydney: Croom Helm.

HAMPE MARTÍNEZ, Teodoro (Hg.) (1999): La tradición clásica en el Perú virreinal. Lima: UNMSM.

HARRISON, Stephen (1993): *La composición de 'Los trabajos de Persiles y Sigismunda'*. Madrid: pliegos.

HATZFELD, Helmut (1964): *Estudios sobre el barroco*. Madrid: Gredos.

HEIDENREICH, Helmut (Hg.) (1969): *Pikarische Welt. Schriften zum europäischen Schelmenroman*. Darmstadt: Wissenschaftliche Buchgesellschaft.

HEINE, Hartmut (1984): *Geschichte Spaniens in der frühen Neuzeit 1400–1800*. München: Beck.

HEIPLE, Daniel C. (1994): *Garcilaso de la Vega and the Italian Renaissance*. Pennsylvania: Pennsylvania State University Press.

HERMENEGILDO, Alfredo (1973): *La tragedia en el Renacimiento español*. Barcelona: Planeta.

HERNÁNDEZ SÁNCHEZ-BARBA, Mario (1978): *Historia y literatura en Hispano-América (1492–1820). La versión intelectual de una experiencia*. Madrid: Castalia.

HOWE, Elizabeth Teresa (1988): *Mystical Imagery. Santa Teresa de Jesús and San Juan de la Cruz*. New York u.a.: Lang.

HROCH, Miroslav/SKÝBOVÁ, Anna (1985): *Die Inquisition im Zeitalter der Gegenreformation*. Stuttgart: Kohlhammer.

IFE, B. W. (1985): *Reading and Fiction in Golden-Age Spain. A Platonist Critique and Some Picaresque Replies*. Cambridge u.a.: Cambridge University Press.

IMPERIALE, Louis (1991): *El contexto dramático de 'La lozana andaluza'*. Potomac: Scripta Humanistica.

IMPERIALE, Louis (1997): *La Roma clandestina de Francisco Delicado y Pietro Aretino*. New York u.a.: Lang.

ÍÑIGO MADRIGAL, Luis (Hg.) (1982): *Época colonial*. Madrid: Cátedra (Historia de la literatura hispanoamericana I).

JAMMES, Robert (1987): *La obra poética de don Luis de Góngora y Argote*. Spanische Übersetzung. Madrid: Castalia.

JOHNSON, Charles Philip (1974): *Lope de Vega's Contribution to the Spanish Golden Age Epic: a Re-evaluation*. Ann Arbor: Univ. Microfilms.

KAMEN, Henry (1983): *Spain 1469–1714. A Society of Conflict*. London, New York: Longman.

KAMEN, Henry (1985): *Inquisition and Society in Spain in the Sixteenth and Seventeenth Centuries*. London: Weidenfeld and Nicolson.

KASSIER, Theodore L. (1976): *The Truth Disguised. Allegorical Structure and Technique in Gracián's 'Criticón'*. London: Tamesis.

KENNEDY, Ruth Lee (1983): *Estudios sobre Tirso*. Madrid: Los frailes de la Orden de la Merced.

KING, Willard F. (1989): *Juan Ruiz de Alarcón y Mendoza, letrado y dramaturgo. Su mundo mexicano y español*. México: El Colegio de México.

KÖNIG, Hans-Joachim (1992): *Die Entdeckung und Eroberung Amerikas 1492–1550*. Freiburg, Würzburg: Ploetz.

KRAUSS, Werner (1966): *Miguel de Cervantes*. Neuwied, Berlin: Luchterhand.

KREUZER, Helmut (Hg.) (1995): *Barock*. Stuttgart, Weimar: Metzler (Zeitschrift für Literaturwissenschaft und Linguistik 25, 98).

KÜPPER, Joachim (1990): *Diskurs-Renovatio bei Lope de Vega und Calderón. Untersuchungen zum spanischen Barockdrama. Mit einer Skizze zur Evolution der Diskurse in Mittelalter, Renaissance und Manierismus*. Tübingen: Niemeyer.

KÜPPER, Joachim/WOLFZETTEL, Friedrich (Hg.) (2000): *Diskurse des Barock. Dezentrierte oder rezentrierte Welt?* München: Fink.

LACARTA, Manuel (1988): *Cervantes. Simbología de lo universal*. Madrid: Silex.

LAPESA, Rafael (1985): *La trayectoria poética de Garcilaso*. Überarbeitete Ausgabe. Madrid: Istmo.

LÁZARO CARRETER, Fernando (1966): *Lope de Vega. Introducción a su vida y obra*. Salamanca u.a.: Anaya.

LÁZARO CARRETER, Fernando (1978): „Originalidad del Buscón". In: Sobejano, Gonzalo (Hg.): *Francisco de Quevedo. El escritor y la crítica*. Madrid: taurus, 185-202.

LÁZARO CARRETER, Fernando (1983): *'Lazarillo de Tormes' en la picaresca*. Barcelona: Ariel.

LE FLEM, Jean-Paul u.a. (1982): *La frustración de un imperio (1476–1714)*. Barcelona: Labor (Historia de España 5).

LEONARD, Irving ([2]1992): *Books of the Brave. Being an Account of Books and of Men in the Spanish Conquest and Settlement of the Sixteenth-Century New World*. Rolena Adorno (Hg.). Berkeley u.a.: University of California Press.

LEONE HALPERN, Cynthia (1993): *The Political Theater of Early Seventeenth-Century Spain, with Special Reference to Juan Ruiz de Alarcón*. New York: Lang.

LIDA DE MALKIEL, María Rosa (1963): *La originalidad artística de 'La Celestina'*. Buenos Aires: Editorial Universitaria de Buenos Aires.

LIVERMORE, Ann (1972): *A Short History of Spanish Music*. London: Duckworth.

LÓPEZ BUENO, Begoña (1987): *La poética cultista de Herrera a Góngora*. Sevilla: Alfor.

LÓPEZ-ESTRADA, Francisco (³1971): *Introducción a la literatura medieval española*. Madrid: Gredos.

LÓPEZ-ESTRADA, Francisco (1974): *Los libros de pastoriles en la literatura española. La órbita previa*. Madrid: Gredos.

LYNCH, John (1994a): *Spain 1516–1598. From Nation State to World Empire*. Oxford, Cambridge: Blackwell.

LYNCH, John (1994b): *The Hispanic World in Crisis and Change. 1598–1700*. Oxford, Cambridge: Blackwell.

MACKENZIE, Ann L. (1994): *Francisco de Rojas Zorrilla y Agustín Moreto: análisis*. Liverpool: Liverpool University Press.

MACRÍ, Oreste (²1972): *Fernando de Herrera*. Madrid: Gredos.

MADARIAGA, Salvador de (61967): *Guía del lector del Quijote. Ensayo psicológico sobre el Quijote*. Buenos Aires: Ed. Sudamericana.

MAHN-LOT, Marianne (1991): *Bartolomé de Las Casas. Une théologie pour le Nouveau Monde*. Paris: Desdeé de Brouwer.

MANERO SOROLLA, María Pilar (1987): *Introducción al estudio del petrarquismo en España*. Barcelona: PPU.

MANERO SOROLLA, María Pilar (1990): *Imágenes petrarquistas en la lírica española del renacimiento*. Barcelona: PPU.

MARAVALL, José Antonio (1975): *Estudios de historia del pensamiento español III „Siglo 17"*. Madrid: Cultura hispánica.

MARAVALL, José Antonio (1979): *Poder, honor y élites en el siglo XVII*. Madrid: Siglo XXI.

MARAVALL, José Antonio (²1980): *La cultura del Barroco. Análisis de una estructura histórica*. Barcelona u.a.: Ariel.

MARAVALL, José Antonio (1984): *Estudios de historia del pensamiento español II „La época del Renacimiento"*. Madrid: Cultura hispánica.

MARAVALL, José Antonio (1986): *La literatura picaresca desde la historia social (siglos XVI y XVII)*. Madrid: taurus.

MARAVALL, José Antonio (1990): *Teatro y literatura en la sociedad barroca*. Abad, Francisco (Hg.). Korrigierte und erweiterte Neuauflage. Barcelona: Crítica.

MÁRQUEZ, Antonio (1972): *Los alumbrados. Orígenes y filosofía, 1525–1559*. Madrid: taurus.

MÁRQUEZ, Antonio (1980): *Literatura e inquisición en España (1478–1834)*. Madrid: taurus.

MARTÍNEZ ARANCÓN, Ana (1978): *La batalla en torno a Góngora*. Barcelona: Bosch.

MCALISTER, Lyle N. (1984): *Spain and Portugal in the New World 1492–1700*. Minneapolis: University of Minnesota Press.

MCGAHA, Michael D. (1980): *Cervantes and the Renaissance*. Pennsylvania: Juan de la Cuesta.

MCKENDRICK, Melveena (1989): *Theatre in Spain 1490–1700*. Cambridge u.a.: Cambridge University Press.

MENÉNDEZ PELAYO, Marcelino (1911–16): *Historia de la poesía castellana de la Edad Media*. 4 Bände. Bonilla y San Martín (Hg.). Madrid: Suárez.

MENÉNDEZ PIDAL, Ramón (⁶1957): *Poesía juglaresca y orígenes de las literaturas románicas. Problemas de historia literaria y cultural*. Madrid: Instituto de Estudios Políticos.

MENÉNDEZ PIDAL, Ramón (1973): *Estudios sobre el romancero*. Catalán, Diego (Hg.). Neuausgabe. Madrid: Espasa-Calpe.

MENÉNDEZ PIDAL, Ramón (1992): *La épica medieval española desde sus orígenes hasta su disolución en el romancero*. Catalán, Diego, Mar de Bustos, María del (Hg.). Madrid: Espasa-Calpe.

MEREGALLI, Franco (1992): *Introducción a Cervantes*. Barcelona: Ariel.

METTMANN, Walter (1978): „Altspanische Epik. Ein Forschungsbericht". In: See, Klaus von (Hg.): *Europäische Heldendichtung*. Darmstadt: Wissenschaftliche Buchgesellschaft, 309–320.

MIGUEL MARTÍNEZ, Emilio de (1996): *'La Celestina' de Rojas*. Madrid: Gredos.

MOLHO, Maurice (1977): *Semántica y poética (Góngora, Quevedo)*. Barcelona: Grijalbo.

MONTE, Alberto del (1971): *Itinerario de la novela picaresca española*. Barcelona: Lumen.

MORALES OLIVER, Luis (1972): *La novela morisca de tema granadino*. Madrid: Universidad Complutense.

MÜLLER, Bodo (1963): *Góngoras Metaphorik. Versuch einer Typologie*. Wiesbaden: Franz Steiner.

MÜLLER, Hans-Joachim (1977): *Das spanische Theater im 17. Jahrhundert.* Berlin: Erich Schmidt.

MÜLLER-BOCHAT, Eberhard (Hg.) (1975): *Lope de Vega.* Darmstadt: Wissenschaftliche Buchgesellschaft.

MURILLO FERROL, Francisco (1989): *Saavedra Fajardo y la política del Barroco.* Madrid: Centro de Estudios Constitucionales.

MURRAY, James C. (1994): *Spanish Chronicles of the Indies: Sixteenth Century.* New York u.a.: Twayne.

MURRAY, Peter (1975): *Architektur der Renaissance.* Übersetzung aus dem Italienischen. Stuttgart: Belser.

NAVARRO GONZÁLEZ, Alberto (1981): *Cervantes entre el 'Persiles' y el 'Quijote'.* Salamanca: Universidad de Salamanca.

NEUMEISTER, Sebastian (1978): *Mythos und Repräsentation. Die mythologischen Festspiele Calderóns.* München: Fink (spanische Ausgabe 2000: *Mito clásico y ostentación. Los dramas mitológicas de Calderón.* Kassel: Reichenberger).

NEUMEISTER, Sebastian (1984): „Renaissance und Barock – Themen am Beginn der Moderne". In: *Propyläen Geschichte der Literatur. Literatur und Gesellschaft der westlichen Welt III „Renaissance und Barock. 1400–1700".* Berlin: Propyläen, 11-30.

NEUMEISTER, Sebastian/BRIESEMEISTER, Dietrich (Hg.) (1991): *El mundo de Gracián. Actas del Coloquio Internacional Berlin 1988.* Berlin: Colloquium.

NEUSCHÄFER, Hans-Jörg (1999): *La ética del Quijote. Función de las novelas intercaladas.* Madrid: Gredos.

O'CONNOR, Thomas Austin (1988): *Myth and Mythology in the Theater of Pedro Calderón de la Barca.* Austin: Trinity University Press.

OEHRLEIN, Josef (1986): *Der Schauspieler im spanischen Theater des Siglo de Oro (1600–1681). Untersuchungen zu Berufsbild und Rolle in der Gesellschaft.* Frankfurt a.M.: Vervuert.

ORDUÑA, Lilia E. F. de (Hg.) (1992): *Amadís de Gaula. Estudios sobre narrativa caballeresca castellana en la primera mitad del siglo XVI.* Kassel: Reichenberger.

O'REILLY, Terence (1995): *From Ignatius Loyola to John of the Cross. Spirituality and Literature in Sixteenth-Century Spain.* Hampshire: Variorum.

OROZCO DÍAZ, Emilio (1973): *Lope y Góngora trente a frente.* Madrid: Gredos.

OROZCO DÍAZ, Emilio (1984): *Introducción a Góngora.* Madrid: Crítica.

ORTEGA Y GASSET, José (1950): *Papeles sobre Velázquez y Goya.* Madrid: Revista de Occidente.

PAGDEN, Anthony (2986): *The Fall of Natural Man. The American Indian and the Origins of Comparative Ethnology.* Erweiterte Ausgabe. Cambridge u.a.: Cambridge University Press.

PAGDEN, Anthony (1990): *Spanish Imperialism and the Political Imagination. Studies in European and Spanish-American Social and Political Theory 1513–1830.* New Haven, London: Yale University Press.

PARDO, Isaac J. (²1991): *Juan de Castellanos. Estudio de las Elegías de varones ilustres de Indias.* Caracas: Academia Nacional de la Historia.

PARKER, Alexander A. (1967): *Literature and the Delinquent. The Picaresque Novel in Spain and Europe.* Edinburgh: Univ. Pr.

PASTOR, Beatriz (1983): *Discurso narrativo de la conquista de América.* Ciudad de la Habana: Casa de las Américas.

PAZ, Octavio (1982): *Sor Juana Inés de la Cruz o Las trampas de la fe.* Barcelona: Seix Barral.

PEALE, C. George (Hg.) (1983): *Antigüedad y Actualidad de Luis Vélez de Guevara: Estudios críticos.* Amsterdam, Philadelphia: Benjamins.

PEÑA, Margarita (²1992a): *Historia de la literatura mexicana. Período colonial.* México D.F.: Alhambra Mexicana.

PEÑA, Margarita (1992b): *Literatura entre dos mundos. Interpretación crítica de textos coloniales y peninsulares.* México: Ediciones del Equilibrista.

PEÑA, Margarita (Hg.) (1995): *Cuadernos de Sor Juana. Sor Juana Inés de la Cruz y el siglo 17.* México: UNAM.

PÉREZ, Joseph (1996): *Histoire de l'Espagne.* Paris: Librairie Arthème Fayard.

PERRY, Mary Elizabeth/CRUZ, Anne J. (Hg.) (1991): *Cultural Encounters. The Impact of the Inquisition in Spain and the New World.* Berkeley, Los Angeles, Oxford: University of California Press.

PIERCE, Frank (1961): *La poesía épica del Siglo de Oro.* Spanische Übersetzung. Madrid: Gredos.

PIERCE, Frank (1984): *Alonso de Ercilla y Zúñiga.* Amsterdam: Rodopi.

PIETSCHMANN, Horst (1980): *Staat und*

staatliche Entwicklung am Beginn der spanischen Kolonisation Amerikas. Münster: Schendorff.

PINTO CRESPO, Virgilio (1983): *Inquisición y control ideológico en la España del siglo XVI.* Madrid: taurus.

PÖRTL, Klaus (Hg.) (1985): *Das spanische Theater. Von den Anfängen bis zum Ausgang des 19. Jahrhunderts.* Darmstadt: Wissenschaftliche Buchgesellschaft.

POESSE, Walter (1972): *Juan Ruiz de Alarcón.* New York: Twayne.

POLLMANN, Leo (1966): *Das Epos in den romanischen Literaturen. Verlust und Wandlungen.* Stuttgart u.a.: Kohlhammer.

POPPENBERG, Gerhard (2002): *Psyche und Allegorie. Studien zum spanischen auto sacramental von den Anfängen bis zu Calderón.* München: Fink.

PRIETO, Antonio (1984–87): *La poesía española del siglo XVI.* 2 Bände. Madrid: Cátedra.

PUPO-WALKER, Enrique (1982): *Historia, Creación y Profecía en los textos del Inca Garcilaso de la Vega.* Madrid: Porrúa Turanzas.

RALLO GRUSS, Asunción (1987): *La prosa didáctica en el siglo XVI.* Madrid: taurus.

RALLO GRUSS, Asunción (1988): *La prosa didáctica en el siglo XVII.* Madrid: taurus.

REDONDO, Augustin (1976): *Antonio de Guevara (1480?–1545) et l'Espagne de son temps de la carrière officielle aux œuvres politico-morales.* Genf: Droz.

REGALADO, Antonio (1995): *Calderón. Los orígenes de la modernidad en la España del Siglo de Oro.* 2 Bände. Barcelona: Destino.

REINHARD, Wolfgang (1985): *Die Neue Welt.* Stuttgart: Kohlhammer (Geschichte der europäischen Expansion 2).

RICH GREER, Margaret (1991): *The Play of Power. Mythological Court Dramas of Calderón de la Barca.* Princeton: Princeton University Press.

RICO, Francisco (1970): *La novela picaresca y el punto de vista.* Barcelona: Seix Barral.

RICO, Francisco (1988): *Problemas del 'Lazarillo'.* Madrid: Cátedra.

RICO, Francisco (1990): *Texto y contextos. Estudios sobre la poesía española del siglo XV.* Barcelona: Crítica.

RILEY, Edward Calverley (1962): *Cervantes's Theory of the Novel.* Oxford: Clarendon.

RIQUER, Martín de (1987): *Estudios sobre el Amadís de Gaula.* Barcelona: Sirmio.

RIQUER, Martín de (1989): *Nueva aproximación al Quijote.* Barcelona: Teide.

RIVAS HERNÁNDEZ, Ascensión (1998): *Lecturas del Quijote (siglos XVII–XIX).* Salamanca: Colegio de España.

RIVERA DE ROSALES, Jacinto (1998): *Sueño y Realidad. La ontología poética de Calderón de la Barca.* Hildesheim u.a.: Georg Olms.

RIVERS, Elías L. (Hg.) (1974): *La poesía de Garcilaso.* Barcelona: Ariel.

RODRÍGUEZ LÓPEZ-VÁZQUEZ, Alfredo (1987): *Andrés de Claramonte y 'El Burlador de Sevilla'.* Kassel: Reichenberger.

RODRÍGUEZ MATOS, Carlos A. (1985): *El narrador pícaro. 'Guzmán de Alfarache'.* Madison: Hispanic Seminar of Medieval Studies.

ROLOFF, Volker/WENTZLAFF-EGGEBERT, Harald (Hg.) (1988): *Das spanische Theater. Vom Mittelalter bis zur Gegenwart.* Düsseldorf: Schwann Bagel.

ROLOFF, Volker/WENTZLAFF-EGGEBERT, Harald (Hg.) (21995): *Der spanische Roman vom Mittelalter bis zur Gegenwart.* Stuttgart, Weimar: Metzler.

ROMERA CASTILLO, José (1980): *Estudios sobre 'El Conde Lucanor'.* Madrid: Univ. Nacional.

RONCERO LÓPEZ, Victoriano (1991): *Historia y política en la obra de Quevedo.* Madrid: Pliegos.

ROZAS, Juan Manuel (1984): „Siglo de Oro: Historia de un concepto, la acuñación del término". In: Alvar, Manuel u.a. (Hg.): *Estudios sobre el Siglo de Oro. Homenaje al profesor Francisco Ynduráin.* Madrid: Nacional, 411-428.

ROZAS, Juan Manuel (1990): *Estudios sobre Lope de Vega.* Cañas Murillo, Jesús (Hg.). Madrid: Cátedra.

RUANO DE LA HAZA, José María/ALLEN, John J. (1994): *Los teatros comerciales del siglo XVII y la escenificación de la comedia.* Madrid: Castalia.

RUBIO TOVAR, Joaquín (1982): *La prosa medieval.* Madrid: Playor.

RUIZ RAMÓN, Francisco (1967): *Historia del teatro español I (Desde sus orígenes hasta 1900).* Madrid: Alianza.

SABAT DE RIVERS, Georgina (1992): *Estudios de literatura hispanoamericana. Sor Juana Inés de la Cruz y otros poetas barrocos de la colonia.* Barcelona: PPU.

SAN MIGUEL, Angel (Hg.) (1987): *Calderón. Fremdheit und Nähe eines spanischen Barockdramatikers.* Frankfurt a.M.: Vervuert.

SÁNCHEZ ROBAYNA, Andrés (1993): *Silva gongorina*. Madrid: Cátedra.

SARDUY, Severo (1987): *Estudios generales sobre el barroco*. Mexico, Buenos Aires: Fondo de Cultura Económica.

SCHEID, Sibylle (1966): *Petrarkismus in Lope de Vegas Sonetten*. Wiesbaden: Franz Steiner.

SCHULTE, Hansgerd (1969): *El desengaño. Wort und Thema in der spanischen Literatur des Goldenen Zeitalters*. München: Fink.

SENABRE SEMPERE, Ricardo (1979): *Gracián y 'El Criticón'*. Salamanca: Universidad de Salamanca.

SHERGOLD, Norman David (1967): *A History of the Spanish Stage from Medieval Times until the End of the Seventeenth Century*. Oxford: Clarendon.

SIMSON, Ingrid (2002): *Amerika in der spanischen Literatur des »Siglo de Oro«: Bericht, Inszenierung, Kritik*. In Erscheinung.

SMITH, Paul Julian (1988): *Writing in the Margin. Spanish Literature of the Golden Age*. Oxford: Clarendon.

SMITH, Paul Julian (1991): *A Critical Guide to Quevedo's 'Buscón'*. London: Grant & Cutler.

SOBEJANO, Gonzalo (Hg.) (1978): *Francisco de Quevedo. El escritor y la crítica*. Madrid: taurus.

SOLÁ-SOLÉ, José María (1983): *Sobre árabes, judíos y marranos y su impacto en la lengua y literatura españolas*. Barcelona: Puvill.

STEADMAN, John M. (1990): *Redefining a Period Style. „Renaissance", „Mannerist" and „Baroque" in Literature*. Pittsburgh: Duquesne University Press.

STEIN, Louise K. (1993): *Songs of Mortals, Dialogues of the Gods. Music and Theatre in Seventeenth-Century Spain*. Oxford: Clarendon.

STOLL, Eva (1997): *Konquistadoren als Historiographen. Diskurstraditionelle und textpragmatische Aspekte in Texten von Francisco de Jerez, Diego de Trujillo, Pedro Pizarro und Alonso Borregán*. Tübingen: Gunter Narr.

STROSETZKI, Christoph (1987): *Literatur als Beruf. Zum Selbstverständnis gelehrter und schriftstellerischer Existenz im spanischen Siglo de Oro*. Düsseldorf: Droste.

STROSETZKI, Christoph (1991b): *Miguel de Cervantes. Epoche – Werk – Wirkung*. München: Beck.

STROSETZKI, Christoph (2001): *Calderón*. Stuttgart, Weimar: Metzler.

SUÁREZ, José J. (1984): *The Carnival Stage. Vicentine Comedy within the Serio-Comic Mode*. London, Toronto: Fairleigh Dickinson University Press.

SULLIVAN, Henry W. (^{2}1981): *Tirso de Molina and the Drama of the Counter Reformation*. Amsterdam: Rodopi.

SURTZ, Ronald E. (1979): *The Birth of a Theater. Dramatic Convention in the Spanish Theater from Juan del Encina to Lope de Vega*. Madrid: Castalia.

TAVARD, George H. (1988): *Poetry and Contemplation in St. John of the Cross*. Athens: Ohio University.

TEIJEIRO FUENTES, Miguel Angel (1988): *La novela bizantina española. Apuntes para una revisión del género*. Cáceres: Universidad de Cáceres.

TERRY, Arthur (1993): *Seventeenth-Century Spanish Poetry. The Power of Artifice*. Cambridge: Cambridge University Press.

THOMPSON, Colin P. (1977): *The Poet and the Mystic. A Study of the Cántica Espiritual of San Juan de la Cruz*. Oxford: University Press.

TODOROV, Tzvetan (1982): *La conquête de l'Amérique. La question de l'autre*. Paris: Sueil.

TÜNGEL, Richard (1964): *400 Jahre Kunst, Kultur und Geschichte im Prado*. Zürich: Schweizer Verlagshaus.

VALCÁRCEL ESPARZA, Carlos Daniel (1995): *Garcilaso: el Inca humanista*. Lima: UNMSM.

VAN HORNE, John (1940): *Bernardo de Balbuena. Biografía y crítica*. Guadalajara: Font.

VAREY, John E. (1987): *Cosmovisión y escenografía: El teatro español en el siglo de oro*. Madrid: Castalia.

VÁZQUEZ, M. Antonia (1983): *Poesía y poética de Fernando de Herrera*. Madrid: Narcea.

VEGA DE FEBLES, María Victoria (1991): *Huellas de la épica clásica y renacentista italiana en 'La Araucana' de Ercilla*. Miami: Universal.

VIGIL, Mariló (1986): *La vida de las mujeres en los siglos XVI y XVII*. Madrid: Siglo XXI.

VINCENT, Bernard (1992): *1492: 'Das Jahr der Wunder'. Spanien 1492: Die Vertreibung der Juden und Mauren und die Einführung der Grammatik*. Berlin: Wagenbach.

WARDROPPER, Bruce W. (1967): *Introducción al teatro religioso del Siglo de Oro. Evolución del auto sacramental antes de Calderón*. Salamanca u.a.: Anaya.

WEICH, Horst (1989): *Don Quijote im Dialog*. Passau: Richard Rothe.

YNDURÁIN, Domingo (1994): *Humanismo y Renacimiento en España*. Madrid: Cátedra.

ZÁRATE RUIZ, Arturo (1996): *Gracián, Wit, and the Baroque Age*. New York u.a.: Lang.

Personenregister

Sachregister